Antonella Ottai

LA RISA NOS HARÁ LIBRES

Colección
Libertad y Cambio

LA RISA NOS HARÁ LIBRES
Cómicos en los campos nazis

Antonella Ottai

Traducido por Álvaro García-Ormaechea Castrillo

Título original del italiano: *Ridere rende liberi*
© 2016 Quodlibet Srl

© De la traducción: Álvaro García-Ormaechea Castrillo

Imagen de cubierta: © Yad Vashem Photo Archive, Jerusalem. 2977_170c
Cubierta: Equipo Gedisa

Primera edición: enero de 2020, Barcelona

Derechos reservados para todas las ediciones en castellano

© Editorial Gedisa, S.A.
Avenida del Tibidabo, 12, 3º
Tel.: 93 253 09 04
08022 Barcelona, España
gedisa@gedisa.com
www.gedisa.com

Preimpresión: Editor Service, S.L.
Diagonal 299, entresuelo 1ª
Tel. 93 457 50 65
08013 Barcelona
www.editorservice.net

La traducción de esta obra ha sido financiada por el SEPS
Segretariato Europeo per le Pubblicazioni Scientifiche

Via Val d'Aposa 7 - 40123 Bologna - Italia
seps@seps.it - www.seps.it

ISBN: 978-84-17835-61-3
Depósito legal: B.147-2020

Impreso por Sagrafic

Impreso en España
Printed in Spain

Queda prohibida la reproducción total o parcial por cualquier medio de impresión, en forma idéntica, extractada o modificada, en castellano o cualquier otro idioma.

Índice

Prólogo. Berlín no hay más que una 11

En el corazón de una metrópoli situada en el centro de Europa........................ 25
    Adiós a Berlín................................. 25
    Caracteres y caracterizadores.................... 39
    Jugar con fuego 54
    Un arte de judíos para judíos 67
    La fobia al contagio 83

Westerbork, un campo de tránsito en un páramo neerlandés.................................... 97
    El Kurfürstendamm de Drenthe................. 97
    Los bufones y el comandante 112
    «Naturalmente que había deportaciones, ¡pero también había que reírse un poco!».......... 126
    Álbumes y familias 139

Theresienstadt, un asentamiento al norte de Praga..................................... 157
    La tierra otorgada 157
    Reír y llorar, emociones para vivir 177

La visita de la Cruz Roja: «Los ojos
que podían ver» 198
El documental sobre Theresienstadt: sinfonía
de una pequeña ciudad 216

**Epílogo. Una razón válida para reír
no la había en absoluto** 241

A Luca De Filippo, un actor grande como su discreción, dedico una historia que no ha llegado a tiempo para que él la pudiera leer.

Prólogo
Berlín no hay más que una

En el umbral de la década de 1930, Berlín es el laboratorio europeo de la modernidad: todo se cuece en Berlín. Infinidad de obras nos han hablado de la mitología de una gran capital de carácter internacional, toda ella proyectada hacia el futuro, que cae directamente en el nazismo.[1] Muchos de los protagonistas de aquellos años escribieron las memorias de la ciudad, y los historiadores que han analizado la cultura de la República de Weimar han indagado en los modos en que una vorágine fue aniquilando progresivamente el tejido urbano de la metrópoli, para terminar engullendo en un abrir y cerrar de ojos la riqueza de la cultura que allí prosperaba, así como las luchas políticas que incendiaron sus calles. A lo largo de mis estudios universitarios me parecía que cada fenómeno del siglo XX tenía su epicentro en Berlín, que todos los movimientos llegaban o partían de allí: en todo caso, «en Berlín habían estado». O tal vez era que el mito, para mí, como todo *mythos* que se precie, se basaba ante todo en la tradición oral. Y es que antes de ser historia, política, literatura, arte, arquitectura, cine, teatro o música, no menos que ciencia y tecnolo-

1. Entre los historiadores aún continúa debatiéndose en qué medida el nazismo tuvo que ver con una recuperación del pasado o bien con una visión del futuro, o si su «hombre nuevo» fue una hábil mezcla de ambas cosas. Para una buena síntesis de este debate véase Jan Kerschau, *Che cosa è il nazismo: problema interpretativi e prospettive di ricerca*, Bollati Boringhieri, Turín, 1995.

gía, la ciudad era un relato —*el* relato— de mi padre, que a finales de la década de 1920 estudió en la universidad de la capital alemana y no se cansaba de contar historias de aquella época. Inmerso mucho tiempo después en la cotidianidad romana, las imágenes de Berlín le asaltaban de repente, tan vívidas que lograban aún encandilarlo con su carga subversiva, rechazando la anestesia del recuerdo. Y toda conquista de la década de 1960, tanto en el ámbito de la tecnología como en el de las instituciones públicas, le llevaba una y otra vez a constatar que no se trataba de ninguna novedad: «¡Pero si esto ya lo había en Berlín antes de la guerra! Y estaba mucho mejor hecho. ¡No hay parangón!». «Ya está otra vez con Berlín», pensaba yo, mirando cómo se le iluminaba el rostro. Y comenzaba el relato.

Había llegado a Alemania para terminar su ciclo de formación, que hasta aquel momento se había desarrollado entre Budapest y Austria, en un colegio jesuita no lejos de Viena. Allí había completado sus estudios de secundaria, al socaire de las revoluciones que, al término de la Primera Guerra Mundial, marcaron el fin de un mundo. Tras superar el examen de ingreso en la universidad optó por matricularse en la facultad de ingeniería en Berlín. Por entonces hacía ya tiempo que los imperios habían desaparecido, pero en cambio la vida metropolitana era explosiva: una vez en contacto con la vertiginosa capital alemana, el rígido sistema educativo al que había estado sometido hasta aquel momento debía antojársele algo bastante lejano. Para él no había ciudad europea que pudiera comparársele, y hasta París le había parecido poca cosa a su lado. Es posible que sus sensaciones se vieran acentuadas por la abrupta ruptura con la disciplina y la gélida «clausura» de la existencia colegial que acababa de dejar atrás, pero Berlín emergía de sus palabras con la fuerza perturbadora del futuro, con la carencia de prejuicios propia de la experimentación total de lo nuevo: en el urbanismo, en la cultura, en la política, en las costumbres sexuales, en la identidad de género, en la estética y en las relaciones sociales.

El lugar en el que todas estas novedades se hacían tiempo cotidiano y se convertían en discurso común —siempre según sus recuerdos— era el cabaret. Es posible que de toda la complejidad de la cultura de Weimar sólo hubiera experimentado la superficie, y que no hubiera ido mucho más allá de la tarjeta postal, satinada y coqueta, que enviaba todo viajero que llegaba a la metrópoli alemana sin la motivación de unos intereses concretos. Pero la superficie es lo primero que se evapora en el tiempo, y si mi padre no hubiera impregnado sus relatos de algo más, es posible que de Berlín yo hubiera llegado a conocer la historia, pero no el cielo. En cualquier caso, para relatar Berlín él relataba el cabaret, y lo hacía con nombres, gestos y palabras que nunca habría encontrado yo en los textos que estudiaba. Cabaret definitivo, sin adjetivos que especificaran su valor en el ámbito de la literatura, de la política o del simple entretenimiento, ni que ligaran la experiencia a un género más que a otro, a un local más que a otro o a una tendencia por encima de las demás. La postal de mi padre era un paisaje completamente humano, lleno de héroes de la sonrisa que trastocaban los humores de la jornada, agitando sus sentidos; héroes que viajaban a los planos altos y bajos de la cultura urbana, logrando cortocircuitar en sus exhibiciones superficies y profundidades. Éste era un concepto que yo podía rastrear más fácilmente, en un momento en que mis intereses comenzaban a adoptar una forma y un propósito, y se centraban en el teatro moderno: la vanguardia de la escena contemporánea había recurrido a las formas del teatro ligero y a las prácticas temerarias para ridiculizar el sentido y reírse de la seriedad; y seguramente, en los comienzos del siglo XX el ejemplo más extremo de ello y el más productivo fuera el del cabaret dadaísta, con su magnificación de la risa. A medida que avanzaba en mis estudios, empecé a mostrarme más interactiva cada vez que mi padre sacaba el tema de Berlín; había nombres que él mencionaba, pero de los que yo no encontraba ni rastro. Hablaba, claro, del cabaret de Karl Valentin, más que nada por su relación con Brecht, y también a propósito de Brecht mencionaba a Trude Hersterberg, en cuyo local, «Wilde Bühne», el dramaturgo había debutado con algunas *songs*. Pero en lo sustancial mis estudios y sus recuerdos habitaban en dos ciudades diferentes: Valentin tenía más que ver con Múnich que con Berlín, mientras que el de Brecht, en sus relatos, no era un nombre que destacara entre los demás. Ni siquiera la mención de *La ópera de los tres centavos*, en cuya representación a finales de agosto de 1928 participó más de un intérprete de cabaret, suscitaba en él grandes flujos de recuerdos; como tampoco el nombre de Reinhardt, ni los grupos de *agit-prop* ni del teatro callejero, con los que uno podía toparse sin necesidad siquiera de ir al teatro. Mis preguntas caían en el vacío de un pensamiento distraído que se topaba con algo ajeno, y las imágenes no se dejaban reconducir fuera de la secuencia que habían adoptado. Más tarde comprendería que, en sus relatos, en realidad el «cabaret» no consistía tanto en una *performance* teatral, sino que equivalía a una disposición de ánimo, al deseo de cerrar el día dentro de un juego que envolvía las noches en un largo abrazo insinuante, casi como si en aquella escena ligera, en aquel arte del guiño, la *sfumatura* y la sugerencia, adaptable a las más variadas modalidades de uso y abuso, se pudiera dar mejor forma al frenesí de la época contemporánea, multiplicando y fragmentando sus manifestaciones en el seno del tejido urbano. Así es como Berlín se le había mostrado: el paradigma culminado de la modernidad metropolitana, una trama en constante devenir que transformaba la ciudad minuto a minuto. Así es como el relato que yo había interrumpido con mis preguntas retomaba su curso ordinario. ¡Qué maravilla, ver cómo los innumerables cafés inventaban escenografías siempre distintas! Los decorados se inspiraban cada semana en un tema pictórico, el cual a su vez desencadenaba —y conectaba con— bailes, *sketches* y espectáculos variados, en una metamorfosis incesante de la calle, en el camuflaje multiplicado de una mascarada en la que cada uno estaba llamado a participar. «Kabaret der Namenlosen» (Cabaret de los anónimos), era el nombre de un local en el que se exhibían desconocidos diletantes que se lanzaban al ruedo, mientras el conferenciante los ofrecía al escarnio del público.[2] Si el teatro confinado en una sala era capaz de satisfacer miradas expertas y escudriñadoras, entre las mil formas de teatro urbano —público y privado— afloraba una pulsión desenfrenada y compartida del espectáculo que daba lugar, evidentemente, a una escena más invasiva y a una memoria más persistente. Si el teatro respondía esencialmente a las exigen-

---

2. En 1926 se fundó en Berlín el *Kabaret der Namenlosen* (Cabaret de los anónimos), donde el creador del espectáculo, Erwin Lowinsky, de nombre artístico Elow, seleccionaba a un determinado número de cómicos aspirantes. Véase al respecto Peter Jelavich, *Berlin Cabaret*, Harvard University Press, Cambridge-Londres, 1993, pág. 198.

cias del espectáculo, con un estándar elevado de arte y profesionalidad, el cabaret ofrecía sin embargo una dimensión más compleja, una relación entre escena y público afectada por cómplices reciprocidades con la cultura y la práctica de la existencia cotidiana y de su régimen deseante. De hecho, lo espectacular y lo metamórfico no actuaban únicamente sobre la escenografía de los locales, sino que asaltaban los rincones más íntimos y secretos del estatus identitario y de género de aquéllos que los frecuentaban. Ante los ojos estupefactos de los visitantes extranjeros —y el Berlín de aquellos años era una experiencia cognitiva casi obligada para la *inteligencia* internacional— los locales nocturnos de la urbe se presentaban bajo el signo del travestismo, y la capital alemana se configuraba como la ciudad de las identidades inestables, las existencias dobles que se alternan entre el tiempo de los días y el de las noches, entre la ética de la compostura y las estéticas del juego y el deseo. Efectivamente, en el travestismo dispensado en los cabarets o en las salas de los cafés cada uno parecía vivir con gusto un pequeño teatro personal, que proporcionaba ropajes y narrativas propias a una parte masculina o femenina que, durante la normalidad de la jornada laboral, permanecía dormida dentro de su persona. Con respecto a este punto las historias de mi padre no diferían de los relatos de tantos otros viajeros contemporáneos, algunos perturbadores —como los de Stefan Zweig o Joseph Roth—[3] y otros decididamente subyugados: Isherwood, entre tantos otros,[4] o Márai, que, procedente de la burguesía húngara, manifestaba todo su estupor ante la variedad de las representaciones que la vida nocturna de la capital solicitaba de aquél que durante el día desempeñaba su propio papel social de forma irreprochable:

---

3. Véase Stefan Zweig, *Il mondo di ieri. Ricordi di un europeo* (1941), Mondadori, Milán, 1994 (trad. cast.: Stefan Zweig, *El mundo de ayer: memorias de un europeo*, Acantilado, Barcelona, 2012); Joseph Roth, *What I saw. Report from Berlin 1920-33*, Granta, Londres, 2003 (trad. cast.: Joseph Roth, *Crónicas berlinesas*, Minúscula, Barcelona, 2017).

4. Christopher Isherwood, *Addio a Berlino* (1939), Garzanti, Milán, 1975 (trad. cast.: Christopher Isherwood, *Adiós a Berlín*, Acantilado, Barcelona, 2014). La película de Bob Fosse *Cabaret* (Estados Unidos, 1973) está inspirada en esta novela.

La confusión de los sexos reinaba soberana en aquella ciudad inquieta. Conocí a mujeres que en secreto se transformaban en oficiales prusianos. En privado llevaban un monóculo, fumaban puros y llevaban el travestismo hasta el punto de tener sobre la mesilla de noche tratados de arte militar. Y a hombres que durante el día dirigían fábricas y por la noche se transformaban en encantadores de serpientes. Aquel invierno en Berlín fue un único y continuo baile de máscaras.[5]

Viktor und Viktoria era el título de una célebre película de Reinhold Schünzel (Alemania, 1934), que contaba la historia de una joven artista del espectáculo que, para tener éxito, en escena se disfrazaba de un hombre que a su vez se disfrazaba de mujer, con todas las peripecias del caso.[6] Berlín no dejaba de ser, a fin de cuentas, la capital europea de la cultura gay, y el cabaret era uno de los géneros que mejor lo expresaban: *Wir sind anders als die andere* (somos distintos a los demás), rezaba el estribillo de *Das Lila-Lied*, la canción que Marcellus Schiffer, célebre autor de textos y canciones de cabaret, escribió en 1928 y que le dedicó a Magnus Hirschfeld, defensor de los derechos de los homosexuales:

> Pues somos diferentes a los demás/ que sólo han amado al paso acompasado de la moralidad/ que atraviesan con anteojeras un mundo de maravillas/ y sólo se divierten con la banalidad/ no conocemos ese sentimiento/ porque todos somos hijos de otros mundos;/ adoramos la noche sofocante, tan morada y tan gay/ porque a fin de cuentas somos distintos a los demás.[7]

Y la mujer de Schiffer, la esbelta morena Margo Lion, en dueto con la rubia Marlene Dietrich, en aquel mismo año de 1928, cantaba una célebre canción escrita por su marido con música de

---

5. Sándor Márai, *Confessioni di un borghese (1934-35)*, Adelphi, Milán, 203, pág. 301 (trad. cast.: Sandor Márai, *Confesiones de un burgués*, Salamandra, Madrid, 2004).

6. De la película se hizo un célebre *remake*, *Victor Victoria*, a cargo de Blake Edwards (Estados Unidos, 1982).

7. «Lila» significa lavanda, flor que, en virtud de la inestabilidad de su color, pasa a convertirse en símbolo de la homosexualidad. Muchos de los numerosos locales reservados a los gays, como por ejemplo el *Alexander Palast* o *Die Piramide*, albergaban precisamente cabarets.

Spolianski, *Wenn die beste Freundin*, que es considerada un himno lésbico:

> Si una amiga querida/ con la mejor amiga/ que no tiene planes/ se van a pasear/ a charlar por la calle/ y a mirar las tiendas/ la amiga del alma/ le dice a su amiga:/ ¡Amiga querida! ¡Oh, mi gran amiga!, mi mejor amiga, mi fiel amiga/ la más querida, mi dulce amiga...[8]

En esta geografía urbana del placer, que más tarde encontraría yo ampliamente documentada por memorias de época y reconstrucciones históricas,[9] los recuerdos de mi padre seguían fluyendo, practicando aquí y allá alguna censura que el relato posterior terminaba luego eliminando. Mi padre podía, en todo momento, reorientar mis lecturas adolescentes tan pronto como se adentraran en zonas que fueran a su juicio demasiado arriesgadas para una moral todavía inmadura (por muy abrumadora que hubiera podido ser la vida en la capital alemana, la educación jesuita no se había dejado socavar tan fácilmente); en cambio, sin embargo, no lograba depurar la experiencia berlinesa de los detalles más escabrosos, y una y otra vez el narrador quedaba sumergido en la narración. Cuando se tropezaba con las particularidades del relato perdía el hilo de la trama. Así sucedía, por ejemplo, en relación con las prostitutas. No sólo las identidades de género de las personas con que se cruzaba en sus peregrinaciones nocturnas le resultaban difícilmente discernibles, no sólo cada operación de banal cortejo prometía en su desarrollo más aventuras de cuantas inicialmente cabía esperar (*Viktor o Viktoria*, justamente, y lo bonito, más que la calidad de la respuesta, era precisamente la legitimidad de la pregunta), sino que había dedicado mucho tiempo a descifrar las señales secretas de la indumentaria urbana. La variedad de colores que los botines de las prostitutas exhibían en la calle no tenía nada que ver, por ejemplo, con una forma de reclamo o de elegancia profesional —como podía pensarse a primera vista—, sino que era el código

---

[8]. La canción se incluía en el espectáculo *Es liegt in der Luft* (Está en el aire), y aquí Marlene Dietrich se puso las alas que con *El ángel azul* (*Der blaue Engel*, de Joseph von Sternberg, Alemania, 1930) tan lejos la llevarían.

[9]. Véase, por ejemplo, Mel Gordon, *Voluptuous Panic: The Erotic World of Weimar Berlin*, Feral House, Port Townsend, 2008.

necesario para introducirse en el placer del cuerpo: cada intensidad cromática, en plena concordancia sinestésica, especificaba en qué cielo del paraíso sexual la mujer estaba dispuesta a acompañar al cliente que la escogiera.

Si los signos externos, llenos de imprevistos, eran electrizantes, los internos no parecían más tranquilizadores. Aquí entraba en juego el tema de los «caseros», un trance por el que el estudiante en tierras extranjeras tenía necesariamente que pasar. La primera pensión que lo acogió tenía un carácter «familiar», pero en la siguiente el joven ex-colegial se vio inmediatamente confrontado con significados completamente ajenos a todo lo que conocía hasta la fecha, toda vez que la intimidad entre la madre y la hija, propietarias de la pensión, se adentraba sin demasiados disimulos en zonas que excedían la relación parental. Era muy fácil sorprenderlas en recíproca actitud sexual. Después de esta experiencia, la siguiente propietaria era en cambio una anciana viuda y sin hijos; poca laxitud moral había en aquella casa, pero tampoco allí ganaba mi padre para sustos: como cuando la casera pretendió curarle el resfriado con cerveza hirviendo, aromatizada con una pizca de tabaco. En este punto del relato la voz paterna se retorcía del asco, el tono se elevaba y me enviaba por las fosas nasales las burbujitas de la cerveza, haciéndome percibir los olores de la narración: así es como me adentraba yo en los recovecos berlineses, con la nariz bien abierta, imaginando un soplo de oscuridad, el calor de un ambiente cerrado mezclado con el olor a malta, col y tabaco que subía por las escaleras, impregnando la madera del parqué. Todavía hoy, cada vez que veo una película sobre aquel periodo y sobre aquellos lugares me llega el mismo olor imaginario. Y tanto más porque, según sostenía mi padre, aquéllos eran también los meses del ajo. En efecto, de repente se había puesto de moda retocar toda la gama de recetas habituales, dulces o saladas, perfumándolas profusamente con ajo, hasta el punto de que incluso el chocolate tenía aroma a ajo. La idea de que de la nada, con la misma naturalidad con que se decoraban los escaparates en la calle, se pudieran reconfigurar tan radicalmente los menús cotidianos, me resultaba sumamente ilustrativa y reveladora del carácter berlinés.

Pero los cambios no se limitaban a los protocolos relacionados con los sabores. La última metamorfosis catastrófica —la transformación de la capital de la República de Weimar en capital del Tercer Reich— otorgaba al relato de mi padre un cariz épico. Cuando finalmente lograba retomar el hilo, parecía recordar que ésa era efectivamente la narración auténtica, la que quería contar, la historia que constantemente estaba a punto de perder de vista entre los colores de la atmósfera de aquellos días. Y aquí, en la Historia, sus relatos y mis estudios confluían de nuevo, es más, se superponían. El hecho es que aquella ciudad tan animada por todo tipo de luchas políticas y debates culturales, tan repleta de teatros cotidianos, tan predispuesta a dar jaque mate a los roles identitarios, tan abierta a la diversidad, tan acostumbrada a reflexionar sobre las propias costumbres éticas y políticas en el espejo deformante de la escena cabaretera, estaba cediendo bajo los golpes del desempleo desenfrenado y de la crisis inducida por el *crack* de Wall Street de 1929, sin el cual tal vez Hitler nunca habría tomado el poder. Los nazis cabalgaron bien sobre los cataclismos del momento, y desde el principio, ya desde la firma del tratado de Versalles, señalaron dónde encontrar a los culpables. Los escaparates rotos y las persianas desvencijadas de los establecimientos de propietarios judíos mostraban sin ningún género de dudas quién era el enemigo a abatir, cuál habría de ser el chivo expiatorio al que la política, a derecha e izquierda, acusaba de todas las infamias:

> Si diluvia o ya no llueve/ si hay un bochorno de desmayarse/ si está oscuro, si truena/ si hay un viento del demonio/ Si hace bueno o está nublado, si cae la nieve espesa/ y no basta con beber vino caliente/ o si por el contrario hay un radiante cielo azul/ Es de los judíos, es de los judíos, toda la culpa es de los judíos/ A la mierda se irá usted/ ¿es que no lo entiende? La culpa es de los judíos/ Créalo o no, no he de mentir/ ¡Se sabe que la culpa es sólo de los judíos!

An allem sind die Juden schuld (la culpa de todo la tienen los judíos), la había orquestado en 1931, a partir de un motivo de la *Habanera* de la ópera *Carmen* de Bizet, Felix Hollaender, uno de los más celebrados autores de espectáculos y cabaret (colaborador de Reinhardt y compositor para Mehring y Tucholsky, estaba entre los autores más importantes del cabaret político-literario. Todo esto yo lo sabía). Para construir la paradoja que culminaba en el estribillo, el autor, recurriendo a la técnica compositiva de la retórica enumerativa, ponía en sucesión acontecimientos naturales y acontecimientos políticos, incidentes domésticos y la crónica cotidiana, los impuestos del gobierno alemán y la homosexualidad del príncipe de Gales, las caries de la Garbo y el azul del ángel de la Dietrich.

El espectáculo del que la canción formaba parte se titulaba *Spuk in der Villa Stern* (Un espectro en la villa Stern), y se había interpretado en el «Tingel-Tangel-Theater», que Hollaender había inaugurado aquel mismo año en los locales que habían pertenecido a la «Wilde Bühne»; en el espectáculo —una sátira política contra el gobierno de Weimar, caracterizado como el barón de Münchausen— figuraba también el personaje del «pequeño Hitler», interpretado por una espiritista que jugaba un papel secundario y que anunciaba que había llegado la hora de morder.[10] Pero, si en lo tocante a la radical culpabilización de los judíos Hollaender había dado en el clavo, los mordiscos de Hitler tal vez no los calibró bien —ni Hollaender, ni tantos otros autores que habían representado el movimiento nazi en la escena del cabaret—. Porque el *Führer* iba en serio, y no sólo se había mostrado ya capaz de morder rabiosamente esa diversidad de costumbres, de géneros y de pensamiento que había hecho de la metrópoli algo tan fascinante, sino que andaba dando dentelladas en el momento mismo en que el espectáculo se representaba en el escenario. Sin embargo, a pesar de que alardeaba de haber conquistado la ciudad a través de Goebbels, que en el partido era, justamente, el responsable de Berlín, todo parece indicar que Hitler nunca llegó a hacer completamente «suya» la capital del Reich. No era, efectivamente, una relación de pertenencia, ni sensorial, ni amorosa, lo que lo unía a una ciudad que en el fondo despreciaba. En junio de 1931, ante la sugerencia de Mussolini de transferir la dirección del partido a Berlín, Hitler respondió:

---

10. «¡Ah, ah! Soy el pequeño Hitler y muerdo sin avisar. Todos vosotros acabaréis en el saco, ¡¡uh, uh, uahuhh!!». *Spuk in der Villa Stern* fue un espectáculo de Nelson y Hollaender que estuvo en cartel entre septiembre y noviembre de 1931. Al mismo tiempo tenía lugar, el 12 de septiembre, el «pogromo del Kurfürstendamm», una de las señales más alarmantes del peligro que representaba el partido nazi poco antes de hacerse con el poder.

«Es una ciudad medio americanizada, medio *kultural* y sin tradición».[11] Y Berlín se lo pagaba con la misma moneda, otorgándole una cantidad considerablemente menor de votos en las elecciones en relación con el resto de Alemania, y negándole la mayoría incluso después del incendio del Reichstag.[12] El *Führer* se jactaba de haber obtenido para su partido una «victoria democrática», pero a Berlín, más que seducirla, la había conquistado, gracias a la suspensión de la Constitución de Weimar.[13] Un inicio de este desamor fue la inmediatez con que comenzaron las purgas y las represiones, así como su ferocidad. Tal vez las grandes ciudades no fueran lo suficientemente *völkisch*, y es probable que estuvieran hechas de una carne íntimamente refractaria a los regímenes, por mucho que luego les ofrecieran a éstos una puesta en escena vistosa. En este sentido Berlín no era muy distinta de Viena o Budapest (que el almirante Horthy había definido como «ciudad del pecado»), al menos hasta que se terminó imponiendo la razón de las armas. Una vez depurados los izquierdistas, los judíos y los homosexuales, y una vez se hubo apagado el espíritu más radical del cabaret, la cultura cotidiana del *witz*, de la gracia y la ironía, llegó asimismo a su ocaso.

Al igual que muchos otros, también mi padre abandonó Berlín. Pero no para regresar a Budapest ni tampoco a Viena, donde había estado como en casa: el imperio ya no existía, las capitales que habían heredado su espíritu estaban en pleno proceso de transformación y los cambios no eran precisamente agradables. Tras dejar Berlín, mi padre se trasladó a Roma (capital de un imperio futuro, tan breve como improbable), donde residía una de sus hermanas, y gracias también al encuentro con mi madre

---

11. El testimonio aparece en una carta dirigida a Mussolini y firmada por Giuseppe Renzetti, director de la Cámara de comercio italiana en Berlín, y publicada en *Storia illustrata* en diciembre de 1987, *op. cit.* en George L. Mosse, *Le origini culturali del Terzo Reich*, Mondadori, Milán, 2008, pág. 47.

12. Todavía en las elecciones de 1932 socialdemócratas y comunistas sumaban juntos el 54% de los votos. El 5 de marzo de 1933 los nazis no lograban aún la mayoría.

13. Es un hecho conocido que, tras el incendio del Reichstag, cuya autoría se atribuyó a los militantes comunistas, Hitler asumió los plenos poderes gracias al artículo 48 de la Constitución de Weimar, la cual a continuación se dispuso a ignorar.

había terminado por establecerse, en compañía de una memoria que continuaba palpitando al ritmo de un tiempo irrepetible, en el aire un poco cerrado de la civilización itálica; en la cual, dicho sea de paso, el cabaret nunca había llegado a arraigar. En cambio, también es verdad, en Italia la tradición dictaba otros remedios para curar el resfriado, entre los que estaban, por ejemplo, el *vin brulè*, vino tinto hervido con clavo y canela. Ya se sabe que el Mediterráneo tiene una naturaleza ampliamente consoladora y en último término se revela siempre como una Gran Madre, provista de múltiples dones. En sus orillas también el ajo reposaba tranquilo en el lecho de los sabores que eran de su interés. Entre tantas propiedades de la naturaleza y de las costumbres, ¿quién hubiera podido prever que algunos años más tarde se decretarían las leyes raciales? Quién sabe si también entonces mi padre dejó escapar su retahíla habitual —«¡Pero si esto ya lo había en Berlín antes de la guerra! Y estaba mucho mejor hecho»—. Entretanto para mí, que había nacido y crecido en el ambiente tranquilo de una capital de provincias, cada encuentro con Berlín había seguido conservando el aroma familiar de un retorno, el desconcierto de un *déjà vu*.

En el preciso momento del acercamiento a Roma, «La hora de Berlín» se apagaba: sus personajes se desvanecieron en el tráfico de sus fugas, y en el tráfico de nuestro día a día que la narración había detenido. Yo volví a mis libros y a su profundidad sin superficie, ya sin los nombres y sin las historias que terminaban con cada relato de mi padre, y que mantenían los libros vivos. Hasta que encontré una secuela —pero para entonces el punto de referencia de la historia había cambiado completamente de coordenadas—. La encontré por casualidad o, mejor dicho, encontré su final, que transcurría en su mayor parte durante los años de la guerra, y fundamentalmente en lugares que se llamaban Dachau, Buchenwald, Auschwitz, Sobibor, etc., donde murieron centenares de miles de personas, entre las cuales se encontraba toda una generación del espectáculo alemán, por culpas imputables a la raza, al pensamiento, a elecciones de carácter sexual o, en el caso de algunas personas, a las tres cosas a la vez. Sin embargo, entre mi memoria doméstica y la memoria histórica, entre «la hora de Berlín» de mis recuerdos y la hecatombe de la Shoah, los «cómicos» habían seguido haciendo de cómicos: los que se quedaron dentro del país, lo hicieron, bien como un acto de resistencia, bien por inercia o por incomprensión del peligro; los que partieron al exilio siguieron actuando hasta la ocupación de los países que los acogieron; y en los campos de internamiento y de deportación, siguieron actuando porque no tenían otra elección y porque la vida teatral significaba, por encima de todo, vida, antes de que se los tragaran los campos de exterminio. Explorar estos espacios intermedios a partir de los relatos y de los testimonios disponibles no ha supuesto únicamente recorrer la historia de los cómicos, una historia con un comienzo suspendido en un tiempo remoto, sino sorprender al comediante en el momento de la relación compartida entre víctima y verdugo, persiguiendo los poderes y las perversiones de una carcajada que había estallado en Berlín para apagarse únicamente ante las cámaras de gas.

En el corazón de una metrópoli situada en el centro de Europa

Adiós a Berlín

Berlín es una ciudad de la que «tiran en todas direcciones cientos de fuerzas misteriosas», donde «resulta difícil ganar un punto de apoyo manteniendo una firme posición ideológica».[1] Tras lanzarse en 1926 a la conquista del centro neurálgico del Reich como *Gauleiter* (responsable de distrito) del Partido Nacionalsocialista por el territorio de Berlín, Goebbels acusa la dificultad de la empresa. A la hora de articular su estrategia, el *Gauleiter* localiza rápidamente en el mapa de la ciudad un objetivo sensible donde asestar sus golpes. A sus ojos, el baluarte donde había que buscar la responsabilidad —económica y moral— de todos los males que infestaban Berlín se situaba claramente en la gran arteria de la metrópoli, la Kurfürstendamm, donde «el pan producido con el sudor de la frente en la ciudad del norte» se disipa en «pecado, vicio y corrupción». Desde el punto de vista de la lucha política, la zona símbolo de la capital, en la que transitan las caras conocidas de la sociedad internacional, es para Goebbels un objetivo obvio y

---

1. Joseph Goebbels, *La conquista di Berlino*, Edizioni di Ar, Padua, 1978, pág. 29.

fácil; pero se trata de un objetivo que funciona igual de bien desde el punto de vista de la ideología de la raza, de la cual él es un incansable defensor: el barrio, en efecto, no es únicamente el destino del consumo ocioso de la clase adinerada ni donde se derrocha la riqueza ante las narices de seis millones de parados que pesan sobre el Estado, sino que es también el baluarte del judaísmo. Al grito de «matad a los judíos», la persecución antisemita se inicia en el corazón mismo de la Kurfürstendamm y alcanza su apogeo en septiembre de 1931, cuando jóvenes nazis agredieron a las personas que salían de la sinagoga donde acababan de celebrar la fiesta de Rosh Hashanah, el fin de año hebreo, causando muchos muertos y heridos. «¡Es de los judíos, es de los judíos, toda la culpa es de los judíos!», cantaban en la escena del «Tingel-Tangel», y a Hollaender le parecía que había escrito y compuesto una provocación. Pero había quien se lo había tomado en serio y al pie de la letra, y tenía sus métodos para persuadir a los demás de sus propias convicciones.

La histórica calle del centro de Berlín no era simplemente el símbolo del lujo: los teatros, los cafés, los locales de todo tipo (*Oh, Kurfürstendamm!*, rezaba el título de un espectáculo que pronto se convertiría en película [1928], donde actuaban Kurt Gerron y Trude Herstenberg) habían establecido allí la morada del cabaret y del espectáculo ligero,[2] hasta el punto de que se nombraba al uno para referirse al otro, por muy diferentes que fueran entre sí.[3] Goebbels, por su parte, no hacía grandes dis-

---

2. Hemos asumido que Berlín era la capital de aquella cultura (que partió de París y estaba presente también en Viena, así como en Budapest, Praga, Zúrich, Ámsterdam y en toda Europa Oriental, por no hablar de las otras ciudades de Alemania, con Múnich a la cabeza) no sólo por razones biográficas, sino también porque la mayor parte de los más grandes *performers* terminaron pasando por Berlín, por muy distintas que fueran las matrices del humor de cada uno (Rudolph Nelson, por ejemplo, descubre a Grünbaum en Viena y durante bastante tiempo no está seguro de que sea «exportable» a Berlín). Por otro lado, es aquí donde da comienzo la persecución nazi.

3. Fuera legítima o ilegítima la identificación que hacía Goebbels entre la cultura judía y las diversas formas de *divertissement* y de sátira política, el Kurfürstendamm sacaba de ella el máximo partido: la gran arteria berlinesa se postulaba como el cuartel general internacional del espectáculo ligero, hasta el punto de que cuando Werner Finck —intérprete y autor de cabaret que no pertenecía a la cultura judía— abrió su local, en el nombre que le ha-

tinciones: para él el cabaret y el Kurfürstendamm eran «cosa de judíos al ciento por ciento», tal y como había anotado en sus diarios, cuando, llevado por su amor a Karl Valentin (el cabaretista más célebre de la República de Weimar, a quien, sin embargo, el futuro Ministro de Propaganda apreciaba mucho —también porque, entre sus muchos méritos, estaba el de no ser judío—), se aventuró a entrar en el «Kabarett der Komiker» —«KadeKo»— para asistir a un espectáculo donde el actor figuraba como estrella invitada.[4] Todo cuanto se articulara desde el punto de vista formal en los distintos géneros del espectáculo satírico,[5] o tuviera que ver con personajes de la izquierda revolucionaria, como Erich Mühsam, o con radicales, como el trío literario formado por Mehring, Tucholsky y Kästner, o estuviera relacionado con la sátira de Paul Morgan y de los intérpretes que encabezaban el «KadeKo», o con homosexuales manifiestos, como el *chansonnier* Paul O'Montis, o, en sentido amplio, con este tipo de autores, actores o músicos, cómicos, monologuistas o autores de canciones (a excepción del citado Valentin), para Goebbels entraba dentro de la categoría de «cosas de judíos» en el seno de la «República de los judíos», que es como los nazis llamaban a la odiada democracia de Weimar. Y la diversidad de las expresiones y de las posiciones, lejos de constatarse como diferencias, quedaban homologadas —las de los anarquistas, los homosexuales, los comunistas, etc.— como «cosas de judíos».

---

bía atribuido —«Katakombe»— indicaba, por un lado, la ubicación, efectivamente semienterrada, y por el otro, el hecho de constituir una excepción en aquel mundo, donde se movía casi en la clandestinidad, como los primeros cristianos en la antigua Roma.

4. Joseph Goebbels, 26 de enero de 1930, *op. cit.* en Peter Jelavich, *Berlin Cabaret, op. cit.* pág. 230.

5. Las así llamadas «escenas pequeñas» se habían convertido, con el tiempo, en un sistema articulado que ampliaba sensiblemente sus plateas, gracias también a las contaminaciones con la opereta y el espectáculo, y la aproximación progresiva del espectáculo al entretenimiento se había producido a expensas de unos pocos arañazos urticantes que habían marcado sus orígenes y que se reflejaban aún en el título del espectáculo del «KadeKo», *Frechheit* (Insolencia). El alma más puramente política se había encendido y apagado en el curso de los años, mientras que la tradición inicial radical se fue desvaneciendo a medida que se debilitaba la República de Weimar, hasta aproximarse en muchos casos a una apoliticidad programada.

Para Goebbels, en definitiva, el cabaret y los hebreos no dejaban de ser una y la misma cosa.[6]

Desde esta perspectiva no es difícil entender que, una vez culminada la conquista de Berlín, la calle que había venido siendo la sede histórica del espectáculo ligero pasara a ser un territorio a reclamar. Para una parte de los artistas que allí trabajaban todo esto supuso un giro irreversible, un periplo que comenzaría con la deportación y el internamiento, y que finalizaría en las cámaras de gas. Era como si una temporada prodigiosa que había imbuido la cultura urbana y metropolitana de Alemania, Austria y el Este de Europa, transformando Berlín en el paraíso de todas las libertades y de todas las transgresiones, hubiera sido condenada a consumar en el infierno la última etapa de su recorrido. Es posible que, por otra parte, entre paraíso e infierno la distancia no fuera tan abismal; en cualquier caso, muchos hombres y mujeres de la escena ligera tuvieron que recorrerla, con un final acelerado.[7] A medida que la situación se fue tornando más crítica, algunos buscaron refugio en los países limítrofes y más próximos a su cultura expresiva, otros emprendieron la vía del exilio hacia Estados Unidos, otros se quitaron la vida y otros permanecieron, mientras pudieron resistir, en aquélla que consideraban su «patria». Así, «dos años después de la toma del poder por parte de los nazis encontramos todavía escrito en el boletín municipal: —No dejaremos de con-

---

6. Diferentes son, en este caso, los tiempos y modos de la represión: para masacrar a Mühsam, que, además de ser judío, había militado en los movimientos revolucionarios de Múnich de 1919, no fue necesario esperar al exterminio de masas. En tanto que adversario político fue bárbaramente asesinado en las prisiones de Oranienburg ya en julio de 1934.

7. El giro «duro» de la política nazi en relación con los judíos se produce realmente a partir de 1937. Según Mosse, las disposiciones de los primeros años, más que a una persecución propiamente dicha, tendían a construir un régimen de *apartheid* y a favorecer la emigración voluntaria. Esto permitió a muchos continuar a duras penas con una vida mínimamente vivible, pero sobre todo les llevó a subestimar la gravedad del peligro que se avecinaba. La degeneración de una política que, según Mosse, en algunos aspectos aún se podía considerar moderada, se produce en el momento en que la jurisdicción de la cuestión judía pasa del Ministerio del Interior y de Justicia a ser competencia exclusiva de las SS. Véase George L. Mosse, *Intervista sul nazismo*, Mondadori, Milán, 1992, págs. 69 y sigs.

siderar a Alemania como la tierra de nuestros padres y de nuestros hijos—».[8]

Para muchos, los viajes, que comenzaron como un exilio, terminaron convirtiéndose durante la guerra, tras las invasiones nazis, en una deportación articulada en un número visible de etapas internacionales, como si una siniestra agencia de viajes los hubiera embarcado a la fuerza en extenuantes transbordos y destinos intermedios con parada final en Dachau, Treblinka o Auschwitz. En algunos campos los artistas siguieron actuando, representando su repertorio con la regularidad propia de una «temporada teatral» metropolitana. Estos campos fueron principalmente Westerbork o Theresienstadt, destinados respectivamente al tránsito y al «asentamiento», aunque puntual y excepcionalmente hubo también actuaciones en los campos de exterminio. Paradójicamente, aquellos espectáculos estaban menos «guetizados» y sufrían menos prohibiciones en su repertorio que los que sobrevivían en Berlín durante el régimen hitleriano.[9] De hecho, durante la guerra los *Lager* parecían ser el único lugar donde el cabaret lograba aún sobrevivir. Era como si la metrópoli hubiera extirpado todo un género de espectáculo y hubiera confinado en los campos, en una especie de auto-expiación, los signos de su propio espíritu y de su propia cultura: muerto en Berlín, como algunos observaron, el Kurfürstendamm había renacido en los dispositivos concentracionarios.

8. Yehoyakin Cochavi, entrada *Berlino*, en *Dizionario dell'olocausto*, a cargo de Walter Laquer; edición italiana a cargo de Alberto Caviglion, Einaudi, Turín, 2004, pág. 79. Hasta el estallido de la guerra, los nazis favorecieron la emigración hebrea. Luego la emigración pasa a ser el nombre con el que se encubre la deportación, cuando, a principios de 1939, se crea en Berlín la Reichszentrale für Jüdische Auswanderung (Oficina central del Reich para la emigración judía), a cargo de Eichmann.

9. Algunos cabarets sobrevivieron aún durante algunos años, tal y como veremos a continuación. Pero en su conjunto el espíritu de la capital del Reich ha cambiado mucho con respecto al del Berlín de los años veinte. Su registro cómico debió sufrir una importante transformación, cuando una espectadora externa, la mujer húngara del embajador italiano de paso en Berlín en 1932, Elisabetta Cerruti, puede lamentar la ausencia de los escenarios de grandes artistas teatrales de origen judío, y anotar en su diario que «la alegría nazi era de una calidad dudosa. Preferían lo burlesco a lo verdaderamente ingenioso, y eso se manifestaba sobre todo en su teatro». Elisabetta Cerruti, *Visti da vicino*, Bompiani, Milán, 1951, pág. 193.

Para comprender la fractura que se produce de pronto en la vida del espectáculo ligero y de sus cómicos, fijémonos, por ejemplo, en una temporada particularmente feliz —la de 1930-1931—, y en los personajes que formaron parte de ella y que luego reencontraremos en las etapas sucesivas. Entre los tantos lugares de encuentro célebres del Kurfürstendamm estaba el teatro de Rudolph Nelson, empresario, compositor de operetas y cabaretista, a quien ya antes de la Primera Guerra Mundial Berlín debía gran parte de su divertimento. En 1930 el empresario relanza la fórmula típica de la década de 1920, la del *Kabarettrevue* con carácter musical-literario, donde diversos episodios se combinan en torno a un mismo argumento o a un mismo lugar que hace de hilo conductor. No obstante, cambia radicalmente a los intérpretes. Así, *Der rote Faden* (El hilo conductor), el primero de tres espectáculos que están en escena desde primavera hasta diciembre, tiene un *casting* que es de lo mejor del momento: los autores son Marcellus Schiffer y Felix Hollaender; el protagonista es Wilhelm Bendow —el cual, al margen del oficio de cabaretista, tiene en su haber un buen número de películas—; uno de los intérpretes principales es Gustaf Gründgens, actor dramático de relieve y, en la pantalla, protagonista de *M, el vampiro de Düsseldorf* (*M. Eine Stadt sucht einen Mörder*, Fritz Lang, Alemania, 1931); y el cómico es Max Ehrlich, un monologuista y actor de gran categoría que proviene de la escuela Reinhardt y ha participado en un discreto número de películas. Además, están la rubia Camilla Spira y el joven amante Willi Forst, mientras entre los cantantes destacan la mujer de Nelson, Käthe Erlholz, y Margo Lion, mujer de Schiffer, con su físico sensacional. Con todo, la idea que se impuso, y así lo reconoció la crítica, fue la de confiar la dirección del espectáculo al actor que tenía la consideración de líder entre los distintos personajes, Kurt Gerron, un veterano que acababa de cosechar un gran éxito en *La ópera de los tres centavos* de Bertolt Brecht, donde se ganó con su interpretación de Tiger Brown un aplauso que lo acompañaría de por vida. Pero su reciente temporada teatral era rica en interpretaciones de textos de Werfel, Shaw, Kraus o Hecht; había trabajado con Reinhardt y había actuado junto a intérpretes de la talla de Werner Krauss y Peter Lorre. En el cine, acababa de dar prueba de su talento en *El ángel azul* —película para la que

Hollaender había compuesto una música que por entonces sonaba por todas partes—, donde, en su papel del mago/empresario Kiepert, rivalizaba en dimensión y grandeza con el protagonista, Emil Jannings.[10] No era en la pantalla ningún principiante: en el cine mudo había interpretado más de cincuenta filmes, entre ellos alguno bajo la dirección de Pabst.

Tras aterrizar en el mundo del espectáculo desde una actividad tan intensa se entregó a ello sin reparos e involucró también a sus socios, porque en aquel momento su carrera estaba en pleno auge (y tendría inmediatamente después una continuación cinematográfica);[11] el célebre intérprete (además de desempeñar el papel de un ladrón y de cantar la canción que Hollaender había compuesto para él, *El espectro de la noche*) logró transmitir a la dirección toda su experiencia consumada de actor, y todos aquellos artistas de proveniencia tan dispar se convirtieron en sus manos en un conjunto muy unido. Así, dirige los dos espectáculos siguientes, *Quick* y *Glück muss man haben* (Hace falta suerte), que obtienen un enorme éxito de público; las crónicas del momento detectan también la presencia de otro gran intérprete proveniente del teatro yiddish, Felix Bressart. Entre el escenario teatral y la pantalla de cine, todos parecen comportarse como una gran familia, y es difícil hablar de uno de ellos sin extenderse en sus relaciones, profesionales o de amor, con los demás miembros del grupo.

Todos ellos son *Prominenten*, es decir, celebridades en el momento álgido de su carrera: sólo tres años más tarde aquellas

---

10. Junto a él en *El ángel azul* actúa, en el papel de su mujer, otra gran artista del cabaret, Rosa Valetti. Al igual que Gerron, Valetti actúa asimismo en *La ópera de los tres centavos* (como la señora Peachum), y el éxito escénico de la pieza (entre los más considerables que había cosechado Brecht hasta entonces) se debió en parte también a las interpretaciones del uno y la otra. En la década de 1920, la actriz había abierto un célebre cabaret, el «Café Grössenwahn», donde al principio estuvieron también implicados Hollaender y Tucholsky, quienes habían escrito para ella piezas célebres, tales como *Die Rote Melodie*. El local era frecuentado por muchos intelectuales y su seña de identidad estaba fuertemente politizada.

11. A partir de aquel momento Gerron estrena una serie cinematográfica dedicada a los números de cabaret, y es así como afronta su primera dirección sonora importante, *Mi mujer, la impostora* (*Meine Frau, die Hochstaplerin*, Alemania, 1931).

carreras se vinieron abajo o fueron secuestradas, las relaciones se deshicieron y cada uno se vio obligado a moverse según los dictados de la supervivencia. De los personajes involucrados en el espectáculo antes mencionado, Nelson, el empresario, se establece en Holanda con la familia y, por lo tanto, después de la invasión nazi entran todos en la clandestinidad, también se llevaron allí sus espectáculos. Aunque Max Ehrlich y Camilla Spira terminan también en Holanda, no han abandonado del todo Berlín, y se convierten en los protagonistas de las veladas de cabaret del teatro del «Jüdische Kulturbund» —la «Liga para la cultura judía»—, que opera en la capital entre 1933 y 1941 en condiciones, por así decirlo, de *apartheid*. Deportados luego de Ámsterdam al campo de Westerbork, los dos intérpretes son los actores de cabaret más relevantes del *Lager* de tránsito, que Spira abandona porque logra que se la reconozca como aria, mientras que Ehrlich continúa su viaje hasta el final, Auschwitz. Marcellus Schiffer se suicida en 1932, poco antes de la llegada al poder de Hitler, y su mujer, Margo, regresa a París. Hollaender emigra a Estados Unidos, donde sus éxitos adoptan otras formas. Willi Forst y Gustaf Gründgens, en cambio, no tienen orígenes judíos: el primero prosigue su carrera en Alemania,[12] mientras que el segundo se convierte al credo nazi después de algún devaneo filocomunista, y poco después es nombrado por Goering director artístico del Teatro del Estado Prusiano, convirtiéndose en una poderosa personalidad dentro del mundo del teatro y en partícipe de la política cultural del régimen. Gründgens sería luego, a pesar suyo, el protagonista de una gran novela, *Mephisto*, escrita por Klaus Mann.[13] Felix Bressart, el actor teatral identificado

---

12. Durante los años del nazismo, Forst se convierte en uno de los directores de comedia más prestigiosos. Según sostiene en sus memorias, quiso, con sus películas distraídas, ofrecer un consuelo a la Austria oprimida por el régimen nazi.

13. Klaus Mann había sido cuñado y compañero del actor, que se había casado con su hermana Erika. Escribe su novela en el exilio, y ya el título, *Mephisto* —por el personaje goethiano que había asegurado a Gründgens el mayor de los triunfos durante el régimen nazi—, suena como un acta de acusación contra el amigo de antaño, lo que ha suscitado polémicas que han afectado en gran medida al periplo de la obra. Al parecer, Gründgens intercedió, hasta donde se lo permitía su posición, en favor de los antiguos compañeros,

para la pantalla por la crónica de sociedad, escapa a Hollywood, donde trabaja (entre otros, con Lubitsch) como apreciado intérprete cinematográfico. La historia de Gerron, en cambio, es el verdadero paradigma implícito en este relato: si *Der rote Faden* había sido su primera dirección teatral —y un giro en su trayectoria—, su último trabajo lo acoge Theresienstadt, el campo donde está internado cuando el comandante le encarga dirigir un filme de propaganda destinado a la opinión pública internacional, para ocultar la idea de una persecución alemana contra los judíos: *Theresienstadt. Ein Dokumentarfilm aus dem Jüdischen Siedlugsgebiet* (Alemania, 1944). Los actores son los propios internos del *Lager*, y la tarea de amalgamar sus rostros en un único paisaje de felicidad y fortuna que se abre de par en par en medio de la Segunda Guerra Mundial plantea en esta ocasión dificultades bien distintas de las que Gerron había venido superando desde el principio de su carrera, si bien asume los retos con la misma puntillosa escrupulosidad de atento profesional. Su existencia termina en Auschwitz, y no se le permite acabar la película.

Hay una novela fundamental que narra en 1929 la épica de Berlín, *Berlín Alexanderplatz*, de Alfred Döblin. En un cierto momento del relato el autor describe los flujos que atraviesan una de las grandes plazas de la capital, la Alexanderplatz, antes de dispersarse hacia los cuatro puntos cardinales. Esta descripción se lee como un obligado homenaje al Gran Anonimato Urbano en el que la novela pesca su historia particular, renunciando a todas las demás historias posibles. Es como si fuera éste el Personaje por excelencia, el que condensa tantos actos suspendidos en el universo ilimitado de la virtualidad —como si la obra literaria no debiera nunca olvidar que su realización se verifica

---

al igual que hizo su colaborador en el Teatro del Estado Prusiano, el director Wolfgang Liebeneiner, o la actriz Kathe Dorsch —de quien el mismo Goebbels se quejaba por sus continuas solicitudes en favor de los colegas caídos en desgracia—. Ciertamente, vistos desde fuera, los gestos de quienes se adaptaron llevan el peso de la avenencia y, ante las dimensiones macroscópicas de los sufrimientos de los demás, se antojan invisibles. Por su parte Erika Mann, casada durante poco tiempo con Gründgens, había abierto en Múnich un cabaret en 1933, el «Pfeffermuehle», que, en marzo, tras la toma del poder por parte de los nazis, transfiere inmediatamente a Zúrich.

siempre en detrimento de las historias que no encuentran su narración, de las imágenes que no llegan nunca a ser persona, de los personajes que no llegan nunca a tener un nombre—. Para todos ellos, la Alexanderplatz se ofrece como el lugar de elección de los gestos sin completar, el precipitado sensible de los tantos tráficos que desde allí se ramifican, volviéndose inaccesibles a la novela.

> Enumerarlos a todos y describir sus destinos sería muy difícil, sólo se podría hacer con algunos. El viento arroja por igual polvo sobre todos. El rostro del caminante que se dirige al Este no se diferencia en nada del rostro del que se dirige al Oeste, al Sur o al Norte, sus papeles son también intercambiables, y los que ahora atraviesan la plaza hacia Aschinger pueden ser vistos una hora más tarde ante los vacíos almacenes Hahn. Y lo mismo se confunden los que vienen de la Brunnerstrasse y se dirigen al Jannowitzbrücke. Sí, muchos tuercen también, del Sur al Este, del Sur al Oeste, del Norte al Este. Son tan iguales como los que van en autobús, en tranvía. Todos se sientan en posturas diversas, haciendo así más pesado el peso escrito en la parte exterior del coche. Lo que pasa en su interior, quién podría contarlo, sería un capítulo enorme.[14]

La novela hablaba de proletariado y de subproletariado urbano, mientras que el mundo del espectáculo al que nos referimos estaba compuesto de personas célebres que se encontraban en el camino de vuelta al anonimato. Puede decirse que su recorrido se estaba asimilando al de esas multitudes que en la novela atraviesan la plaza, sin más relato o narración que sus propios traslados. «Venerados, perseguidos, olvidados»: así es como describe su peripecia un texto que reconstruye la historia de los tantos artistas de la escena que, de una forma u otra, sucumben al impacto con el régimen nazi.[15] Hablamos de personas que tenían en su haber un considerable número de participaciones cinematográficas y de realizaciones teatrales: los frenéticos compromisos que absorbían sus días, llevándolos de un escenario a otro, del teatro al cabaret o de Berlín a Hollywood, parecían proteger de

---

14. Alfred Döblin, *Berlín Alexanderplatz* (1929), Ediciones Cátedra, Madrid, 2007, pág. 104.
15. Véase Ulrich Liebe, *Verehrt Verfolgt Vergessen. Schauspieler als Naziopfer*, Belz Verlag, Weinheim und Basel, 2005.

los ataques a unas figuras siempre expuestas a la mirada internacional. O, cuando menos, parecían concederles el lujo de la postergación, el privilegio de poder negociar con la propia renuncia cierto margen para una inercia razonable. En realidad, no era así: su posición, lejos de protegerles, sólo les impedía darse cuenta de lo que sucedía a su alrededor. «No tengo tiempo de leer libros pésimos», es el célebre chiste con el que Kurt Lilien, actor de espectáculos y operetas, respondía a quienes le preguntaban si, aunque no fuera más que para hacerse una idea de la situación, no había leído *Mein Kampf*; internado luego en Westerbork, murió al parecer en 1943 en Sobibor. Sin que importara el peso que tenía en aquel momento el éxito y la reputación que habían logrado forjarse ni el tamaño de los caracteres con que se escribían sus nombres en los carteles de teatro,[16] a partir de 1933 sus historias se convierten en la geografía de su exilio. Y para aquéllos que permanecieron en el continente después de la invasión nazi de gran parte de los países europeos, la dirección fue siempre la misma: el Este.

Al tomar el poder, como para dejar constancia simbólica de su presencia en tierra enemiga, los nazis hicieron ondear en el «KadeKo» la cruz gamada, el remate final de un asedio victorioso en el corazón del territorio hostil, al tiempo que Kurt Robitschek era reemplazado por un hombre menos comprometido con el régimen anterior, Hans Schindler. En 1924, el que quizá fuera el cabaret más popular de Berlín se había inaugurado con una parodia de los nazis, *Quo vadis*, cuando éstos eran un peligro en el que nadie creía: la música la había compuesto Willy Rosen, y entre los intérpretes, además de Margo Lion y Curt Bois, estaba también Kurt Gerron. La parábola había completado su recorri-

---

16. Un célebre *sketch* del cabaretista vienés Fritz Grünbaum dedicado a los *Prominenten* —las «celebridades»— estigmatiza sus comportamientos: «La celebridad va caminando por la mañana temprano, y de pronto su paso se vuelve más elástico: dos obreros se dirigen hacia él —"quizá me han reconocido; nunca se sabe"—. Sus ojos buscan la columna con los anuncios de los espectáculos. Su nombre ondula ante ellos. ¿Ondula? No: grita, chilla, aúlla. Letras gigantescas en rojo. Pero, ¿qué sucede? ¡Grita también el nombre de algún otro! La celebridad se dirige hacia la columna y sus dedos buscan la regla en el bolsillo. ¡El nombre del rival mide dos milímetros más que el suyo!». Fritz Grünbaum, «Das Leben der Prominenten», *ibíd.* págs. 109-110.

do: excepto Bois y Lion, todos los demás terminaron en los campos de concentración. En 1929, el 1 de diciembre, con ocasión de los primeros cinco años de vida de la célebre formación cabaretera, los artistas alemanes y austriacos más famosos intervinieron en una fiesta que se prolongó hasta las primeras luces del amanecer del día siguiente. A la convocatoria habían respondido sesenta de entre los más célebres personajes del espectáculo, desde Karl Valentin a Richard Tauber.[17] Una crónica terminaba el resumen de aquella velada lamentando que cinco años era un tiempo demasiado largo hasta la celebración del décimo aniversario. Pero aquella celebración no llegaría a tener lugar: en sólo cuatro años, a finales de 1933, de la producción a la que habían dado vida en Alemania gran parte de aquellos artistas no sobrevivía ni el recuerdo.

En las hogueras promovidas por Goebbels en las plazas públicas el 10 de mayo de 1933, entre los textos de tantos escritores alemanes y extranjeros que no eran del agrado del régimen, y al son de las frases rituales de un teatro de masas, arden también los textos de Mehring, Tucholsky y Kästner, que en el Kurfürstendamm habían consumado muchos de sus triunfos. *La ópera de los tres centavos*, de Brecht y Weil, el éxito teatral más contundente de toda la República de Weimar, así como la película homónima de Pabst (Alemania, 1931), contra la que Brecht y Weil habían emprendido acciones legales por infidelidad a la obra original, quedan proscritas, y se retiran tanto de los escenarios como de las pantallas.

Todavía en 1939, tras haber llegado muy lejos gracias a la operación *Judenrein* —la erradicación de la presencia judía en la vida pública— y ya convertido en Ministro de Propaganda del Reich, mientras visionaba en su propia casa la versión alemana del filme de Pabst, Goebbels se complacía en haber puesto fin a aquel tipo de producciones: «Un viejo filme, *La ópera de los tres centavos*. Típica impostura judía. Éste era el tipo de cosas que se permitía presentar impunemente a los judíos al pueblo alemán. Es mérito nuestro si nos hemos liberado de todos estos desperdicios». Poco le preocupaba en qué medida esa matriz hebrea que

---

17. Véase Ejac, *Die grosse Nacht der Komiker. Fünf Jahre Kabarett der Komiker*, op. cit., págs. 140-141.

imputaba a la película se correspondía de hecho con el reparto que participó en ella.[18]

El cabaret, una vez expulsados los judíos (excepto de los espacios de la «Liga para la cultura judía», que no obstante sólo podían ser frecuentados por judíos), sobrevive aún durante algunos años en algunos locales, tratando de burlar la fórmula que Goebbels había introducido. Sobrevive el «KadeKo»; sobrevive el «Katakombe», expurgado de sus artistas judíos, como Dora Gerson; sobrevive durante algún tiempo, a pesar de ser judío, Erich Lowinski del «Namenlosen», que luego confluye en la «Liga para la cultura judía» y funda en 1937 el «Touristen»; tras la huida de Hollaender, reabre de nuevo en 1935 el «Tingel-Tangel» y nace, de la mano de Trude Hersterberg, reconvertida al credo nazi justo a tiempo para no ser sospechosa de oportunismo, la «Musen-schaukel», que ya por su ubicación en la Behrenstrasse, en la parte antigua de la ciudad, exhibe su no pertenencia a la tradición del Kurfürstendamm, de la cual la actriz había sido una de sus representantes. La vida de los cabarets no sería larga ni fácil, por más que cumplieron con los compromisos debidos al régimen: Hersterberg se vio obligada a cerrar en apenas un año, bajo la acusación de ser demasiado literaria y poco *völkisch*, y cuando Finck se permitió hacer una parodia que ofendió a Goebbels, para proceder a la clausura de su espectáculo y a la del «Tingel-Tan-

---

18. Joseph Goebbels, 10 de octubre de 1939, en *I diari di Gobbels 1939-1941*, a cargo de Fred Taylor, Sperling & Kupfer, Milán, 1982, pág. 28. En rigor, en la versión alemana de la película, cuyo estreno berlinés tuvo lugar el 19 de febrero de 1931, entre los personajes de relieve sólo el jefe de policía, Tiger Brown (que en la obra de teatro era el personaje que encarnaba Kurt Gerron) y la señora Peachum (Rosa Valetti en la versión teatral) estaban interpretados por judíos —Reinhold Schünzel y Valeska Gert, nombres muy conocidos en el mundo del espectáculo—. Los papeles principales, sin embargo, recayeron en actores que desarrollaron el grueso de su actividad en el cine del régimen (Rudolf Forster, Fritz Rasp o Hermann Thimig), y el mismo director, Pabst, está entre los que se quedaron (o que, cuando menos, regresaron al redil tras algunas indecisiones iniciales). Dejando a un lado a los autores y a los escenógrafos (Leo Lania, Ladislaus Vajda y Béla Balász, los dos últimos de origen judío), las intérpretes femeninas más importantes son Carola Neher y Lotte Lenia, una militante del Partido Comunista y la esposa de Kurt Weill, respectivamente: la suma de todos estos componentes diversos constituye, para Goebbels, una «típica impostura judía».

gel» bastó con que un informe sobre la composición del público denunciara el hecho de que una tercera parte de los locales eran frecuentados por judíos. En efecto, expulsados de los escenarios, los judíos se presentaban puntuales en el palco, al menos hasta el momento en que el régimen procedió a depurar también al público. Así, a pesar de todo, el cabaret seguía siendo aún «cosa de judíos»: si no lo hacían ellos en primera persona por prohibición explícita, estaban allí observando lo que hacían los demás. Los intentos de dar indicaciones al teatro ligero para acomodarlo a la política del régimen nazi estaban destinados al fracaso:

> El proyecto, por completo ajeno al espíritu del cabaret, fue un fracaso; así, en 1939 Goebbels prohibió todos los argumentos políticos en los escenarios alemanes. A consecuencia de ello, el cabaret degeneró en puro vodevil [...]. Con la movilización creciente de la población masculina con posterioridad a 1939, el público de los espectáculos y de los cabarets pasó a ser casi exclusivamente femenino. Así fue como las *girls* dominaron el espectáculo, hasta que los bombardeos sobre Berlín destruyeron todo lugar de entretenimiento que hubiera logrado sobrevivir.[19]

Y por si acaso hubiera quedado alguno aún con vida, después de haber tolerado durante algunos años poquísimas excepciones, siempre con agentes apostados a la puerta de cada local para cancelar inmediatamente eventuales excesos y desviaciones, en plena Segunda Guerra Mundial Goebbels zanja el asunto prohibiendo definitivamente todas las formas de cabaret:

> A pesar de mis repetidas ordenanzas del 8 de diciembre de 1937, del 6 de mayo de 1939 y del 11 de diciembre de 1940, en las cuales solicitaba con urgencia que los cabarets y los espectáculos se adecuaran a las exigencias dictadas por el gusto mayoritario y especialmente a las de la guerra, los así llamados conferenciantes, maestros de ceremonia y cabaretistas continúan ejerciendo su actividad maliciosa —según me consta por una multitud de molestias generadas tanto en el país como, sobre todo, en el frente—. Estos individuos se entregan a la degradación frívola y barata de las condiciones de la vida pública que las necesidades bélicas implican. En los así llamados chistes políticos ofrecen críticas abiertas o veladas de la dirección política, económica

---

19. Peter Jelavich, *Berlin Cabaret, op. cit.*, pág. 228.

y cultural del Reich. Se burlan de los caracteres únicos de la raza de nuestro pueblo y, en consecuencia, contribuyen a poner en riesgo la íntima unidad de la nación, que es el prerrequisito más importante para la conclusión victoriosa de esta guerra. Habida cuenta de que mis repetidas advertencias no han dado fruto, y en vista de que los antiguos defectos de una forma de entretenimiento público generado por un estilo de gobierno liberal-democrático continúan emergiendo a la superficie, me veo obligado más que nunca a tomar medidas decisivas por orden del *Führer*.[20]

Caracteres y caracterizadores

La primera ley contra la presencia judía (y una de las primeras disposiciones que se promulgaron tras el incendio del Reichstag y la asunción de plenos poderes por parte de Hitler, que dejaba sin efecto la Constitución de Weimar) entró en vigor el 7 de abril de 1933 y preveía el despido de todos los empleados públicos no arios, que en adelante no podrían ser contratados en empresas estatales. Una mañana de finales de primavera, Kurt Gerron se presentó en los estudios de la UFA, donde trabajaba en una película dirigida por él, *Kind, ich freu' mich auf Dein Kommen* (Erich von Neusser, Alemania, 1933), en la que también participaba su amigo Otto Wallburg, el «cómico gordo del Deutsches Theater», actor de escuela reinhardtiana, popular cabaretista y a la sazón contratado por la UFA como uno de los intérpretes más solicitados del cine sonoro. Sin embargo, la productora cinematográfica había hecho suyas las directrices de Goebbels incluso antes de que se convirtieran en ley, y éstas imponían la rescisión de todos los contratos con colaboradores y dependientes judíos. En relación con Wallburg (y Falkenstein) circulaba además una solicitud explícita de que no se le dieran papeles principales. Estando la película ya en pleno rodaje era más fácil sustituir al

---

20. Joseph Goebbels, *Anordnung betreffend Verbot des Confèrence-und Ansage-wesen* (Disposición relativa a la prohibición de conferenciantes y presentadores), 1941, *op. cit.* en Laurence Senelik, *Cabaret Performance*, vol. II, Europe 1920-1940, *Sketches, Songs, Monologue, Memoirs selected and translated with commentary*, The Johns Hopkins University Press, Londres-Baltimore, 1993, págs. 281-282.

director que a un intérprete, de modo que Gerron se encontró con que de un día para otro le revocaban el contrato: la productora con la que venía trabajando como director desde sus primeras películas sonoras le cerraba la puerta en las narices. Magda Schneider, intérprete del filme en cuestión —que se estrenaría luego con la firma de von Neusser—, cuenta cómo vio a Gerron enmudecer, volver la espalda al *set* y alejarse sin alegar ni una sola palabra.[21] A pesar de su renombre internacional, Gerron comparte su suerte con muchos otros actores del mundo del teatro y del cine alemán, que, precisamente como «secundarios» —y en mayor medida que las estrellas de primer orden—, habían dado forma, dentro de Alemania y en el extranjero, a la sociedad alemana, confiriendo a sus diversos relatos el paisaje de su fisionomía. En sus observaciones sobre el cine, Rudolph Arnheim había señalado que este tipo de actores, que se servían sobre todo de su físico (en contraste con el régimen de fábula que se aplicaba a los relatos de los «jóvenes amantes», tanto masculinos como femeninos, que se limitaban a responder a los sueños y deseos del público), otorgaban a la película un registro interpretativo completamente inscrito en el propio cuerpo, y le inculcaban el volumen sensible de un gesto de realidad.[22] Una realidad, sin embargo, que en las tantas actuaciones de los distintos Gerron, Valetti, Wallburg, Bressart, Grünbaum o Rühmann, por citar sólo algunos nombres del riquísimo repertorio del espectáculo alemán, en último término estaba escrita con *caracteres* hebreos. Denunciados como síntoma de una presencia extraña al cuerpo de la nación y borrados de las historias que habitaban en calidad de grandes figuras, sus rasgos volverán más tarde a la pantalla transformados en documentos de una historia sin tiempo, siempre igual a sí misma, testimonio del *ewige Jude*, el «judío eterno» que en ellos se perpetúa. En los años de la guerra esta idea es alimentada por las imponentes producciones cinematográficas

---

21. Entrevista a Magda Schneider, en *Kurt Gerron – Prisoner of Paradise*, de Malcom Clarke y Stuart Sender, 2002, Alliance Atlantis, una película de Média-vérité y Café Productions, en asociación con BBC, History Television Inc., Public Broadcasting Service, Filmproduktion Gmbh.

22. Rudolph Arnheim, *Lob der Charge* (1931) *op. cit.* en Karl Prümm, *Von der komischen Charge zum eigenwilligen Erzähler*, en Barbara Felsmann, Id., *Kurt Gerron – Gefeiert und gejagt*, Ed. Hentrich, Berlín, 1992, pág. 165.

que, o bien adoptan la forma del documento de investigación para exhibir una antropología sesgada (así, en *El judío eterno* [*Der ewige Jude*, Fritz Hippler, Alemania, 1940]), o bien recurren al tono épico para narrar las fechorías de la raza judía (como en *El judío Süss* [*Jud Süss*, Veit Harlan, Alemania, 1940]). Después de la invasión de Polonia, a partir de 1940, la creación del gueto de Varsovia por parte de los nazis, con el que se busca el aislamiento y el progresivo exterminio de la población judía polaca, supone también la creación de un escenario donde representar puntualmente las propias obsesiones. Es en el gueto de Varsovia donde Hippler y Harlan ruedan las escenas con multitudes de sus respectivas películas. Según nos cuenta Szpilman, no serían los únicos:

> Además de los diversos y habituales pasatiempos cotidianos, los alemanes habían empezado a filmar. Todos nos preguntábamos con qué finalidad lo harían. Irrumpían en un restaurante y ordenaban a los camareros servir las mesas con los mejores platos y los vinos más preciados. Luego ordenaban a los clientes que rieran, comieran y bebieran, mientras ellos los filmaban. Igualmente filmaban los espectáculos de opereta que tenían lugar en el cine Foemina en via Leszno, así como los conciertos sinfónicos dirigidos por Marian Neuteich, que se celebraban cada semana en el mismo cine. [...] así que un día reagruparon a un cierto número de mujeres y hombres en los baños públicos, les ordenaron que se desvistieran y que se bañaran juntos para, a continuación, filmar aquella peculiar escena con todo detalle. [...] Para mostrar no sólo lo ricos que eran los judíos de Varsovia, sino también su naturaleza inmoral y deleznable, filmaban escenas en las que se veía a mujeres y hombres judíos inmersos en una misma bañera, mientras se desnudaban impúdicamente los unos delante de los otros.[23]

El documental de Fritz Hippler —jefe de la sección cinematográfica del Ministerio de Propaganda— unía en una única desolación infinita a los personajes más célebres en el extranjero, que eran una muestra de los judíos asimilados que se habían convertido en exponentes de la sociedad internacional,[24] y a los habitantes del

---

23. Wladyslaw Szpilman, *Il pianista. Varsovia, 1939-1945. La straordinaria storia di un sopravvisutto*, Baldini & Castoldi, Milán, 1999, págs. 91-92.

24. A partir del minuto 40, más o menos, el documental muestra en una amplia vista general a los artistas del espectáculo de origen judío y alude a

gueto de Varsovia, que ejemplificaban en cambio a la masa anónima de los judíos del Este, haciendo de los primeros la máscara «lustrada» de los segundos, como si fueran el fin y el principio de una infamia que se presentaba en todas partes con las mismas narices, las mismas barrigas, los mismos ceños fruncidos, la misma avidez o el mismo apetito sexual desenfrenado. Hippler muestra toda la ignominia del corpus hebreo: junto a las tomas de las miserables condiciones de vida del gueto se suceden imágenes de actores e intelectuales, Ehrlich, Gerron o Valetti, de los números de travestidos de *El Dorado*, de Nelson, Klein o Lorre junto a las de Reinhardt, Hirschfeld, Tucholsky, Kerr o Lubitsch (pero también las de políticos y científicos, de Rosa Luxemburg a Einstein, o de los cuadros de Kirchner); y se utilizan para los actores las imágenes de los personajes de aspecto más torvo que hayan interpretado (baste como muestra *M. El vampiro de Düsseldorf*, que tenía el rostro de Peter Lorre). La multitud que vemos en estos fotogramas parece haber sido convocada para denunciar el hecho de que la pretendida asimilación de los judíos no era otra cosa que el disimulo del peligro que representaba cada uno de sus exponentes individuales, fuera cual fuera la sociedad que los acogiera. Como metáfora de la viralidad de la que los judíos eran portadores, y como aviso a las democracias «dispuestas» a hospedar a los expatriados, la película alternaba escenas de la población del gueto polaco con imágenes de bulliciosas multitudes de ratas enloquecidas. Ya fueran eminentes o miserables, los judíos eran un síntoma de contagio, y toda operación tendente a aislarlos era una operación no de carácter político, sino sanitario —o mejor: de carácter político en tanto que biológico—. Tal y como recordaba Hannah Arendt, el gran éxodo de judíos que los nazis desencadenaron respondía, precisamente, al objetivo de difundir el antisemitismo en todo el mundo occidental, como reacción al fenómeno migratorio de unas personas reducidas ya a «una multitud de desarrapados no identificables, sin nacionalidad, sin dinero, sin pasaporte», que se congregaban desesperados en masa en las fronteras.[25]

---

los personajes que interpretaron para estigmatizar a los propios actores, asociándolos a la brutalidad.

25. Hannah Arendt, *Le origini del totalitarismo*, Bompiani, Milán, 1978, pág. 375 (trad. cast.: Hannah Arendt, *Los orígenes del totalitarismo*, Alianza

Por otro lado, entre los artistas en el exilio, las fisionomías errantes reservaban otras vicisitudes a aquéllos que encontraron un hogar en Hollywood y un papel en sus historias, donde, a pesar de ser víctimas de una persecución, a menudo se les pedía que «ofrecieran su rostro» para interpretar, precisamente, a aquéllos que habían identificado ese rostro con la degeneración más flagrante.[26] «En Hollywood a los nazis, naturalmente, los interpretaban actores alemanes con acento alemán, es decir, inmigrantes. Los cuales eran todos judíos».[27] El origen alemán de actores como Martin Brandt, Karl Katsch o Wolfgang Zilzer, por ejemplo, un origen silenciado en la madre patria pero bien grabado en su historia vital y en su voz, adquiere en Estados Unidos un valor profesional más fácil de rentabilizar que el judío, lo que les lleva a interpretar, cuando les dan un papel en alguna película, casi exclusivamente a personajes alemanes —es más, nazis—. La producción del filme *Confessions of a Nazi Spy* (Anatol Litvak, Estados Unidos, 1939), la primera película estadounidense que toma partido contra el Tercer Reich, moviliza a una buena parte de los exiliados alemanes: todos aspiran a formar parte del reparto, que demanda actores con rasgos lingüísticos particularmente «acentuados», y muchos de ellos recurren a seu-

---

Ed., Madrid, junio de 2006). Arendt se hace eco de una afirmación publicada en 1938 en *Schwarze Korps*, semanario oficial de las SS.

26. Más de un testimonio se detiene en esta paradoja. También Walter Benjamin subraya lo antinatural de prestarse a caracterizar al enemigo: «Es fácil comprender que para un actor alemán en el exilio la tarea de imitar a un SS o incluso a un miembro del tribunal del pueblo era algo radicalmente distinto de lo que, por ejemplo, le supondría a un buen padre de familia la tarea de encarnar el *Don Juan* de Molière. Es difícil admitir que para el primero la identificación fuera el procedimiento adecuado —al margen del hecho de que es muy difícil que pudiera identificarse con los asesinos de sus compañeros de lucha—». Walter Benjamin, *Che cosa è il teatro épico?*, en *ibíd. L'opera d'arte nell'epoca della sua riproducibilità tecnica. Arte e società di massa* (1936), Einaudi, Turín, 2000, pág. 134. (trad. cast.: Walter Benjamin, *La obra de arte en la época de su reproductibilidad técnica*, en *Discursos Interrumpidos I*, Taurus, Buenos Aires, 1989).

27. Martin Brandt, *Das Theater war unsere Rettung*, en Eike Geisel, Henryk M. Broder, *Premiere und Pogrom, Der Jüdische Kulturbund 1933-1941*, Siedler Verlag, Múnich, 1992, pág. 127. Brandt actúa en muchas películas en Estados Unidos, también después de la guerra. En *Hitler* (*Hitler*, Stuart Heisler, Estados Unidos, 1962) interpreta al general de la Wehrmacht Guderian.

dónimos por temor a que sus parientes en Alemania sufran represalias. Zilzer, por ejemplo, que desembarcó en Estados Unidos en 1937 y actuó como secundario en numerosas películas «militantes» contra los alemanes, interpretó en el mencionado filme el papel de un agente nazi bajo el seudónimo de John Voigt. El motivo era que su padre, el actor Max Zilzer, aún residía en Alemania.[28] Pero en lo tocante al origen de los caracteres fisionómicos, los nazis, los auténticos, no se andaban con bromas: a pesar del nombre artístico, y a pesar del hecho de que el papel de Zilzer no era de los principales, la Gestapo sometió cada fotograma del filme a un análisis exhaustivo, con el fin de distinguir, en los caracteres del hijo, los del padre. Acto seguido el padre fue detenido para someterlo a un interrogatorio, y poco después moría en el hospital por causas no aclaradas. Son los caracteres y no el nombre —la carne y no las letras— lo que informa de manera indeleble cada procedimiento identitario, ya que el racismo es una guerra que se combate en el *soma*, en la desnudez de un cuerpo que es anterior a la denominación o a la excelencia profesional, a las que en cambio compete trazar la historia del individuo, asumiendo que se le dé una historia distinta de la que está inscrita en el cuerpo en el que se nace.

Por otra parte, Hollywood no sólo era el «otro mundo», sino que —desde este punto de vista— era también un mundo al revés: si desde sus escenarios se podía interpretar al propio enemigo, sin embargo «no estaba bien» —o no era políticamente correcto— interpretar a los semejantes, y se evitaba que un actor judío diera vida a un personaje declaradamente judío. La proximidad del ser y del representar parecía producir un exceso, casi un pe-

---

28. «Además, para algunos de los refugiados un papel en la película significa también la posibilidad de servirse del notable peso que tiene la Warner sobre el gobierno de Roosevelt en materia de concesión de visados de entrada para parientes atrapados en Europa por culpa de las cuotas de inmigración impuestas en la década de 1920. Tal es el caso de John Voigt (Wolfgang Zilzer), que le pide al asistente de Wallis, Steven Trilling, que intervenga ante el consulado de Estados Unidos en Berlín a fin de que sus padres ancianos "puedan gozar del privilegio de poder venir a Estados Unidos como parte de la cuota"». Saverio Giovacchini, *Immigrazione tedesca e antifascismo nella comunità di Hollywood degli anni trenta*, en Storia del cinema mondiale, a cargo de Giampiero Brunetta, Einaudi, Turín, 2011, vol. II. 1, págs. 1009-1010.

cado ante la honestidad de la «falsedad» que las productoras (por lo demás, dirigidas por judíos de la primera emigración) preferían evitar, dirigiendo los caminos de la ficción hacia los espacios de la alteridad.[29] Lo expresa bien Felix Bressart, que en el ya lejano 1930 habíamos visto entre el público de *Der rote Faden*, y que desde 1938 vive en Hollywood: su historia de actor judío que debe evitar declararse como tal se convierte en un cameo en el filme de Lubitsch *Ser o no ser* (*To be or not to be*, Estados Unidos, 1942), donde el actor interpreta el papel de un figurante al que sus compañeros le encargan recitar ante los nazis el monólogo de Shylock del *Mercader de Venecia*, para distraer su atención mientras ellos se fugan: «*I was the not to be*», según especifica acto seguido, refiriéndose al hecho de que en la película nunca se llega a pronunciar la palabra «judío», una información que el guion extravía en la *mise en abyme* de la cita shakespeariana.[30]

Hasta qué punto se trataba justamente de una cuestión de ser o no ser quizá no lo había entendido el propio Lubitsch, también porque el problema en la esfera nazi surgía en territorios no precisamente hamletianos: sobre todo, no admitía la duda ni contemplaba la elección subjetiva. Las puntillosas consideraciones anatómicas, el obsesivo emplazamiento del cuerpo en las prácticas nazis, no se limitan a invertir el juego de los roles o la representación dramática; más bien, éstos son episodios que empujan hacia los ámbitos de la paradoja aquella misma concepción que Levinas había denunciado en un ensayo aparecido en la revista francesa *Esprit* ya en 1934, «Algunas reflexiones sobre la filosofía del hitlerismo». Al año de la toma del poder por parte de Hitler, el filósofo lee en el «pensamiento» nazi una identidad superpuesta entre el yo y el cuerpo, algo desconocido en otras épocas históricas, cuando el cuerpo era un objeto y una molestia para el sujeto que lo portaba: «Es el sentimiento del eterno extrañamiento del cuerpo con respecto a nosotros mismos lo que ha

---

29. Mencionar, entre otros, a Guido Fink y *Non solo Woody Allen. La tradizione ebraica nel cinema americano*, Marsilio, Padua, 2001.

30. El filme de Lubitsch, *To be or not to be*, es en este sentido un caso emblemático. A pesar de la relevante presencia judía —no sólo entre los actores— y a pesar de que el argumento (la invasión nazi de Polonia) así lo habría exigido, la palabra «judío» está del todo ausente. Para connotar aquello que no se quiere denotar, se pasa a través del personaje shakespeariano de Shylock.

nutrido tanto al cristianismo como al liberalismo moderno».[31] En el momento en que tal extrañamiento renuncia a ser algo distinto de sí mismo y se convierte en identidad consigo mismo, el cuerpo ya no encadena al ser a los límites que le impone, pero los límites y las cadenas coinciden con el organismo biológico que en ellos se define de forma *irreversible*, en términos de propiedad y de pertenencia genética: de esta forma, ser uno mismo no comporta elevarse por encima del cuerpo, sino tomar conciencia del propio encadenamiento a ese mismo cuerpo. Así, la propuesta del totalitarismo no es la ebriedad de la libertad, sino la ebriedad de las cadenas. «Viva la esclavitud», exclamaba a voz en grito, una vez hubo desembarcado en Francia, la tierra de la libertad, la máscara más grande del siglo XX, el Padre Ubú, cuando, tras haber sido rey de Polonia, se transformó en *Ubú encadenado* (1899), y pedía que le trajesen «un pedacito de hilo para que remiende la cadena de los grilletes», pues tenía miedo de perderlos: «Soy esclavo [...] Nadie me impedirá cumplir mi deber de esclavo» (acto I, escena VII).[32]

En esta servidumbre bien establecida, en el goce de ser esclavo, el proceso identitario ya no es un viaje de alejamiento y regreso al yo, dirigido en régimen de cambio y transformación del estadio originario, sino que deviene íntima adhesión al destino trazado por la herencia biológica que marca al cuerpo desde dentro de la familia humana, sin desviaciones ni peripecias. Al final, en el antisemitismo que veía crecer en torno suyo estaba precisamente esta ideología, que Fritz Grünbaum, uno de los más grandes artistas de cabaret austriacos —intérprete y autor, muy presente también en Berlín—, denunciaba cuando en 1932 escribía a un amigo: «Por todas partes siento el aliento del odio, un odio motivado por características contra las cuales nada puedo hacer, pues no fui yo quien las cultivó dentro de mí, sino que me limité a nacer dentro de ellas».[33] No hay armas para defenderse de un

---

31. Emmanuel Levinas, *Algunas reflexiones sobre la filosofía del hitlerismo* (1934), Quodlibet, Macerata, 1996, pág. 29.

32. Alfred Jarry, *Ubu* (1899), Adelphi, Milán, 1977, pág. 119 (trad. cast.: A. Jarry, *Ubú Completo*, Ed. Fontamara, Barcelona, 1982, págs. 100, 120).

33. Fritz Grünbaum, *op. cit.* en Ulrich Liebe, *Verehrt Verfolgt Vergessen. Schauspieler als Naziopfer, op. cit.*, pág. 114.

ataque que no se dirige a delitos de pensamiento u obra —éstos, en todo caso, presuponen la posesión de una personalidad jurídica—, sino que tienen por objetivo la naturaleza de la mera existencia biológica, la raza en que se ha generado; de esta forma, uno queda reducido a un mero cuerpo sin más rasgo individual que el de la propia especie, privado del coeficiente temporal o de la dimensión de la historicidad: uno no es más que la manifestación externa del «judío».

Sin embargo, Grünbaum, Gerron, Ehrlich o tantos otros que hemos mencionado aquí no eran simplemente actores que, como tales, habían hecho de la identidad su trabajo, sino que entre ellos había también cabaretistas y actores cómicos que habían hecho de la identidad (entendida como procedimiento indiciario a través del cual se afirma que uno es idéntico a uno, y como operación matemática por la cual uno no puede ser igual a dos) su meta. En su imitación perfecta de la voz de Marlene Dietrich, Ehrlich la doblaba en su cuerpo (¿de nuevo *Viktor o Victoria?*), mientras que Grünbaum se anunciaba en el escenario como «Yo, el Grünbaum», subrayando desde el comienzo de su presentación el yo y el ser que ofrecía a la escena para que sobre ella actuaran, sujeto y objeto en cuyas orillas rebotan, por así decirlo, efectos y afectos. «Grünbaum conversa consigo mismo en relación con su cabaret», reza el título de uno de sus célebres *sketch*:

> Mi querido Grünbaum, como sin duda habré de saber, en los próximos días abro mi cabaret, y me gustaría, con este motivo, entretenerme conmigo mismo. En caso de que la propuesta sea de mi agrado, me invito a encontrarme conmigo mismo en mi casa dentro de dos o tres horas. Con mis más afectuosos saludos, mi admirador Fritz Grünbaum.[34]

El desdoblamiento es un ejercicio que a Grünbaum le seguirá resultando familiar, hasta el punto de que, internado en Dachau, algunos compañeros presos recuerdan que sostenía que las atroces condiciones en las que había ido a parar le concer-

---

34. Fritz Grünbaum, *Grünbaum confériert mit sich selbst über sein Kabarett*, en Pierre Genée (a cargo de), *Hallo, hier Grünbaum! Altes und Neuentdecktes von und über Fritz Grünbaum*, op. cit., pág. 213.

nían no a él, sino a su personaje; no al sujeto, sino al objeto del propio discurso.[35]

Ya sea en su modalidad humorística o simplemente cómica, el comediante resulta ser una agresión al proceso identitario, una sustracción a la forma propia, una multiplicación continua del uno en muchos, una mina que ha sido activada contra la centralidad del yo, un escollo disimulado en el territorio del sentido. «El yo es otro» era uno de los motivos recurrentes del cabaret dadá. Agredido por el cómico en su propia entidad, el yo se separa del ser, y el sonido, de un significado que sea unívoco: por otra parte, en la escena cómica —o tragicómica— se había levantado, con la ayuda de un dios, la sombra fantasmática de un yo no-yo, la figura del doble que toma posesión del cuerpo y trastoca el proceso de significación verbal.[36]

Pero Grünbaum, Ehrlich, Gerron y todos los demás que hemos y no hemos citado no eran únicamente caracterizadores, sino que eran también cómicos, cuyo «trabajo ingenioso», por expresarlo según la terminología de Freud, era de tradición judía. Desde esta perspectiva, se antojan entonces sintomáticas algunas expresiones que aparecen en el aparato retórico que ilustra la figura del *Ewige Jude*, (eterno judío) a cargo de Goebbels en persona, quien, al referirse tanto a la masa como a las franjas más destacadas de la población judía, afirma que ahora «no vemos simplemente lo grotesco y lo cómico de estas figuras, sino que conocemos su peligro». Y no mucho tiempo antes, Freud advertía: «Los chistes sobre judíos acuñados por los extranjeros consisten casi siempre en comentarios brutales, donde el ingenio se vuelve superfluo por el hecho de que, para los extranjeros, el

---

35. También Bettelheim, en el curso de la misma experiencia concentracionaria, habla de la distancia de uno mismo como recurso de salvación, y de cómo se estaba convencido de que «aquellas experiencias horribles y degradantes en un cierto sentido no me estaban sucediendo a mí como sujeto, sino únicamente a mí en tanto que objeto». Bruno Bettelheim, *Comportamento individuale e di massa in situazioni estreme* (1943), en id., *Sopravvivere*, Feltrinelli, Milán, 1981, págs. 67-68.

36. En el *Anfitrión* de Plauto, Mercurio —tras tomar la forma del siervo de Anfitrión, Sosia, para apoyar a Júpiter, que a su vez había asumido la forma de Anfitrión— involucra al pobre Sosia en un diálogo hilarante acerca de la «propiedad del yo».

judío es una figura cómica». Antes de ser una amenaza —escondida en los ecos de la carcajada— el eterno judío es el «objeto» *naturalmente* cómico de una dinámica desprovista de las mediaciones del sujeto y de sus prácticas discursivas y, de esta forma, sustraída de la obra del trabajo ingenioso: una comicidad —también desde este punto de vista— que se mueve toda ella desde la carne y desde la configuración natural a la que se halla *encadenada*. Gerron, por ejemplo, era apreciado por la crítica por ser «cómico con todo el cuerpo», es decir, porque el suyo era un cuerpo «devenido» cómico gracias a la construcción del actor, ahora separado de su propio territorio. En ausencia del juego de los significantes, la identidad es algo dado y sólo puede ser igual a sí misma. Excepto, por supuesto, en el escenario, que es el único lugar socialmente establecido donde pueden romperse esas cadenas y donde, gracias a ello, el actor cómico recupera el espacio para el humor tendencioso reactivando la gramática en que se basa su enunciación, la cual —tal y como sugiere Freud— descansa sobre tres elementos necesarios y que no necesariamente se presentan juntos, sino como funciones: un sujeto que provoca la risa, un objeto de la risa y un interlocutor al que uno se dirige. Para los comediantes que, cada noche, interpretaban acontecimientos y estados de ánimo en los innumerables bares y restaurantes, Berlín fue el equivalente a la segunda persona de un diálogo que ahora se desvanecía. Con él se apagaba toda una práctica discursiva, una inteligencia enunciativa que en otro lugar no tenía ninguna razón de ser:

> El arte del cabaret es el tipo más fino de trabajo de miniaturización. Su impacto, o bien es total, o no se da en absoluto. Es por eso la más inexplicable y difícil de todas las artes. No puede preverse de ninguna manera con anticipación el efecto de una *song*: depende enteramente del público.[37]

---

37. Trude Hesterberg, *Was ich noch sagen wollte*, 1971: *Brecht and the impact of cabaret songs, op. cit.* en Laurence Senelik, *Cabaret Performance, op. cit.*, pág. 82. En el cabaret dirigido por Hesterberg y Gerron, «Wilde Bühne», activo entre 1921 y 1923, colaboraban los mejores autores, Mehring y Tucholsky. Según Hollaender, la actriz «cantaba y murmuraba las canciones más devastadoras de la época. Y cuanto más las murmuraba, más tremendas eran...», *ibíd*.

Lo cual es tanto como decir que se da sólo en «el aquí y el ahora»; no es mercancía de exportación, ni tampoco —salvo en casos extraordinarios— una obra que se transmite. Si no encontraba ni rastro del cabaret en las historias literarias no era por casualidad: la carcajada que cada noche pasaba de un sujeto «A» a un interlocutor «B» en perjuicio de un tercero «C» sobre el escenario del cabaret fundía la relación cómica en un único organismo, y era impensable que «A» tuviera autonomía de circulación en ausencia de «B». Tal y como observa Lacan, en el curso del placer que se produce con el *witz* (número cómico):

> En el otro sucede algo que simboliza la condición necesaria para toda satisfacción: ser comprendido más allá de aquello que digo, porque lo que digo no me permite realmente darme a entender [...] El otro deja de ser simplemente el lugar del código y pasa a intervenir sujeto, ratificando y complicando un mensaje.[38]

Exiliarse de esta dinámica en su apogeo implicaba exiliarse de sí mismos, y así es como Berlín se convierte en el correlato de una identidad perdida. *La ciudad sin judíos* fue el título que eligió para su novela, fechada en 1922, el escritor y periodista Hugo Bettauer, que la sitúa en su propia ciudad, Viena, que vivía una oleada de antisemitismo feroz.[39] Se trataba de una obra de ciencia ficción («una novela del pasado mañana», según afirmaba el subtítulo) en la que el autor imaginaba la expulsión de los judíos de la capital del antiguo imperio austrohúngaro, con consecuencias devastadoras para las finanzas, el comercio, la institución de la familia, la industria del erotismo y, en definitiva, para la vida del espectáculo, que había perdido toda posibilidad de ligereza: en ausencia de los judíos todo se iba irremediablemente a la ruina. Hasta el punto de que las autoridades se ven obligadas, ante la furia popular, a derogar las leyes con las que habían vedado Viena a los ciudadanos judíos y a permitir su regreso y, con el de ellos, el del dinero, la elegancia y el *divertissement*. La

---

38. Jacques Lacan en *Seminari di Jacques Lacan* (1956-1959), recogidos y compilados por Jean Baptiste Pontalis, Pratiche Editrice, Parma, 1978, págs. 65-67.

39. Hugo Bettauer, *La città senza ebrei. Un romanzo di dopodomani* (1922), Donzelli, Roma, 2000.

película que se hizo a partir de la novela, *Die Stadt ohne Juden* (Karl Breslauer, Austria, 1924), había puesto en escena, con gran éxito de público y en clave de ciencia ficción, las primeras deportaciones masivas en trenes blindados. Con respecto a los trenes y a la legislación, Bettauer había anticipado con bastante exactitud aquello que habría de suceder *pasado mañana* (es decir, al cabo de unos diez años) en territorio germánico, si bien el desenlace de su novela no se corresponde en absoluto con el de la realidad futura. Las dos leyes de Nuremberg aprobadas el 15 de septiembre de 1935 —la *Ley de ciudadanía del Reich* y la *Ley sobre la protección de la sangre y el honor alemanes*—, lejos de derogarlas, afinaban más al detalle las primeras medidas de 1933. Bettauer no llegó a constatar personalmente las diferencias entre su relato de ciencia ficción y el devenir de la historia, habida cuenta de que un militante nazi procedió a asesinarlo en 1925. Si bien es cierto que las leyes estaban acentuando la exclusión de los judíos de la vida pública alemana —y por lo tanto, de los actores judíos del teatro y del cine alemanes—, en último término la fuerza centrípeta que ejercía Berlín se reveló superior a la fuerza centrífuga. Mucha gente se quedó y mucha gente regresó, a pesar de todo. «Mucha gente que pudo haberse ido se quedó. Iban a los cafés del Kurfürstendamm y les daban una paliza, pero a la noche siguiente regresaban. Así andaban las cosas».[40]

Algunos que ya se encontraban a salvo en Hollywood llegaron incluso a emprender el viaje de vuelta a Alemania. Paul Morgan, el brillante intérprete y conferenciante del «KadeKo», de origen vienés pero activo en los mayores escenarios de Berlín, se encontraba en Hollywood en 1931 para el asunto de las versiones alemanas de algunas películas estadounidenses: su *Jornada californiana* (que había escrito en verso) transcurría con un ojo puesto en los colibríes, en las palmeras y en el océano, y el otro en los titulares de los periódicos, que informaban del pogromo nazi en el Kurfürstendamm en 1931. A pesar de todo, el actor decide regresar a Berlín a finales de ese mismo año, presumiendo, entre sus éxitos, de haber logrado hacer reír incluso al cómico

---

40. Masha Benja, *Eine kranke Idee, ein teuflischer Plan*, en Eike Geisel, Henryk M. Broder, *Premiere und Pogrom, Der Jüdische Kulturbund 1933-1941*, op. cit., pág. 288.

que nunca reía, Buster Keaton: una hipérbole para indicar que, de alguna manera, en la extracción de una carcajada imposible se jugaba una partida simbólica perdida de antemano. «Paul Morgan ha echado de menos Berlín como nosotros lo hemos extrañado a él», escribía al regresar el actor un reportero del *Filmkurier* en una reseña del estreno berlinés de *Wir schalten um auf Hollywood* (Frank Reicher, Estados Unidos, 1931), película en la que el actor entrevistaba a los colegas más ilustres con los que se había topado en Hollywood (entre los que estaba Eisenstein). En Berlín le esperaba lo que de hecho era un retorno a los orígenes: una película con Grünbaum, *Arm wie ein Kirchenmaus* (Richard Oswald, Alemania, 1931), en la cual ambos hacen un ensayo de cabaret, la «doble conferencia». De Estados Unidos regresará también Max Ehrlich en 1937, cuando en Berlín el margen de actuación se limitaba ya a la «Liga para la cultura judía» (al parecer, según algunos testimonios, el motivo de su regreso era que en Estados Unidos no había tenido los mismos efectos cómicos que lo habían hecho célebre en su país).[41] Paul Nikolaus, conferenciante político en el «KadeKo», acompaña su suicidio, que tuvo lugar después de la toma del poder de Hitler, con una nota en la que escribe que ya no puede vivir en tierra alemana pero tampoco fuera de Alemania, e invita a quienes lo han amado a no llorar su desaparición sino a dedicarle, en lugar del llanto, el pequeño clamor de una última carcajada. Otto Wallburg, cuyo número se basaba, por un lado, en la enormidad de su envergadura y, por el otro, en el artificio del tartamudeo con el que masacraba las palabras de su lengua cómica («¡Wallburg! Cada vez está peor. Se comprende cada palabra que dice», bromeaba Reinhardt, con quien en 1927 el actor había ido de gira por Estados Unidos), intenta como puede resistir en Alemania y en Austria. Pero tampoco en Viena consigue nada más que papeles menores, cuando en la pantalla él había actuado antaño como protagonis-

---

41. El actor Ernest Lenart contaba que se había encontrado con Ehrlich en Nueva York y que había traducido para él al inglés algunos de sus *sketch* para que los representara ante el agente teatral, que sin embargo no los encontró cómicos. «Fue un duro golpe para él, y se dio cuenta de que su humor no se adaptaba a los estadounidenses. Esto sucedía, creo, en 1937. Ehrlich regresó a Alemania». Ernest Lenart, *Von Juden mit Juden für Juden*, ibíd., pág. 248.

ta. Al final se ve obligado a emigrar a Holanda, y en Ámsterdam compartirá casa con Gerron. Se niega, sin embargo, a ir a Estados Unidos, donde su número no tenía ninguna posibilidad de circulación.[42] Reducido a una sombra de sí mismo por la enfermedad y las dificultades, en 1941 se presenta en un cabaret de Ámsterdam ante un público que lo reconoce, a pesar de su devastada fisionomía, por su forma peculiar de ordenar las frases. Precisamente para poder seguir desplegando esta habilidad suya, Wallburg se ve obligado a circunscribir el territorio de sus migraciones a la zona de Europa bajo ocupación nazi: «en un primer momento la gente queda conmocionada al verme, pero luego me llega la misma carcajada de veinte años atrás». Esa risa parece devolverle una identidad que ya no está inscrita en su cuerpo, ahora irreconocible, sino que es el producto de su trayectoria histórica y profesional. El margen de autonomía que tiene cualquier intérprete de cabaret para inscribir sus propios movimientos no puede ir más allá del punto en el que el eco de la carcajada corre el riesgo de apagarse en el vacío, sin lograr ya restituir en la propia resonancia la imagen del sujeto que la ha generado. Sin embargo, continuar por esa senda, en la que la risa sonaba como antaño, era una operación cuyo éxito podía producirse en una zona terminal: por detenernos en los artistas que hemos mencionado, esa zona fue Buchenwald en el caso de Morgan y Auschwitz en los casos de Wallburg y Ehrlich.

La paradoja que mora entonces en el corazón de todas estas masas vacilantes que huyen, regresan y se trasladan a los países vecinos consiste precisamente en el hecho de que el espacio vital de su lengua cómica coincide en buena medida con el propio *Lebensraum* que los nazis, mediante invasiones y anexiones, han creado en la «gran Alemania». Mientras los cabaretistas se exhiben, prácticamente bajo asedio, en los espacios de la «Liga para la cultura judía» —y más tarde en los *Lager* de Westerbork y Theresienstadt, por citar sólo los casos más conocidos—, en la otra parte del organismo que *mantiene viva* la relación cómica, es decir, en el palco, se ha introducido ya el poder nazi: un espectador que vigila el escenario pero que también, de algún modo, lo

---

42. En febrero de 1938, Curt Bernhardt lo llama a París para rodar *Carrefour* con Charles Vanel. Es su última aparición cinematográfica.

contempla y a veces lo estimula, dando lugar a un tipo de interlocución muy especial. En la medida en que la relación funciona —y encuentra también la manera de satisfacer los requisitos de la relación entre víctima y verdugo, complicándola y reactivándola—, el interlocutor, el punto B del triángulo, no sólo mantiene con vida la relación cómica, sino también a los propios cómicos.

Jugar con fuego

«Para los foráneos el judío es una figura cómica», reconocía por tanto Freud, para explicar acto seguido por qué:

> Incluso los chistes judíos inventados por judíos admiten este hecho, pero éstos conocen tanto sus propios defectos reales como el nexo que los une con sus propias cualidades, y lo que tienen en común con la persona a quien vituperar determina la condición subjetiva, generalmente tan difícil de producir para el trabajo ingenioso [...]. Por lo demás, no sé si sucede a menudo que un pueblo se ría tanto de su naturaleza.[43]

El humor judío parte de la misma constatación de la que parten «los foráneos» pero la elabora a través del trabajo ingenioso, haciendo que coincidan en una única persona el que hace reír y el que paga por ello —sujeto y objeto—, en una formulación afortunada del chiste de espíritu tendencioso como práctica del escarnio de uno mismo, del individuo aislado y de toda la comunidad que en él se expresa. Freud atribuye el fenómeno a la actividad del superyó o al ideal narcisista del yo. Volviendo a la configuración geométrica de la relación cómica conforme a un esquema triangular, en la posición «C» (la del objeto de la risa) encontraríamos proyectado el sujeto «A», que pretende compartir con su interlocutor «B» ese mismo objeto del que «B» (el «foráneo») ya dispondría plenamente, y no como espectador, sino como actor espontáneo en una relación que posee sólo dos elementos, el que

---

43. Sigmund Freud, *Il motto di spirito e la sua relazione con l'inconscio* (1905), Rizzoli, Milán, 1983, págs. 161-162 (trad. cast.: S. Freud. *El chiste y su relación con lo inconsciente*, Alianza Editorial, Madrid, 2012).

ríe y aquello que es objeto de la risa por ser *naturalmente* grotesco, sin necesidad de ulteriores elaboraciones. Aquel objeto, del que «B» se ha adueñado con plena autonomía a partir de la risa que le suscita, le es arrebatado de alguna manera por la intervención de la misma subjetividad que él persigue y que sin embargo lo pone en tela de juicio, y que no le deja sino dos alternativas: bien la complicidad con «A» en la común intención de hacer de «C» un chivo expiatorio —pero esto mancillaría la relación, al exponerla a las sombras borrosas de la afectividad—, o bien disputar a «A» la propiedad de «C», expropiarle el fruto de su trabajo ingenioso, expulsar la subjetividad que se había alojado en él y disfrutar plenamente de esa «anestesia momentánea del corazón» que es necesaria para que la risa, según Bergson, pueda desplegarse.[44] Cuando el palco se rodea del alambre de espino de los campos, pero todavía hay una escena que confiere a la relación cómica la forma de la relación teatral —ahora entre víctima y verdugo—, estalla toda la ambigüedad subyacente en el juego en torno al yo, y el desenlace, al menos el que se deriva del trabajo del sujeto, queda en vilo: en muchos casos el teatro y el teatro de cabaret seguirán brindando, de algún modo, una oportunidad para articular una práctica discursiva capaz de multiplicar el sentido, poner en acción una enunciación más compleja y dar aliento a una identidad que no esté encadenada a la naturaleza de la carne. Todo esto sucederá mientras los actores están materialmente prisioneros, y mientras, en última instancia, se juegan su propio arte ante las SS: si bien es cierto que el sentido puede todavía ser una partida abierta, el destino individual de los comediantes y del público que forman los internos es prácticamente compartido.

La autoparodia (la identificación del objeto con el sujeto) participa a su vez de la situación comprometida en que el cómico pone todo el proceso identitario, y los ejemplos, dentro de la tradición cabaretista a que nos estamos refiriendo, son en este sentido numerosos. Se trata de un delirio que se juega entre el yo y el superyó, y que lleva al intérprete a una perenne autoexposi-

---

44. Henry Bergson, *Il riso. Saggio sul significato del comico* (1900), Rizzoli, Milán, 2001, pág. 4 (trad. cast.: H. Bergson. *La risa. Ensayo sobre el significado de la comicidad*, Ediciones Godot, Buenos Aires, 2011).

ción. Junto a su propia persona, casi como si se tratara de una expansión en términos comunitarios, los intérpretes convocaban en los escenarios del cabaret a toda la población judía, de la que a menudo ellos mismos provenían, en todas sus diversas acepciones: judíos asimilados, judíos «prominentes», judíos observantes, judíos del Este de reciente migración o judíos sionistas. Hasta el punto de que, en el clima de antisemitismo alimentado por los nazis, se alzan las protestas de la *Centralverein deutscher Staatsbürger jüdischen Glaubens* (Liga de los ciudadanos alemanes de confesión judía). Llamados a dar cuenta de la lamentable situación, algunos intérpretes, entre ellos Robitschek, del «KadeKo», o el mismo Gerron (que recalcaba el hecho de que las iniciales de su nombre se referían a «Kein Goy», [no gentil]), prometen poner fin a este tipo de sátira. Desde las páginas del *Berliner Börsen-Courier* un simpatizante señalaba, desde la tranquilidad del superyó, que «la caricatura excesiva de algunos comportamientos y modos de hablar judíos puesta en escena exclusivamente por los propios judíos, con respecto a los antisemitas habría podido querer decir: —¡esto es lo que soy, y a mucha honra!—».[45] Parecía hallarse ante una imagen descompuesta que había explotado al mirarla demasiado de cerca.

Pero, como es natural, los comediantes no se limitaban a hacer autoparodia; los varios aspectos del antisemitismo estaban también en su punto de mira, y no ahorraban golpes contra aquello que, sin ser militante, se ocultaba en los pliegues del mundo biempensante: la locura de los perseguidores, la arrogancia de las víctimas o la necesidad social de un chivo expiatorio eran diferentes aspectos de la misma *Spiesserei*, del filisteísmo que seguía incrustado en la República de Weimar:

> Así que hacia el mediodía salgo de la barbería, como todos los días. De repente veo que un hombre es catapultado fuera por la puerta. No me lo explico. Le pregunto a mi barbero: «Herr Nussbaumer, ¿qué sucede? ¿Por qué ha echado a este señor?». Me dice: «¡Figúrese! El hombre viene a mi local y me dice: "¡Aféiteme!". No puede decir, como todo el mundo: "¿Sería tan amable de afeitarme?". Después de todo, se trata de mi establecimiento. Empiezo a enjabonarlo. De re-

---

45. En *Berliner Börsen-Courier*, 23 de abril de 1926, citado por Peter Jelavich, *Berlin Cabaret, op. cit.*, pág. 202.

pente se vuelve hacia mí: "Señor, por qué apesta?". "Disculpe" —digo yo—, "pero debe tratarse de un error. No sabría decir qué es lo que debería oler". Saco la navaja y empiezo a afeitarle. Me dice: "Pero sigue apestando". Yo empiezo a enfadarme un poco, ¿no? Le digo: "Señor, por última vez le digo que mi local es desinfectado todos los días, no veo a qué debería oler". Sigo afeitándole y me dice: "Y sin embargo apesta". Entonces me enojo. Digo: "Caballero, ándese con cuidado, le digo por última vez... ¿A qué debería oler? ¿No será usted el que apesta?". Me dice: "Ya sé por qué apesta. Probablemente sea por los judíos que han pasado por aquí". No, ahora tiene que escuchar lo que le he dicho: "Mucho cuidado, señor. Entre mis clientes hay judíos de primer orden. Hombres de negocios distinguidos, honestos, rectos, como el señor Weiss, el señor Blau o el señor Kohn". Y le he dicho: "Quien ofende a un judío me ofende también a mí". Pues él va y me dice: "No, tú los tratas tan bien porque probablemente seas judío también tú". ¿Entiende? Eso me ha dicho. Inmediatamente lo he echado a la calle con un par de bofetadas. ¡Hasta ahí podíamos llegar!».[46]

Por su parte, los nazis no descuidaban, ciertamente, la tarea de producir comicidad a costa de los judíos. Sí procedían de forma mucho más directa y sirviéndose de grandes escenarios, que en general se reservaban a la épica del movimiento. Preferían las acciones callejeras y la prensa al trabajo astuto, y anteponían la injuria y la caricatura, la deformación ulterior de un cuerpo que ya para ellos era de por sí el epítome de la deformidad. Es todavía Goebbels quien, en su balance definitivo de la conquista de la capital a manos del partido, cuenta entre las causas de la victoria la plena eficiencia de la campaña combatida a golpe de manifiestos callejeros contra el subdirector de la policía de Berlín, el abogado judío Bernhard Weiss, que se había atrevido como pocos a arrestar en masa a los militantes nazis durante sus incursiones: «Los ataques y los juegos de palabras contra el subdirector Weiss, judío, impactaban a los berlineses, siempre receptivos a

---

46. Franz Engel, *Erlebnis bei meinem Friseur* (Una experiencia en mi barbería), recogido en Ulrich Liebe, *Verehrt Verfolgt Vergessen. Schauspieler als Naziopfer, op. cit.*, pág. 225. Franz Engel era conferenciante de cabaret en Viena a dúo con Karl Farkas. Tras huir a Holanda fue internado primero en Westerbork y luego en Theresienstadt, donde seguiría actuando, hasta terminar asesinado en las cámaras de gas de Auschwitz en octubre de 1944.

los chistes ingeniosos».[47] El «chiste ingenioso» no respondía propiamente a la definición que Freud había acuñado del término, sino que consistía más que nada en la «injuria», mientras que el «juego de palabras», de juego, tenía bien poco: se trataba de atribuir a Weiss el nombre de Isidoro, típico de los judíos del Este, a fin de anular la larga historia institucional de los judíos en la República de Weimar, reduciéndolos a un cuerpo extraño perteneciente a la bolsa indiferenciada de población oriental.[48] Sin alejarse mucho del «chiste ingenioso» que se aplicó de manera tan brillante al subdirector, Goebbels dispuso luego —en agosto de 1938— que todo judío cuyo nombre no lo identificase inmediatamente como tal adoptara el de Israel, en el caso de los hombres, o el de Sara, si se trataba de una mujer. Y no era una broma. En el caso de Weiss, el procedimiento adoptado fue el de denunciar los atributos del «eterno judío» en el prestigioso personaje en el punto de mira, fiándolo todo a la caricatura que aquellos rasgos dibujaban y a la denominación con que se lo etiquetaba. Todo el «trabajo astuto» consistía pues en anular el proceso identitario, ahogándolo dentro de la tipicidad de la fisionomía y del epíteto. Pero la carcajada que de ahí salió a modo de réplica tuvo un efecto inmediatamente político: cuando en mayo de 1931 Weiss logró llevar a los tribunales a un nazi que había herido gravemente a un diputado socialdemócrata, la multitud le dio la bienvenida al grito de «Isidoro».

Entre judíos y filisteos, pero también entre todos los vicios que afligían a la sociedad democrática de la República, la parodia política no podía dejar de elegir a los nazis y a su carismático líder como motivo cómico de su escena. Así, sobre las tablas del «KadeKo», Max Hansen y Paul Morgan escriben en 1928 *War'n Sie schon 'mal in mich verliebt?* (¿No ha estado usted nunca enamorado de mí?), una de las parodias que más enfurecieron a los nacionalsocialistas:

47. Joseph Goebbels, *La conquista di Berlino, op. cit.*, pág. 99.
48. Weiss, que era también conocido por haber colaborado en la identificación de los asesinos de Rathenau en 1922, presentó varias denuncias por difamación contra los órganos nazis, siempre con éxito. Pero él también perdió la guerra y, tras ser destituido en julio de 1932, huyó primero a Praga y después a Londres, adonde llega cuando Hitler es investido canciller del Reich.

> Hitler y Siegfried Kohn/ se conocen desde hace ya años/ Un buen día van a una cervecería/ A la quinta jarra a Hitler se le humedecen los ojos,/ abraza a Sigi Kohn/ y balbucea pálido:/ ¿Has estado alguna vez enamorado de mí? Es lo mejor que puede haber/ ¿Has soñado alguna vez conmigo? No te has perdido nada/ No soy alto, es más, soy un enano.../ Soy lo bastante alto para Múnich/ No soy estúpido, no soy inteligente, me revuelco en el lodo más fétido.../ [...] Conmigo no corres riesgos/ ¿Qué dices, me das una oportunidad?

Sugerir la homosexualidad del *Führer* formaba parte de un repertorio bastante común, pero los autores fueron más allá en sus insinuaciones: en este caso, el escarnio tenía que ver con el nombre que le dieron a la persona a la que Hitler se declaraba, Sigi Kohn. Aunque no se llamara Isidoro, el apelativo daba a entender que el objeto de deseo de Hitler era un amable señor hebreo, y que toda la ideología que debía movilizar a un pueblo se basaba en la transformación en odio racial de una pasión personal no correspondida. Aquí la ofensa no se deriva únicamente de la indecencia con que la pareja mezcla el odio político con el amor privado; además, se trata de un ejemplo del hecho de que las escenas del cabaret obligan a los nazis a cohabitar, en el punto «C» de la geometría de la risa, con judíos, filisteos o demócratas, en una única amalgama indistinta en la cual la pureza de sus intenciones políticas está en riesgo de un contagio que infecta a víctimas y verdugos, haciendo de todos ellos agentes de un mismo cuadro caricatural. La triangulación que lleva a cabo el humor cancela el sentido del límite a fin de no limitar el sentido, y al hacerlo elimina toda jerarquía, toda épica, toda escala de valores, del mismo modo en que crea peligrosas contigüidades e intercambios de posición entre el sujeto y el objeto del discurso.

Por otro lado, en relación con la figura de Hitler, que se prestaba bien a la síntesis visual de una imitación lo suficientemente aproximada, las teorías expresadas en intervenciones públicas —lo bastante simples como para ser fácilmente replicadas o invertidas hasta mostrar el carácter obsesivo del personaje—, los excesos vocales y gestuales así como las informaciones que circulaban en torno su vida privada, eran todos ellos elementos que, si bien no localizaban en su persona la causa *natural* de una carcajada, simplificaban en gran medida el trabajo astuto. Desde el principio, Hitler muestra una auténtica vocación de convertirse en objeto cómico de escenarios ajenos, icono de toda hipérbole, imagen final que estigmatiza cualquier desmesura, una verdadera bendición en términos paródicos. Esbozado en una silueta, Hitler es una sombra de poder, un fantasma del egotismo que Fritz Grünbaum, con su habitual inteligencia, presenta más de una vez en escena, hasta la víspera misma de su arresto a manos de los nazis para ser transferido a un campo de concentración. El número mostraba a una docena de hombres en gabardina reunidos para escuchar a la silueta del *Führer* proyectada al fondo del local y que, entre arengas, decía: «¡Compañeros de partido! ¡Estamos a punto de votar una medida por la que se me confiere el poder a mí! ¡Los que estén a favor, que se pongan de pie! ¡Los demás, que permanezcan sentados!». Los hombres miran a su alrededor en busca de unas sillas que no pueden encontrar. Perdidos, se ven obligados a permanecer de pie, mientras el *Führer* aprovecha el momento para gritar con todas sus fuerzas: «Compañeros de partido: ¡la ley ha sido aprobada por unanimidad!».[49]

En sus miles de formas, en los cabarets y en el gran aparato escénico del espectáculo, su presencia se propone «sin rubor» y con gran frecuencia, también después de que hubo demostrado lo peligrosas que eran sus garras: espectro de segunda para Hollaender o Nerón redivivo para Morgan y Robitschek (algunos años más tarde el incendio del Reichstag y las quemas de los libros de los autores no deseados otorgaría a la parodia una carga profética), en los años precedentes a su toma de posesión como canciller el Hitler de los cómicos está completamente desprovisto de todo posible imaginario histórico y literario. Al estallar la Segunda Guerra Mundial, su imagen y su nombre —que los nazis protegen celosamente de cualquier tratamiento impropio, recurriendo a todos los métodos de censura imaginables en la parte del mundo que controlan— son una constante en los escenarios enemigos; ya en la década de 1940, precisamente mientras Hippler esbozaba el paisaje fisionómico del eterno judío en su película de propaganda, Hitler es representado en dos obras maestras del cine, *El gran dictador* (Charlie Chaplin, *The Great*

---

49. Fritz Grünbaum, *Suffrage, Sketch 1938*, en Laurence Senelik, *Cabaret Performance, op. cit.*, pág. 249.

Dictator, Estados Unidos, 1940) y *Ser o no ser*, que se estrenan con dos años de diferencia (pero el tratamiento de *Ser o no ser* lo había ya desarrollado en todos sus detalles a principios de los años cuarenta Melchyior Lengyel, comediógrafo a su vez judío y colaborador de Lubitsch).[50] Ambos filmes utilizan el recurso del doble, y los protagonistas derrotan a las fuerzas del dictador poniendo en jaque la identidad de una imagen que en el Reich había adquirido un estatus de culto. «¡Heil a mí!», exclama el actor que en *Ser o no ser* debe interpretar a Hitler en el escenario, respondiendo al saludo de sus subordinados y dirigiéndose a su retrato que cuelga en la pared del decorado. Un juego de enunciación entre sujeto y objeto, entre lo público y lo privado, una forma de recalcar el hecho de que la interpretación de Hitler está únicamente destinada a un *actor de reparto* que, con este *gag* no previsto en el guión, trata de acaparar la escena, una flecha disparada a la codicia histriónica de actores y políticos. Todo esto, en una escena que dura pocos segundos, nos da una idea de lo que puede ser un chiste cuando se elabora bien.

Pero ante la vocación histriónica del *Führer* y la cualidad performativa de sus apariciones públicas, entrenadas por otra parte en la escuela de un hábil personaje, el mago Jan Hanussen, célebre en Oriente y Occidente sobre todo por sus capacidades hipnóticas (al menos si atendemos a su autobiografía, que mitifica tanto la amplitud de los poderes que exhibía como su fama),[51] algunos artistas de cabaret no pudieron dejar de admitir la eficacia escénica de tales apariciones. En julio de 1931, Kurt Robits-

50. Véase al respecto Antonella Ottai, *Eastern. La commedia ungherese sulle scene italiane fra le due guerre*, Bulzoni, Roma, 2010.

51. Erich Jan Hanussen era el nombre artístico de Hermann Steinschneider, *performer*, mago e ilusionista de origen judío, activo en Austria y en Berlín. Según Otto Strasser —uno de los primeros líderes nazis, que más tarde entraría en conflicto con Hitler y emigraría a Canadá—, Hitler asistió regularmente a sus lecciones durante los primeros meses de 1920. Aunque la datación no está del todo probada, Hitler seguramente frecuentó al mago en los años treinta, cuando éste le habría predicho la victoria electoral y el incendio del Reichstag. Masacrado por la Gestapo, el cadáver del mago es hallado el 25 de marzo de 1933, a dos días de la toma del poder por parte de Hitler. Hanussen es el autor de una autobiografía donde habla de su carrera como *performer*: Erich Jan Hanussen, *La notte dei maghi. Autobiografia di un veggente* (1930), Edizioni Mediterranee, Roma, 1989.

chek, fundador y director, junto a Morgan, del «KadeKo», publicó en *Frechheit*, la revista mensual del sector de los espectáculos de cabaret, un artículo donde aplicaba los parámetros del espectáculo para calibrar la eficacia de Hitler en la arena política. El artículo en cuestión llevaba un título emblemático, *La victoria del teatro sobre la historia mundial*, y en él sostenía que el éxito de los nazis —y el consiguiente fracaso de la República— se debió a la sabiduría de tipo teatral que informaba sus manifestaciones públicas. Era como si los desfiles de las camisas pardas optimizasen la cultura visual del aparato coreográfico del espectáculo, desplegando en la plaza toda su potencia imaginativa:

> Lo que Hitler hace de forma tan atronadora y extrema no es otra cosa que un Charell político. Una comedia política vieja como el mundo se renueva a base de *girls*, que en su caso son las tropas de asalto [...] ¿Por qué está fracasando la República? Porque tiene malos directores. No son lo suficientemente teatrales. La escenografía es mezquina, seria, artificial. Colores demasiado escasos, falta de sed, un uso excesivamente reducido del escenario rodante [...].

Por lo tanto, a Hitler se le concede el mérito de haber convertido en política los elementos más sensacionales del espectáculo contemporáneo —precisamente aquéllos que en aquel mismo año Erik Charell había optimizado en una cineopereta de éxito internacional, *Der Kongress tanzt* (Alemania, 1931)—, empleándolos para encender en los lugares de sus apariciones públicas aquel «esplendor de un día de fiesta»,[52] que, según la expresión del ideólogo del movimiento, Rosenberg, caracterizaba las manifestaciones nazis. De esta forma, Hitler habría sabido exaltar un imaginario que las instituciones republicanas habían vuelto gris. Es célebre, por otra parte, la pasión que sentía Goebbels no sólo por Charell, sino sobre todo por las coreografías hollywoodienses de Busby Berkeley y por sus geometrías humanas cambiantes, organismos articulados que pierden sus rasgos individuales en la abstracción de la forma colectiva. Tal y como quedó plasmado en los célebres documentales de Leni Riefenstahl, *Triunfo de la voluntad* (*Triumph des Willens,* Alemania, 1934), dedicado al congreso de Núremberg de 1934, y *Olympia* (Alema-

---

52. Alfred Rosenberg en *Völkische Beobachter*, 15 de noviembre de 1933.

nia, 1936), dedicado a las Olimpiadas de 1936, este formato habría expresado la epopeya del pueblo de una manera mucho más sensible en las manifestaciones públicas que en las varias tentativas nazis de teatro de masas, lo que viene a corroborar el hecho de que para la propaganda la teatralidad como tal era una dimensión más fecunda que la que se circunscribía al ámbito específico y estricto del teatro.[53]

En relación con este imponente proceso de «estetización de la política», como lo definía Walter Benjamin, seguramente el cabaret político no involucraba a las masas. Ofrecía recursos más acordes con un arte de la miniaturización y con las estrategias del cómico, que venían a «reducir» el nazismo que rabiaba por las calles a la medida del propio radio de acción, «condensando» su sentido a través de los procedimientos del humor. Pero se trataba de armas romas, y el propio Robitschek, en el artículo antes citado, tenía que admitir que, llegados a este punto —corría el verano de 1931— la ironía no surtía ya ningún efecto: paulatinamente también el «KadeKo» fue limando los aspectos más políticos de sus espectáculos, como si, de alguna manera, cediera ante métodos más eficaces.

El espectáculo contemporáneo conocía seguramente formas de ataque más directas y politizadas: los *agit prop*, con sus acciones callejeras, eran verdaderos «megáfonos rojos» de la ideología comunista, pero entre ellos había también formaciones socialdemócratas e incluso nazis; los *Chorspiele* y los *Massenspiele*, representados con éxito hasta 1932 dentro de la tradición de la cultura obrera y de sus partidos en tanto que grandes alegorías de la propia historia y del propio pensamiento, llegaban a reunir

---

53. Por otro lado, varios años después Luigi Freddi, al frente de la italiana «Dirección general para el cine», con ocasión de una visita a Alemania en 1939 para renovar los acuerdos cinematográficos entre los dos países, hallándose en Múnich para asistir a los desfiles por «dos dos mil años de cultura alemana», escribía en su detallado informe al ministro: «La procesión conmemorativa y simbólica ha terminado. En la gran confusión que queda en la mente se perfila como una expresión futurista cinematográfica: Cecil De Mille más Gallone, más Trenker, más Ansaldo». Luigi Freddi, *Rapporti informativi per Sua Eccellenza il Ministro*, 13 de agosto de 1939, en Archivo Central del Estado, Ministerio de Cultura Popular, Gabinete, sobre 95, expediente *Industria cinematografica italiana ed estera*.

a un número impresionante de participantes: «un solo *Massenspiel* podía reunir tantos espectadores y actores como el teatro de Piscator durante todo el periodo de la República».[54] Esta amplia y rica tipología de manifestaciones teatrales que convocaban directamente a las masas en la plaza —por no hablar de aquellas otras de carácter más experimental, como fueron el teatro político de Piscator o la dramaturgia de Brecht— se hacían cargo de los problemas políticos agarrando el toro por los cuernos, situándose *hic et nunc* en los lugares conflictivos y sin eludir los temas del debate, o bien exhibiendo y orquestando la narración de la propia idea y consistencia política,[55] cada uno con una lectura propia y específica de la dialéctica marxiana, que se resolvía, en todo caso, con una acción directa y beligerante tanto contra el capitalismo y la República de Weimar como contra el nazismo.

Desde la óptica de la militancia política y del pensamiento armado, la obra de «reducción» humorística en lo referente al *Führer* y sus escuadras de partido, la *diminutio* que la sátira efectúa sobre su objetivo, no sólo es ineficaz, sino que corre el riesgo de perder de vista las dimensiones reales del peligro en cuestión, tanto su tamaño como su proximidad e inminencia. Es la denuncia que hace Benjamin cuando, al revisar un volumen de poemas de Kästner (que fue, con Tucholsky y Mehring, uno de los representantes principales del ala radical que gravitaba en torno al cabaret político berlinés, dotándolo de letras y canciones), habla de una «subestimación grotesca del adversario».[56]

---

54. Giancarlo Buonfino, *Teatro totale: Massenspiel e Chorspiel*, en *ibíd.*, Massimo Cacciari, Francesco Dal Co, *Avanguardia, Dada, Weimar*, Arsenale, Venecia, 1978, pág. 39.

55. En el *Massenspiel Wir* (Nosotros) el autor De Man «situaba grupos corales tras las masas de espectadores para lograr una fusión entre ópera y público y, al igual que sucedía en otros *Massenspiele*, su ingrediente principal era la propia masa, acompañada de músicas orquestales, coros hablados y cantados, vapores, procesiones con antorchas y piezas filmadas». *Ibíd.*

56. Benjamin acusaba con dureza al autor de caer en una *Melancolía de izquierda*, donde «melancolía» se entiende en su acepción originaria, como el *humor* negro que enferma a la izquierda y la vuelve ciega: «La grotesca subestimación del adversario, en la que se basan sus provocaciones, no es el último de los signos que revelan hasta qué punto la posición de estos izquierdistas radicales tiene las de perder. [...] Los publicistas radicales de izquierda, del tipo de Kästner, Mehring y Tucholsky, son mimetizaciones proleta-

El primero en alegrarse de ello fue en definitiva quien estaba en el punto de mira de las burlas, confundido en aquella amalgama que, si bien lo ofendía y lo hería profundamente, a cambio le permitía ocultarse. Así, en el bando enemigo el mismo Goebbels se complace de ello, y señala con satisfacción que:

> Por fortuna para nosotros, ni los marxistas ni la prensa judía nos tomaron en serio durante todo aquel periodo [...] A menudo nuestros oponentes tuvieron que lamentar más tarde, y amargamente, el no habernos conocido en absoluto o, cuando nos conocían, el no haber aprendido más que a reírse de nosotros.[57]

Algunos años después Hitler volvería sobre el tema, en medio del fervor performativo del jefe carismático que se dirige a su pueblo para zanjar definitivamente la partida: «Los judíos se reían, pensaban que se trataba de un juego. Hoy ya no ríen más».

Pero si la subestimación era cierta (y en la distancia, cuando en Berlín todo estaba aún por suceder, el cabaret parecía ya danzar en presencia de la muerte, según una imagen que algunos historiadores aplican al espectáculo ligero en el contexto de los guetos y los campos de concentración),[58] la propiedad de la última carcajada no era realmente tan obvia, y el riesgo de que pudiera cam-

---

rias de la burguesía en proceso de descomposición. Su función política consiste en crear grupúsculos, no partidos; su función literaria es crear modas, no escuelas; y su función económica es crear agentes, no productores. En los últimos quince años, estos intelectuales de izquierda han sido ininterrumpidamente el agente de todas las coyunturas culturales, desde el activismo hasta el expresionismo y la nueva objetividad. Su significado político, sin embargo, se reducía a convertir reflejos revolucionarios, en la medida en que estos afloraban en la burguesía, en objetos de distracción, de divertimento, de consumo [...]. Lo que es seguro es que el refunfuño que se advierte en estos versos tiene más de flatulencia que de subversión. El estreñimiento siempre ha ido acompañado de la melancolía. Pero desde el momento en que en el cuerpo social los humores se estancaron, su hedor no ha dejado de envolvernos». Walter Benjamin, *Malinconia di sinistra. Sul nuovo libro di poesie di Erich Kästner*, en Id., *Opere complete*, a cargo de Rolf Tiedermann y Hermann Schweppenhäuser, a cargo de Enrico Genno, con la colaboración de Helmuth Riediger, Einaudi, Turín, 2002, vol. IV, págs. 263-267, *passim*.

57. Joseph Goebbels, *La conquista di Berlino*, op. cit., pág. 31.

58. Véase AA.VV., *Lachen im Dunkeln. Amüsement im Lager Westerbork*, a cargo de Dirk Mulder, Ben Prinsen, Niederlande-Studien 3, Lit, Münster-Hamburgo, 1997.

biar de manos no fue conjurado en absoluto. Quién sería en último término el sujeto y quién el objeto de un espectáculo en el que estaba en juego la propia imagen era una cuestión llamada a obsesionar al *Führer* hasta sus últimos días: hasta el punto de informar las palabras con las que redacta su famoso testamento, aportándole las metáforas pertinentes. En el momento de hacer los preparativos para su propia muerte y la de su compañera, que se acababa de unir a él en matrimonio, Hitler, entre otras cosas, escribía que el gesto extremo que estaba a punto de hacer conjuraría el peligro de caer «en manos del enemigo, que necesita nuevos espectáculos orquestados por los judíos para divertimento de sus masas».[59] Aun teniendo en cuenta su tono metafórico, la afirmación es devastadora: en el momento mismo en que se despide de la historia, de la que ha sido tan feroz protagonista, el *Führer* se expresa como si estuviera hablando de un teatro callejero donde sus números no han resultado. Esto le duele más que nada, más incluso que la destrucción de su país, más que la muerte, dada y que está por darse, cuando declara que no se prestará a las escenas de los otros, que no será *orquestado* por los judíos en un espectáculo de masas del que le han robado la dirección. Ha perdido la guerra y ha desencadenado una catástrofe sin precedentes, pero él llora la pérdida de la escena: ante lo Real que avanza, su Imaginario se lamenta. Acaso no hay otra expresión que restituya mejor la denuncia formulada por Benjamin contra la estética como sentido profundo del acto político, y el suicidio permite salvar el registro del héroe trágico de las sombras del «divertimento» cómico. Pero Hitler no se limita a sustraerle al enemigo su propia persona, sino que se las arregla para sustraerle su imagen, para que de la propia configuración carnal no quede nada que pueda vivir en el régimen de lo visible, ni siquiera el cadáver donde podría aún alojarse. Quedarán tan sólo las cenizas. Como las cenizas que habían sido los libros prohibidos y consignados a la hoguera, como la ceniza en que se habían convertido buena parte de los autores de los números que lo habían parodiado y, en definitiva, como las cenizas en que se habían convertido, por su voluntad, millones de personas que habían infec-

---

59. Adolf Hitler, *La battaglia di Berlino*, Edizioni A, sin lugar ni fecha, pág. 87.

tado *su* familia humana en varios modos —por su naturaleza, obra o pensamiento—. En la ceniza sucumbe toda fisonomía y toda pertenencia a la especie; en ella termina definitivamente todo procedimiento identitario. Y sobre todo, en ella finaliza toda indagación circunstancial que pueda reconstruir, en las identidades, la historia de los delitos cometidos en su nombre.

Un arte de judíos para judíos

> Un rico castillo a orillas del mar; una habitación muy elegante. Puertas a derecha e izquierda. Es una noche estrellada y el escenario está oscuro. Cuando se abre el telón, desde la puerta izquierda puede escucharse una conversación de voces masculinas; entonces la puerta se abre y entran tres señores vestidos de esmoquin. Se dirigen en silencio al centro de la sala y se acomodan de pie junto a la mesa central. A continuación, enciende cada uno de ellos un cigarrillo y se sientan al unísono: Gál en el sillón derecho, Turai en el de la izquierda y Adam en el sofá central. Silencio. Nubes de humo (acto I).[60]

Agosto de 1941: seguimos aún en Berlín cuando se abre el telón en el interior de «un rico castillo a orillas del mar» (un mar italiano, como se revelará luego) donde se encuentran tres hombres vestidos de esmoquin, «invitados» de la mansión. Así es como comienza el espectáculo. Desde el principio, la gestualidad de los cuerpos, sintonizados (al encender el cigarrillo y al sentarse acto seguido) como una figura única vestida con el traje negro y orquestados por la simetría de sus posiciones (el joven en el centro, los dos hombres maduros a los lados), indica que estamos ante un espectáculo brillante. Se trata del comienzo de *Una farsa en el castillo*, de Ferenc Molnár,[61] y ya los primeros compases introdu-

---

60. Ferenc Molnár, «Giochi al castello», en *Rivista di commedie*, 30, 1-15 mayo de 1929, pág. 3 (trad. cast.: Ferenc Molnár, *Una farsa en el castillo*, La Farsa, ed. 1929).
61. En la edición original en italiano de este libro, se ha optado por *Recite* (representaciones teatrales) en lugar de *Giochi* (juegos) —que es como la comedia es conocida en Italia— porque en húngaro, al igual que en inglés, alemán y francés, el término «juego» significa también «representación teatral», acepción que en este caso nos parece mucho más apropiada.

cen el carácter metadiscursivo de la obra: dos actores de opereta, Turai y Gál, instruyen al joven músico con el que colaboran, Adam, en el arte de la existencia, permitiéndole, gracias a un *coup de théâtre*, un golpe de efecto, superar sin traumas la traición de la mujer que ama. Entretanto conversan acerca de su profesión y sobre la relación que guarda la escena —en concreto la escena ligera— con los casos de la vida, intercalando con ingenio realidad y ficción. Con desprejuiciada inteligencia, los dos personajes asumen la dirección de una intriga sentimental que la vida interpreta penosamente, pero que el teatro salva *in extremis*. El teatro dentro del teatro funciona como un rito de paso que celebran dos padres nobles y un joven enamorado, pero también un cómico y su acompañante que sobre el escenario le da pie o, si se quiere traducir en términos de cabaret, una pareja de «conferenciantes», de «maestros de ceremonias», donde Turai está operativo y Gál en la reserva. En último término el mundo de la opereta, con sus convenciones, demuestra ser, pura y simplemente, el mundo, decantado por los mismos signos que escriben su partitura, de acuerdo con las promesas pactadas con el público al abrirse el telón y cumplidas cuando éste se cierra, cuando la escena le devuelve a la vida el papel que le corresponde:

> GÁL (a Turai) – Es cosa vieja y sabida que, aunque en el mundo hay muchos buenos dramaturgos, el mejor siempre resulta ser... la vida (le ofrece el brazo a Turai).
> TURAI (pone su brazo bajo el de Gál y se va con él) – ¡Ya, porque ella no escribe las comedias en común contigo! (salen todos).
> CAMARERO (avanza hacia el público) – Ilustres señoras y señores... ¡a la mesa! (se inclina y retrocede mientras cae el telón).[62]

---

62. *Ibíd.*, pág. 12. La trama de la comedia es la siguiente: dos veteranos autores de opereta, Turai y Gál, y su joven *partner* musical, Adam, llegan de la noche a la mañana al castillo, donde se va a representar su próximo trabajo. No han anunciado su presencia. Mientras beben juntos el último vaso, en la habitación de al lado, destinada a la actriz principal, de la que el joven músico está locamente enamorado, se oyen voces. Éstas pertenecen, precisamente, a la mujer y a un actor, el cual, por el diálogo (al que los tres asisten inmovilizados ante la pared blanca) se deduce que es su amante. Ante la desesperación del joven, Turai piensa una estratagema: escribe un texto en el que aparecen las frases que ha escuchado, y obliga luego a los dos amantes a leerlo en público a la noche siguiente. De esta forma Adam se convence de

En realidad, Turai, en el curso de la comedia, ha demostrado que la vida real es un colaborador pésimo, hasta el punto de que ha tenido que darle apariencia de teatro; mientras su plan está en marcha hay siempre una vía de escape, y esto es un pequeño secreto que se establece entre él y los espectadores, de los que se despide. En las circunstancias específicas de esta despedida, aquel secreto o guiño picante desarrollado en tres actos es un regalo ofrecido en el umbral de una separación, cuando todas las presencias están a punto de apagarse y ya se siente el dolor de un retorno que se antoja imposible. Se trata, de hecho, del último número de una compañía de teatro que está siendo desmantelada.

Si los intérpretes de esta adaptación —«terminal», por así decirlo— de *Una farsa en el castillo* son dos brillantes cabaretistas, Alfred Berliner y Fritz Tachauer (y Ben Spanier en la dirección), a los protagonistas los habían encarnado los que eran hasta ese momento los mejores artistas de cabaret en lengua alemana. El arte de «razonar» de Turai y Gál retoma la *performance* del doble conferenciante que hizo célebres a Farkas, Grünbaum y Engel, y que influyó en los estilos de Paul Morgan, Fritz Grünbaum, Kurt Gerron, Max Ehrlich y tantos otros.[63] El propio Tachauer, el actual intérprete de Gál, es un experto conferenciante, pero un veto gubernativo le acaba de impedir terminantemente hablar por su cuenta, y sólo se le permite actuar con guiones ajenos.[64]

---

que las frases incriminatorias formaban parte de la comedia que ambos habrían recitado.

63. Un inciso: en Italia, en un contexto completamente diferente, quienes dieron a Turai y Gál el volumen filiforme de una elegante silueta, casi como de dibujo animado, fueron, en cambio, Sergio Tofano y Vittorio De Sica, y los «ilustres señoras y señores» eran por entonces los espectadores del teatro Argentina de Roma. Era una velada del año 1931. Fue precisamente estudiando las crónicas de aquella tarde como me topé por primera vez con la pieza: el tema que tenía entre manos era el de la recepción de la comedia húngara en Italia, que me llevó a descubrir un tránsito que, desde Europa central, entre idas y venidas, llegaba hasta Hollywood, después de parar en Broadway; una especie de larga y articulada «ruta de la seda» que unía la sonrisa de dos continentes.

64. «La escena ligera debe respetar rigurosamente la prohibición de toda conferencia, como las de Prager y Tachauer [...] en la que no llegue a distinguirse el mal gusto de la vulgaridad. En lo sucesivo los textos o las conferencias de Prager, Willy Rosen, Tachauer y otros ya no serán tolerados». Dispo-

Molnár, sin embargo, consagrado por el éxito mundial de *Los muchachos de la calle Pál*, es un autor muy popular en los escenarios internacionales durante la década de 1920, y es a su vez célebre por los *witz* (números cómicos) con los que viene animando los cabarets de Budapest o los cafés berlineses.[65]

Aparte de la elegancia del gesto cómico, el autor y los intérpretes comparten algo más: todos ellos son judíos, y completamente judío, de hecho, es el contexto en el que en agosto de 1941 se representa la comedia en el teatro de la «Liga para la cultura judía» en Berlín, a la que ya hemos hecho referencia en varias ocasiones y que ahora sorprendemos en su último día de actividad. Aquí: *Von Juden nur für Juden Kunst gemacht wird* (El arte lo hacen judíos sólo para judíos). La frase exhibe los signos de la diversidad y sin embargo es, a todos los efectos, fruto de la radical segregación de los judíos con respecto a la población alemana y aria. Si el público sólo puede ser judío no es por elección, sino por disposición ministerial: un conjunto de personas que han seguido viviendo en el Berlín nazi en condiciones cada vez más duras asisten ahora al teatro para dar el adiós definitivo a aquellas escenas que durante ocho años fueron las únicas que se les permitió interpretar y disfrutar; un teatro que, hasta aquel momento, les ofreció piezas dramáticas, conciertos, musicales, cabaret, exposiciones, cine y conferencias.[66] Entre todas estas opciones, la despedida final prefiere el destello de una pieza brillante y recordar, junto a los pocos actores que todavía no han huido de Alemania, aquellos días musicales de los que el teatro

---

sición de enero de 1940 del *Reichministerium für Vollksaufklärung und Propaganda, op. cit.* en Volker Kühn, «*Zores haben wir genug...*» en AA.VV., *Geschlossene Vorstellung. Der Jüdische Kulturbund 1933-1941*, Akademie der Künste, Ed. Hentrich, Berlín, 1992, págs. 101-102. La disposición precede por poco tiempo a otra, dirigida a los artistas de cabaret arios, para prohibir sus manifestaciones.

65. Molnár frecuenta no sólo la escena propiamente teatral (entre otras cosas, mantiene una relación de larga duración con Lili Darvas, actriz de Reinhardt), sino también los registros del *divertissement,* la opereta, el espectáculo y los números de cabaret.

66. En los cuales, por otra parte, la misma comedia, algunos años antes (el 11 de agosto de 1935) había ya tenido por intérprete a una eminencia del cabaret alemán, Max Ehrlich, acompañado entre otros por Martin Brandt y Fritz Wisten.

habla. Pero de ser cierto lo que Sócrates afirmaba al final de *El banquete*, es decir, que «las cualidades que se necesitan para escribir tragedias y comedias son las mismas», hay que volver a dar la razón a Gál: la vida es el autor más capaz, porque en el caso específico que nos ocupa está celebrando una tragedia sirviéndose de una comedia. El telón cae sobre *Farsa en el castillo* después de que la Gestapo decretara el cierre definitivo del organismo (que oficialmente tiene lugar el 11 de septiembre), el cual hacía ya algún tiempo que se hallaba bajo su tutela definitiva en Grünewald, el barrio residencial de Berlín. Por entonces se estaban ya preparando los trenes para deportar hacia el Este a los judíos de Alemania. *Bitte einsteigen!* (¡Viajeros al tren!) era el título de un espectáculo preparado en marzo de 1937 por Max Ehrlich y Willy Rosen en los locales del «Kleinkunstbühne Logenhaus» —y para la ocasión toda la sala, escenario y patio de butacas, se había dispuesto como una estación de tren—.[67] Ahora ya es sólo cuestión de días, tres meses como máximo, lo que dura el eco tranquilizador de una última carcajada en perfecta comunión de actores y espectadores, para que el público, los intérpretes y los simpatizantes se conviertan de igual manera en actores de la tragedia que se está preparando.

La «Liga para la cultura de los judíos alemanes 1933» (*Kulturbund deutscher Juden 1933*), según su denominación inicial, se constituyó el 14 de julio de 1933 y, bajo el control directo de la Cámara de cultura del Reich, reunía a todos los artistas de origen judío que, en virtud de la ley del 7 de abril de 1933, veían obstaculizado el ejercicio de su actividad profesional. Kurt Singer, antiguo superintendente de la ópera estatal, se encargó de supervisar el proyecto y de remitírselo a las autoridades competentes. Tras recibir el visto bueno y las restricciones correspondientes,[68]

---

67. Escribía la crítica en aquella ocasión que con Ehrlich se viaja seguro y no se llega lejos. Las veintitrés estaciones en que se dividía el espectáculo aseguraban dos horas sin preocupaciones (Arthur Elosser en «Jüdischen Rundschau», *op. cit.* en Volker Kühn, «*Zores haben wir genug...*», *op. cit.*, pág. 109).

68. Además de reservar la posibilidad de ser socios exclusivamente a los judíos, las disposiciones ministeriales se refieren, entre otras cosas, a la obligación de someter a la aprobación de los órganos competentes el programa con al menos un mes de antelación, así como la prohibición de cualquier forma de publicidad, excepto en la prensa judía. Véase «carta de Hans Hinkel (a

asumió la dirección del recién nacido organismo. El presidente honorario era el rabino Leo Baeck, que en septiembre de 1933 había constituido un organismo de representación de los intereses de la comunidad judía en Alemania.[69] A Singer lo asisten en su tarea Julius Bab, que desempeña funciones de *Dramaturg* y de responsable de la sección de «conferencias» (Bab había sido el *Dramaturg* de Max Reinhardt), el director Kurt Baumann y muchas otras figuras prominentes de la cultura judía alemana —o, mejor dicho, figuras prominentes de la cultura alemana a las que, hasta ese momento, en su mayor parte, no se les hubiera ocurrido definir su propia identidad profesional en términos de judaísmo—. En su origen, la iniciativa no adopta el carácter represivo que tendrá luego, sino que se limita a satisfacer el dictamen del nuevo poder establecido en materia de separación entre alemanes y judíos, dando prioridad a los ligámenes de raza y a los vínculos de sangre sobre las nociones de estado civil y ciudadanía. La organización inaugura las actividades teatrales en octubre de 1933 con la puesta en escena de *Nathan el Sabio*, de Lessing, y es Martin Buber el encargado de disertar sobre el significado programático de los términos que lo bautizan:

> Los nombres comprometen y es preciso tomarse en serio las palabras que forman «Kulturbund Deutscher Juden», juntas y por separado. La «cultura» existe siempre en tanto que cultura de una comunidad [...]. La comunidad es la de los «judíos alemanes» [...]. Para la «cultura judeoalemana», por lo tanto, se crea la Liga (*Bund*), término que sigue inmediatamente al anterior (*Kultur*); no se trata, por lo tanto, de una unión ni de una sociedad, sino de un «vínculo». «Liga» significa

---

cargo de la comisión prusiana para los asuntos teatrales) dirigida a Kurt Singer», Berlín, 15 de julio de 1933, citada en AA.VV., *Geschlossene Vorstellung. Der Jüdische Kulturbund 1933-1941*, op. cit., pág. 220.

69. Leo Baeck era presidente del *Reichsvertretung der Deutschen Juden*, una organización creada para defender a la comunidad judía alemana y supervisar a las demás instituciones del judaísmo alemán. Se mantuvo en funcionamiento entre 1933 y 1938, cuando se disolvió después de la llamada «noche de los cristales rotos». A partir de entonces la organización se reconstituye con los mismos órganos directivos y bajo el nombre de *Reichsvereinigung der Juden in Deutschland*. El nuevo organismo pasará a estar bajo supervisión gubernamental. Leo Baeck lo preside hasta su deportación a Theresienstadt, en enero de 1943.

que las personas que la conforman no están unidas por intereses ni por simples objetivos, sino por vínculos íntimos y vitales.[70]

«Actúan en un teatro clausurado en un recinto, aislado como un leprosario, y todavía les oigo decir: "¡les demostraremos de una vez por todas que tenemos el mejor teatro de todos!". No oyen nada; no ven nada; no llegan a percatarse de nada»,[71] escribía a propósito de la Liga Kurt Tucholsky en una carta dirigida a su hermano, pocos días antes de su suicidio, que tuvo lugar en 1935. No obstante la perplejidad de Tucholsky o Max Reinhardt, que rechazan, el uno desde Suecia y el otro desde Londres, todo tipo de colaboración, lo cierto es que aquella empresa constituyó una esperanza para aquéllos que, habiéndose quedado en Alemania, veían cómo se les iban cerrando progresivamente todas las puertas del espectáculo.[72] Además, la Liga es un reclamo para aquellas celebridades que lo único que esperan es una buena ocasión para volver a actuar en «su» Berlín: en 1935 regresa Max Ehrlich para hacerse cargo de la dirección de la sección de cabaret, y un año después conseguirá que se le una Willy Rosen, que se había alejado después del fracaso del primer intento de introducir el cabaret en la Liga. Regresan también Camila Spira —que era a todos los efectos una estrella, gracias a sus interpretaciones cinematográficas y operísticas—, Dora Gerson —diva del cine mudo y del cabaret— y, de forma más esporádica y por un breve periodo, la actriz Rosa Valetti y, como huésped especial, hasta la bailarina expresionista Valeska Gert. En el espacio de dos años desde su constitución el organismo se expande por muchas otras ciudades del territorio alemán,[73] multiplicando poco a

---

70. Martin Buber en *Monatsblätter Kulturbund Deutscher Juden*, 1, 1933, págs. 2 y sigs., *op. cit.* en Ingrid Schmidt, Helmut Ruppel, *Eine schwere Prüfung ist über euch*, en AA.VV., *Geschlossene Vorstellung. Der Jüdische Kulturbund 1933-1941*, *op. cit.*, pág. 34.
71. Kurt Tucholsky, *ibíd.*, pág. 39.
72. «Al principio actuaban en locales para artistas judíos, en el Café Leon del Kurfürstendamm, en la "Bühne und Brettl", en la Joachimsthaler Straße, o en el "Brett'l im Zentrum", en el hotel "King of Portugal" [...]. Muchos artistas importantes de cabaret actuaron allí», Volker Kühn, «*Zores haben wir genug...*», *ibíd.*, pág. 99.
73. La experiencia berlinesa, que se prolonga durante ocho años, se replica en muchas otras ciudades de Alemania, que constituyen a su vez la *Rei-*

poco sus actividades: a una programación teatral y musical intensa y de calidad considerable (aun a pesar del peso de los controles y de la censura) hay que sumar, a partir de 1939, la editorial y la sala de cine. Los creadores se ven obligados a no ejercer ya su oficio más que en el marco asociativo de la Liga.

En su breve andadura, la historia de la organización no es sólo la historia de las actividades desempeñadas y de los programas realizados, sino también el informe puntual de un asedio paulatino que de forma inevitable iba a conformar y constreñir su naturaleza y su carácter, torciendo su espíritu original. De este proceso dan cuenta las restricciones y los debates que versan sobre los cuatro términos de su divisa, cuyo valor fundacional era revindicado en los discursos inaugurales. La cuestión más apremiante tenía que ver con el propio sentido de la noción de «cultura»: ¿qué podía significar —para los judíos— una identidad cultural judía, cuando prácticamente todos estaban de acuerdo en que aquel punto de partida, «de judíos para judíos», dadas las circunstancias, no era otra cosa que una imposición, y que un acontecimiento no expresa la cultura judía simplemente porque asuma el origen judío de sus diversos componentes? Uno de los que lamentaron la poca fidelidad de la Liga al espíritu que supuestamente debería haber animado su programa fue precisamente Alfred Rosenberg, quien de la «cuestión judía» había hecho su oficio:[74]

> La *Kulturbund deutscher Juden* y demás organizaciones paralelas no desempeñaban en modo alguno sus funciones. Por el hecho de que, por ejemplo, la *Kulturbund* de Berlín realizó una serie de representaciones que nada tenían que ver con las cuestiones judías [...] y donde,

---

chverbandes des Jüdischen Kulturbundes; en 1938, cuando después de la «noche de los cristales rotos» se disuelve el organismo y en activo ya sólo queda la organización berlinesa que lo reemplaza, se contaban cerca de 76 de estas *Kulturbund*.

74. En 1928 Alfred Rosenberg, ideólogo del partido nacionalsocialista y de sus teorías raciales, había fundado, en clave antisemita, la *Kampfbund für Deutsche Kultur* (Liga de combate para la cultura alemana —*KfdK*, por sus siglas en alemán—). En 1939, por encargo de Hitler, había creado el «Instituto de estudios sobre la cuestión judía», cuyo cometido principal consistía básicamente en robar obras de arte y documentos de archivo de las instituciones judías.

si bien es cierto que los judíos trabajaban para judíos, no les comunicaban nada particularmente judío.[75]

Incluso en el ámbito del cabaret, donde el espíritu judío se había distinguido hasta el punto, como hemos visto, de permitir que un ojo externo particularmente malévolo hiciera identificaciones apresuradas, la cuestión es controvertida, y la suma de los factores es menos significativa que su diferencia: Lowinsky, que se une a la organización con su conjunto «Touristen» (*Kabarett Jüdischer Autoren*) y que defiende un cabaret que trate de los problemas de la vida cotidiana, en una representación que tuvo lugar en el escenario del «Berliner Brüdervereinshaus» argumenta que «un cabaret hecho únicamente por artistas judíos, con obras judías y para judíos no por ello está cerca de ser un cabaret judío».[76] La cuestión sigue estando en el centro de un debate que ya ha sido tratado por la prensa. La «judeidad» del repertorio, antes que desarrollarse como un proyecto inherente a la organización, respondía en realidad a las exigencias ineludibles del régimen nazi y a su imposición del confinamiento: sobre la identidad judía dicho régimen ya había expresado claramente su idea, que pasaba por «encadenar» dicha identidad al cuerpo en que se manifestaba. No revestía, por lo tanto, ninguna importancia el que se hubiera nutrido y desarrollado en un marco cosmopolita, ni que los artistas que formaban parte de la Liga hubieran animado hasta aquel momento, y por derecho propio, la escena alemana, aportándole su vitalidad. Baste pensar, en este sentido, en Max Reinhardt y en la creación del festival de Salzburgo:

> Pueden expulsarnos de la vida civil activa en Alemania, pero no de la vida espiritual alemana ni del mundo en que estamos arraigados y en el que hemos crecido desde hace más de cinco generaciones. [...] ni podemos ni queremos dejar de reconocer los orígenes de nuestro ser y de nuestro actuar en las obras de Lessing y de Goethe, de Kant y de Humboldt, de Rembrandt y de Beethoven [...], y también nos recono-

---

75. *Alfred Rosenberg, Völkischer Beobachter*, 6 de marzo de 1933, *op. cit.* en Herbert Freeden, *Jüdischer Kulturbund ohne «Jüdische» Kultur*, en AA.VV., *Geschlossene Vorstellung. Der Jüdische Kulturbund 1933-1941*, *op. cit.*, pág. 64.

76. Véase, Volker Kühn, «*Zores haben wir genug...*», *op. cit.*, pág. 95.

cemos como una comunidad del pueblo europeo, cuya naturaleza ha dado lugar a Leonardo y Miguel Ángel, Cervantes y Shakespeare, Voltaire y Rousseau, Dostoyevski e Ibsen.[77]

Si con este discurso Bab tomaba rápidamente, por así decirlo, cartas en el asunto en nombre del espíritu europeo que él sentía representar (de la escuela de Reinhardt había aprendido que en la escena teatral todo el mundo se siente como en casa), para los nazis las cosas son exactamente al revés: para ellos, la constitución de las ligas forma parte de un programa de desasimilación de la sociedad judía más integrada en favor de la creación sistémica de una alteridad clara —un mundo ajeno y opuesto al mundo ario—,[78] con vistas a aislarla del cuerpo vivo de la nación y de sus organismos culturales, hasta el punto de que en 1935 Goebbels pudo declarar dichos organismos *Judenrein*, es decir, étnicamente «limpios». Esto fue posible también gracias al trabajo de Hans Hinkel, que ya militaba en la organización de Rosenberg, *Kampfbund für deutsche Kultur*, como encargado de la vigilancia de las actividades de la *Kulturbund*, en calidad de Comisario de Estado y director de la Cámara de cultura del Reich. Las medidas que se tomaban parecían haber sido calculadas para sustraer progresivamente cuanto de alemán hubiera en el largo proceso de maduración cívica que reivindicaba Bab, como si hubiera sido fruto de una apropiación indebida, de un hurto cometido con ignominia. Forma parte de esta lógica la prohibición que afecta a otro de los términos presentes en la denominación del organismo, el más comprometedor: el adjetivo que describe como «alemanes» a los afiliados judíos de la liga, trasladando la idea de un terreno común, de un lecho generativo indivisible.[79] «Judío entre

77. Julius Bab en *Der Morgen*, agosto de 1933, *op. cit.* en Norbert Kampe, *Sozialgeschichtliche Betrachtungen zur Jüdisch-Deutschen Akkulturation*, *ibíd.*, pág. 24.

78. Según la tesis de George L. Mosse, que ve en la revolución nazi una revolución antisemita y que, por lo tanto, debe proyectar en la raza semita su propio opuesto, su contrario. Véase. Id., *Intervista sul nazismo*, a cargo de Michael A. Ledeen, Laterza, Bari, 1977.

79. Lo primero que desapareció de la denominación de la Liga fue su año de nacimiento, 1933, peligrosamente coincidente con el del régimen nazi; por mucho que en realidad el uno hubiera parido a la otra, exhibir un año de nacimiento común sugería un parentesco no deseado.

los judíos, alemán entre los alemanes», era la divisa que dictaba la costumbre de una sana integración de los judíos en el país donde vivían.[80] A partir de ahora, sin embargo, sólo se podría ser, en todo caso, judío, tanto entre los judíos como entre los alemanes: una ordenanza de la Gestapo del 26 de abril de 1935 obligaba a la Liga a adoptar la denominación de «Liga para la cultura judía», con sede en Berlín,[81] poniendo así fin a una larga diatriba que era terminológica sólo en apariencia, ya que, en realidad, dado lo impracticable del atributo, declaraba de hecho imposible asignar una nacionalidad (y por lo tanto, una nación) europea a los judíos. En sus reportajes berlineses para los *cahiers juifs*, Joseph Roth, ante la quema de libros organizada por Goebbels, recordaba el hecho de que en Alemania habían sido precisamente los intelectuales judíos —que ahora eran acusados de pertenecer a un pueblo del Este— los primeros en acudir a la línea del frente europeo en la Primera Guerra Mundial.[82] Los nazis, sin embargo, no aspiraban a dar un horizonte europeo a Alemania sino más bien a conferir un horizonte alemán a buena parte de Europa, y a tal efecto no tardaron en iniciar los preparativos militares. El horizonte internacional, desde este punto de vista, pasa a ser el pecado original de aquéllos que, como los judíos, no tenían raíces ni patria, sino que, en el mundo de los valores nacionales, se difuminaban y diluían, síntoma inequívoco de la enfermedad de la que eran portadores. Consecuencia de esta premisa, después del veto al término «alemán» en la denominación de la organización, llega a la *Kulturbund* la orden de suprimir de su programa los repertorios musicales y teatrales de autores alemanes, que ya no pueden en modo alguno coexistir con la cultura judía.

Y, sin embargo, a pesar de todas las restricciones y censuras, hasta 1941 el organismo no sólo tiene legitimidad para funcio-

---

80. Es lo que recomienda, en la novela de Israel J. Singer *La famiglia Karnowski* (Adelphi, Milán, 2013), el personaje del doctor Speier.

81. En aquel mismo año de 1935, el teatro de la Liga debía abandonar los locales del «Berliner Theater» en la Charlottenstrasse y emigrar a los de la Kommandantenstrasse.

82. Véase Joseph Roth, *Aujourd'hui nous sommes brûlés par l'Allemagne*, «Cahiers Juifs», septiembre-noviembre de 1933, ahora en *ibíd.*, *What I saw. Report from Berlin 1920-33*, op. cit., págs. 207-217.

nar, sino que en algunos casos está incluso «obligado» a hacerlo, precisamente en virtud de ese horizonte europeo que, aunque ajeno a la perspectiva de la Alemania del momento, tiene la mirada puesta en él, sobre todo después de la «noche de los cristales rotos», en 1938:

> Antes de la «noche de los cristales rotos» actuábamos en una comedia inglesa, *Regen und Wind*, una comedia sin pretensiones. En el extranjero hubo mucho alboroto a raíz del 9 de noviembre y no se lograba reabrir el teatro con suficiente rapidez. Nos enviaron mensajeros para que lo volviéramos a poner en marcha. Nos reunimos y pudimos reponer la pieza en el teatro de la Kommandantenstrasse. Estábamos obligados a actuar, pero pensábamos que en la sala no habría nadie. Luego comprobamos que en las butacas había un par de personas cada tres o cuatro filas, y no entendíamos cómo en un día como aquél aún podía haber alguien con ganas de ir al teatro. Mientras actuábamos, en el segundo acto, alguien empezó a reír, lo cual nos dejó muy impresionados, dadas las circunstancias. No sé cómo logramos terminar aquella función. Habíamos actuado como siempre, pero al final tuve la sensación de que nuestra representación había sido fantasmal. Nosotros estábamos obligados a actuar, nos lo habían impuesto, pero lo que no entendíamos era cómo el público, los judíos, podían tener ganas de reír en aquellos días.[83]

Un teatro que sigue funcionando y unos espectadores que ríen y se divierten son una coartada conveniente de cara a la opinión pública internacional, y la Liga berlinesa, en medio del pogromo que incendia las sinagogas, no se puede permitir suspender las actividades durante más de cuatro días.

Las principales representaciones giran en torno a repertorios clásicos y a temas bíblicos. Ya la selección de los textos, aunque no nos proporcione aún la clave de las puestas en escena, sugiere que, con frecuencia, a través de las obras y personajes de la antigüedad, más que la temática «judía» en general lo que se pretende resaltar es la problemática condición de los judíos en la Alemania del momento: así, figuras como el Nathan de Lessing son una invitación a la tolerancia religiosa; el Otelo de Shakes-

---

83. Martin Brandt, *Das Theater war unsere Rettung*, en Eike Geisel, Henryk M. Broder, *Premiere und Pogrom, Der Jüdische Kulturbund 1933-1941*, op. cit., págs. 125-126.

peare, un personaje condenado a la tragedia por la propia diversidad; Antígona, de Sófocles, una apelación a la piedad humana contra el rigor de la ley; y Jeremías, de Stefan Zweig, es el personaje bíblico con el que el autor, alineándose con los vencidos, grita su dolor intelectual marginado porque siente que pertenece a la humanidad entera, mientras en el trasfondo ruge la Primera Guerra Mundial y los nacionalismos que la desencadenaron.[84] Si el teatro puede identificar el propio campo de trabajo en la lectura de los clásicos y en los personajes bíblicos, en el caso de la escena ligera, en cambio, el problema que se plantea es de tipo ontológico, es decir, tiene que ver tanto con la falta de libertad de expresión como con la legitimidad de la diversión en la hora del luto, y ambos aspectos están muy relacionados: ¿y si la risa fuera la última libertad que el dolor se toma?[85]

Cuando Ehrlich se hace cargo, en 1935, de la dirección de la sección reservada a la escena ligera, la autoridad indiscutible de que por entonces disfruta en virtud de su maestría artística calma la controversia: «el cabaret judío, hoy: dos conceptos que se asocian con dificultad. El cabaret gana legitimidad por la actualidad circundante. La actualidad judía se llama: dolor, necesidad, inquietud. Fenómenos que, si fueran a ocupar el centro de atención en la escena ligera, causarían una mala impresión [...]».[86] Lo

---

84. *Nathan el sabio*, de Lessing, se lleva a escena el 1 de octubre de 1933; inmediatamente después, el 11 de diciembre de 1933, le sigue *Otello*, de Shakespeare. *Jeremías*, de Zweig, inaugura la temporada siguiente, el 7 de julio de 1936; y *Antígona*, de Sófocles, se estrena el 15 de marzo de 1936. No faltan en el programa tampoco los clásicos contemporáneos, *Seis personajes en busca de autor*, de Pirandello (5 de marzo de 1935) o *Cándida*, de Shaw (21 de abril de 1935).

85. «La cuestión de cómo habría debido ser el cabaret judío —de existir una cosa del género— ponía en evidencia lo absurdo de la situación en la cual tenía lugar dicha discusión. Había, en la práctica, algo mucho más importante que considerar: la ambivalencia de las necesidades humanas fundamentales en situaciones de derrota. La broma como narcótico, la sátira y la ironía como mensajeras de esperanza; el divertimento como distracción, la risa como voluntad de supervivencia —precisamente allí donde la carcajada muere en la garganta—». Volker Kühn, «*Zores haben wir genug...*», *op. cit.*, pág. 99.

86. En *Jüdische Allgemeine Zeitung*, octubre de 1935, con ocasión del «Kleinkunstbühne des Jüdischen Kulturbundes» en el Café Leon, *op. cit.* en Volker Kühn, «*Zores haben wir genug...*», *op. cit.*, págs. 106-107.

cierto, sin embargo, es que los tiempos exigen que cada uno se defienda como pueda. Ehrlich, al dirigirse al público, leyó una carta que a su vez le habían dirigido a él: «Sé cómico hasta las últimas consecuencias. ¡Problemas ya tenemos bastantes en casa!». «Éste, querido director Ehrlich, ha de ser el lema de su cabaret», reconoce al final el periodista que escribe la crónica de la velada.[87] Una vez obtenido del público y de la crítica el mandato de la plena comicidad en la hora del luto, Ehrlich se desata también como actor: no sólo supervisa los programas de la escena ligera desde 1935 hasta la despedida final en 1939, sino que él es el héroe total. En un estallido de vitalidad, interpreta teatro, revista, cabaret y piezas de vanguardia; inaugura además la sección cinematográfica, arengando a la multitud reunida para la proyección de la película *Chicago* (28 de diciembre de 1938). A su lado, de cuando en cuando, están Camilla Spira, Willy Rosen, Stella Hay, Fritz Tachauer, Steffie Ronau y muchos otros, hasta el momento en que, tras el terror de 1938, la Liga se descompone y resiste sólo en Berlín, heredando las tareas de la unión disuelta de las ligas de toda Alemania. Si en apariencia gana nuevos sectores, como el editorial y el cinematográfico, en realidad se trata sólo de frutos derivados de otras disoluciones. Para la mayoría de las personas y personalidades que se adhirieron a ella, la Liga constituía una posibilidad que se abría, pero que ahora se estaba configurando como el conjunto que de alguna forma aunaba a todas aquéllas que se habían cerrado para siempre.

Por otra parte, a medida que la guerra va dibujando el nuevo paisaje urbano, no es sólo la «Liga para la cultura judía» la que va siendo asfixiada, sino, más en general, la existencia cotidiana de los 73.000 judíos que todavía viven en Berlín, así como la de toda la población judía que permanece en Alemania, que poco a poco se va apagando. Desde octubre de 1939 se ha impuesto el trabajo obligatorio para los hombres menores de 45 años, así como para las mujeres menores de 30, y todos los días el poder nazi dedica a los judíos supervivientes un pensamiento especial y un decreto distinto, que va erosionando constantemente detalles particulares, incluso minúsculos, de una calidad de vida ya

---

87. *Ibíd.*

de por sí precaria, hasta que su existencia toda se va deslizando hacia un final que, de otra manera, sería inconcebible:

> 2 de julio de 1941: han trasladado a un matrimonio a nuestra casa, en la habitación donde solía estar el piano, y están asignando a otra persona (no precisamente a una linda muchacha) a mi habitación porque ésta es demasiado grande para un solo habitante. [...] las cerezas y el café sólo se pueden comprar con la tarjeta, y por lo tanto están reservados a los arios [...] No todo es simple con la tarjeta anual, sobre todo porque sólo podemos hacer la compra entre las cuatro y las cinco de la tarde.
>
> 5 de agosto de 1941: el jueves pasado, entre las nueve y las once y media de la noche se registraron las casas de unas mil familias judías. Buscaban dinero, oro, fruta, tomates, vino tinto y cualquier cosa cuya posesión esté prohibida a los judíos. Tomaron nota de los que se habían ausentado de su domicilio. Todo aquél que fue sorprendido en casa de otra persona fue inmediatamente arrestado, porque un judío no puede circular después de las nueve de la noche.[88]

Tal y como hemos visto, mientras tanto, en el teatro de la Kommandantenstrasse, quizá el único lugar donde todavía era posible ver gente en esmoquin en lugar de individuos calzados con botas con tachuelas, resonaban los ecos jubilosos de las representaciones en el castillo de Molnár (castillo cuyo «anfitrión» en la obra permanece siempre invisible); la realidad de Berlín, sin embargo, para sus habitantes de origen judío, recordaba más bien al Castillo de Kafka, y las obras de teatro se abren paso entre pesadillas. Al igual que Turai, Alfred Berliner lucha por entretener a un público que, desentrañando un bosque de prohibiciones, ha atravesado la ciudad prohibida para llegar al teatro. Es a este público al que el actor se dirige cuando habla con su pareja en el escenario:

> TURAI – Tienes razón, ¡por fin vamos a disfrutar de unas horas felices y despreocupadas! ¡Qué buen viaje en coche! [...] estas semanas que me he acostumbrado a pasar aquí me alegran el resto del año. ¡Qué magnífico lugar! El casero es excelente, un amigo de verdad, un ver-

---

[88]. *To be a Jew in Berlin. The letters of Hermann Samter 1939-1943*, ed. Daniel Fraenkel, Yad Vashem Pubblications, Jerusalén, 2012, págs. 77-81, *passim*.

dadero caballero que deja disfrutar a sus huéspedes según los deseos y los gustos de cada uno [...] Y estamos en verano, la noche es hermosa, ante nosotros el mar es turquesa y la cena fue deliciosa... (mira el reloj)... y ni siquiera es tarde todavía. Son las dos y diez de la madrugada. Un día hermoso. Merece ser recordado...

Un recuerdo que anticipa un futuro bastante remoto, desde el momento en que el futuro más próximo es la hora del adiós.

> CAMARERO – ¿Y qué le gustaría al caballero pedir para desayunar?
> TURAI – Así que, un poco de jamón, huevos, pollo frío, algo de pescado, carne asada... rebanadas, lengua, sardinas, tocino... queso, mantequilla, leche, miel, mermelada... pan de centeno, coñac... y té (acto I).

¿Cuánto espacio ha de llenar una carcajada para acercar los gestos de la escena al aliento del público? ¿De qué poder prodigioso debe dotarse para suturar la herida infligida por la vida en el momento de la actuación? ¿O es más bien la inconmensurabilidad de esta distancia lo que abre la puerta al humor en las infinitas extensiones de la paradoja?

Si *Nathan el sabio* había inaugurado la actividad de la Liga, para clausurarla se optará por la ligereza de una trama de opereta lírica. Franz Wisten, actor y director después de Kurt Singer y Werner Levie, tercer y último director de la Liga berlinesa, se había de hecho prometido a sí mismo no enviar nunca al público de vuelta a su casa sin regalarle una carcajada.[89] Es la manera de despejar del cuerpo la congoja y el miedo permanentes, pero también es la señal de que esto es ahora lo único urgente: lo único que hay que hacer. En otras palabras, antes de rendirse al enemigo, cuando todo es irreversible, los propósitos éticos y edificantes se han vuelto completamente ineficaces. En el momento de su cierre definitivo, la Liga había perdido ya toda posibilidad de dar sentido a un futuro que fuera distinto del presente.

---

89. «Seguramente había momentos fatales, dado lo estrecha que era la relación entre público y actores y lo agradecida que estaba la gente ante la posibilidad de reír. Se buscaban los materiales y piezas más proclives a provocar la risa del público, para arrancarle al menos una carcajada». Suzanne Wisten, *Momente, die Sternstunden waren*, en Eike Geisel, Henryk M. Broder, *Premiere und Pogrom, Der Jüdische Kulturbund 1933-1941*, op. cit., pág. 120.

La fobia al contagio

La creación de la «Liga para la cultura judía» en territorio alemán, con sus vicisitudes, da lugar a una relación con la víctima en la cual el verdugo, aunque sea el motor de la dinámica de dicha relación, por el momento se limita a indagar en sus márgenes y a ir poniendo en evidencia su intención última. Si bien es cierto que aquí la relación no es la que se va a planificar en los *Lager*, sí constituirá un grado intermedio, donde el ejercicio de autoridad sobre el prójimo se va entrenando para transformarse en una verdadera toma de posesión, por mucho que el corpus de prohibiciones que va a imponer parezca buscar aún la sombra de una convivencia, antes de establecer definitivamente el lugar para burlarse y quebrantar todos los acuerdos anteriores.[90]

Ya hemos visto cuán difícil era despedirse de aquel hogar común que era Berlín, y hasta qué punto, para quienes permanecían en él, resultaba difícil discernir el momento exacto más allá del cual todo se había vuelto irreversible. En el momento en que nace la hipótesis de celebrar espectáculos dentro de un organismo firmemente establecido en la capital, se abre de hecho la posibilidad de dar a esta pulsión un territorio propio y de transferirle armas y equipaje, aunque no se pueda contar con la presencia de todo el público habitual. Se ha producido una brecha que separa a los judíos de Alemania de los alemanes «arios», para hacer, de artistas y espectadores, aquella «comunidad de destino» que hasta entonces no existía. El proceso histórico, tanto en Alemania como en Austria, iba ya desde hacía tiempo en una dirección completamente distinta, tal y como señalaba, entre tantos otros, Stefan Zweig:

> Pero lo más trágico de esta tragedia judía del siglo XX era que quienes la padecían no encontraban en ella sentido ni culpa [...]. Mientras la religión los mantenía unidos, eran una comunidad y, por consiguiente, una fuerza; cuando se les expulsaba y perseguía, expiaban la cul-

---

90. Esto no significa que el Estado Mayor nazi tuviese ya en mente la Solución final, sino que ésta llegó al término de un camino de abusos progresivos, cuando, por un lado, otras soluciones «definitivas» han fracasado y, por otro, la vida de las propias víctimas se ha llegado a despreciar de forma tan completa como irremediable.

pa de haberse separado conscientemente de los demás pueblos de la tierra a causa de su religión y sus costumbres. Los judíos del siglo XX, en cambio, habían dejado de ser una comunidad desde hacía tiempo [...]. Con todo su afán, cada vez más impaciente, aspiraban a incorporarse e integrarse en los pueblos que los rodeaban, disolverse en la colectividad [...]. Hasta hoy, cuando se les amontona y se les barre de las calles como inmundicia (los directores de bancos expulsados de sus palacios berlineses, los servidores de las sinagogas excluidos de las comunidades ortodoxas, los catedráticos de filosofía de París y los cocheros rumanos, los lavadores de cadáveres y los premios Nobel, los cantantes de concierto y las plañideras, los escritores y los destiladores, los hacendados y los desheredados, los grandes y los pequeños, los devotos y los ilustrados, los usureros y los sabios, los pensionistas y los asimilados, los ashkenazis y los sefarditas, los justos y los pecadores y, tras ellos, la atónita multitud de los que creían haber escapado hace tiempo de la maldición, los bautizados y los mezclados), hasta hoy, digo, por primera vez durante siglos, no se ha obligado a los judíos a volver a ser una comunidad que no sentían como suya desde tiempos inmemoriales, la comunidad del éxodo que desde Egipto se repite una y otra vez.[91]

Antes de la deportación, las ligas para la cultura ofrecen de esta forma la ocasión —aunque inducida por la persecución en curso— para que personas que a menudo eran a duras penas conscientes de sus orígenes judíos pudieran reflexionar sobre su identidad común. Una de las tareas del nuevo organismo será conquistar un orgullo capaz de entonar un contracanto que oponer al tono dominante en Alemania, de convertir la escisión infligida en energía reconquistada, y de traducir, en definitiva, las cadenas impuestas según los términos del pensamiento libre. En cambio, la tarea de las instituciones y organismos de censura nazis pasará por impedir de forma implacable cualquier conexión entre las partes apenas instituidas, controlando las credenciales de los asociados a la Liga, verificando que sólo se repartan entradas entre los inscritos (un nombre atractivo como el de Max Ehrlich causa un auténtico furor, y la Gestapo tiene que intervenir para impedir que los antiguos espectadores «arios» se reencuentren con el artista en un territorio que les está vedado),

---

91. Stefan Zweig, *El mundo de ayer*, El Acantilado, Barcelona, 2001, págs. 535-536.

aprobando los textos del repertorio y escudriñando cada matiz del vocabulario utilizado, mientras dos miembros de la Gestapo supervisan todas las réplicas para garantizar el respeto, gestual y verbal, del texto aprobado por la censura. El régimen de cooperación entre los superintendentes que se suceden en la *Kulturbund* y los altos funcionarios del ministerio nazi —como si se tratara de un ballet con unos movimientos sustancialmente grotescos pero que parecen corteses a nivel superficial— respeta durante algún tiempo las reglas formales de las oficinas y de las gestiones asociadas a ellas: las solicitudes realizadas, los permisos concedidos o denegados, las órdenes de servicio y las censuras muy estrictamente formuladas. La realidad, sin embargo, es que cada gesto de esta relación está determinado por la idea fóbica y persecutoria de que lo que hay en curso es una epidemia viral inoculada por los judíos (*Bazillenträger*, «portadores de bacilos», como los definía el órgano de prensa oficial de las SS, *Schwarze Korps*), que es necesario aislar y desinfectar en todos los lugares donde pueda manifestarse. En un régimen, por lo tanto, de limpieza étnica, los instrumentos «legales» a los que recurre el Ministerio de Propaganda no dejan de producir resultados paradójicos, como sucede cuando la violencia se confía a las normas, ejerciéndose sobre palabras, actos o gestos, sin golpear directamente el cuerpo en que éstos se generan. En los testimonios de los supervivientes, las palabras que narran la experiencia en la *Kulturbund* portan el signo de aquella figura dual en la que dicha experiencia se había apoyado, a saber, la de la isla y el castillo o, por decirlo en otros términos, el refugio y el asedio. La densidad cultural del espacio en el que el organismo cobra vida, proyectándose más allá de su propia esquizofrenia, brota de un acto mental de naturaleza exquisitamente teatral: la capacidad de pensarse dos veces, en el tiempo de la representación y en el tiempo de la existencia, pero situándose en ambos casos en aquel régimen del «como si» que, siendo el favorito de los perseguidores, acompañará a las víctimas hasta el límite mismo del recorrido al que se las ha destinado:

> En la *Kulturbund* los actores interpretaban como posesos. Como si los tiempos fueran normales, como si la mañana siguiente estuviera libre de preocupaciones. En toda guerra se desencadenan energías

que no se dan en circunstancias normales. Y en la situación excepcional en que se encontraban los judíos alemanes, estas energías habían adoptado una forma sobrecogedora. Directores, músicos, actores y trabajadores de la escena sabían obviamente que cada actuación podía ser la última, que el día después, o incluso esa misma tarde, podía ser la última. A pesar de todo no operaban en un gueto espiritual, sino más bien todo lo contrario: era como si el teatro les brindara la posibilidad de huir del gueto. Se representaban piezas de Schnitzler, Molnár y Priestley, y en los años iniciales, también de Goethe y Schiller —autores que no casan bien con una mentalidad de gueto—.[92]

El problema de expresar una cultura judía es para muchos artistas menos urgente que el de conferir al programa el aliento que lo guíe más allá de las alambradas, incluso aunque los clásicos alemanes se hubieran quedado al otro lado de la demarcación. Por lo demás, ahora estos artistas no se niegan únicamente a la representación o a la ejecución, sino también al pensamiento que habría de discurrir por ella, hasta el punto de que a un conferenciante se le prohíbe la lectura de algunos versos de Schiller en el contexto de una intervención pública en las salas de la *Kulturbund*. Y *prohibición* es justamente el término que resulta apropiado en este caso: dentro de los límites impuestos a la selección de los autores —que impiden decir palabras que se pretenden de propiedad nacional—, la lógica del contagio manifiesta los síntomas de un delirio alucinatorio que confunde la existencia histórica con la existencia concreta, los dominios de la mente con los rastros sonoros de los cuerpos individuales. De hecho, en un caso así no se trata de expiar pecados de hermenéutica, de extraer un poema de una interpretación desviando sus señales para acercarlas al propio campo; tampoco se trata de identificar los resultados de un constructo cultural, sino más bien de prohibirle a una voz determinada tocar los versos de Schiller, haciendo de ellos acto de palabra: el problema no está en el significado, sino en la relación entre el significante y la voz «otra» que durante unos pocos segundos lo posee, haciéndolo resonar en el propio cuerpo y en el propio discurso, en favor de un público compuesto

---

92. Herbert Freeden, *Leb wohl, du ungetreue blonde Aktenmappe*, en Eike Geisel, Henryk M. Broder, *Premiere und Pogrom, Der Jüdische Kulturbund 1933-1941*, op. cit., págs. 263-264.

por judíos. A esta conjunción frustrada de voz y sonidos, cuando el texto completo de la conferencia previamente entregada a la censura era devuelto borrado, la musicóloga Annaliese Landau opta por conferirle un cuerpo, convirtiéndola en un silencio público y clamoroso que ofrecía como espectáculo la propia presencia enmudecida, a excepción de las únicas frases aisladas que por algún motivo habían logrado sortear aquella censura enferma, y que eran leídas como solitarios golpes de humor:

> Anuncié el título de mi programa —que en todo caso ya conocían— y comencé a pasar página tras página el texto de mi conferencia, lentamente, sin decir una palabra, mirando en torno mío, hasta llegar a alguna línea del manuscrito que no estuviera censurada y que por sí misma, fuera de su contexto, carecía por completo de sentido. La leí y después seguí pasando las páginas en silencio. Anunciaba a artistas y bandas de música cada vez que llegaba al punto donde éstos hubieran debido escenificar mi discurso. Fue una velada breve, y los aplausos fueron clamorosos.[93]

Si en el caso de las conferencias se trataba de obstaculizar la labor de nominación, en el caso del teatro la prohibición de la puesta en escena de autores alemanes pretendía evitar que el «alma alemana» de los personajes se naturalizase en la carne judía del intérprete, asumiendo sus rasgos. Se trataba, por lo tanto, de prevenir el fenómeno de la posesión teatral, gracias a la cual la apariencia del autor penetra en la persona textual, otorgándole los atributos visibles de la existencia escénica. Si al orador se le prohíben los paisajes de la literatura alemana, al actor se le impide que el viaje de la interpretación se dirija hacia una alteridad a la que le está prohibido transferirse con su identidad: al desviar ese viaje hacia un repertorio preferiblemente judío —y nunca alemán—, las autoridades tratan de lograr que las obras de la cultura y los personajes de la raza se conjuguen en otra carne. Se trata de un razonamiento simétrico y opuesto a aquel otro en virtud del cual a un actor alemán se le prohibían los papeles escritos por un autor judío, profesara éste o no la cultura

---

93. Annaliese Landau, *Kulturbund*, en AA.VV., *Geschlossene Vorstellung. Der Jüdische Kulturbund 1933-1941*, op. cit., pág. 354 (extraído de la autobiografía inédita).

judía. La escena había abierto un sinfín de espacios al imaginario, pero ahora que se veía obligada a imponer a personas y personajes las restricciones propias de la ontología biológica, limitando sus recorridos entre el ser y el representar, a los artistas de la *Kulturbund* sólo les quedaba el consuelo de fingirse en un castillo, cuando estaban, de hecho, en la antesala de un *Lager*.

En el contexto de la tragedia total en que se halla inmersa la población judía, las medidas concretas que se toman contra la «Liga para la cultura judía» parecen indicar que en la burocracia de las oficinas ministeriales para los «asuntos judíos», entre los Hinkel y los Eichmann —o en los Hinkel y los Eichmann—, se cultiva y se alimenta aquel espíritu de Bouvard y Pécuchet que Flaubert nos enseñó a reconocer. Los ejemplos son en este sentido numerosos: cuando la censura tropieza con el adjetivo «rubio» en un texto de Molnár, se lo depura inmediatamente de cualquier connotación racial, que no debía ser «exhibible» en un teatro judío (ante el estupor de los funcionarios nazis de la Liga, había judías y judíos rubios, como Camilla Spira o Alice Levie), y mucho menos, «pronunciable». Aunque parezca una *para/doxa*, en realidad no es sino *doxa* aplicada al pie de la letra: lo rubio, lejos de ser un atributo físico cualquiera, pertenece de pleno derecho a la nación alemana, a la «rubia Alemania», con claros ascendentes en el culto al Sol, simbolizados en la esvástica. La alteridad de los arios —los pueblos rubios, hermanados en la luz— y los judíos —los pueblos morenos, hermanados en las tinieblas— implica que el adjetivo «rubio» no puede salir ni de la boca ni de la pluma de los eternos enemigos morenos, más allá del hecho desconcertante de que a alguno de éstos, de algún modo seguramente ilegítimo, le pueda tocar en suerte una cabeza rubia. Así, cuando el judío Molnár creía estar describiendo a los personajes de sus comedias, lo que en realidad estaba haciendo era atentar contra el símbolo de la esvástica.[94] No sólo los

---

94. Esta concepción derivaría del círculo teosófico de Lanz von Liebensfehl, cuyo periódico, *Ostara*, influyó en el joven Hitler cuando estaba aún en Austria. Véase al respecto, George L. Mosse, *The Mystical Origins of National Socialism*, en *Journal of History of Ideas*, XII (1961), págs. 83-96; (trad. it., *Le origini mistiche del nazionalsocialismo*, en *Il Ponte*, XVIII [1962], 1, págs. 30-40).

productos de la cultura, sino también el mundo de las cosas, de los lugares y las personas parecía viajar dentro de un vocabulario basado en la exclusividad de los sonidos que lo nombraban; pertenecían a una lengua que era todavía un hogar común, pero en cuyo interior había que aprender a vivir como cónyuges separados.

Tanto es así que no se censuran únicamente los adjetivos que designan cualidades exquisitamente germánicas, sino hasta los nombres geográficos:

> Como no podíamos representar a autores alemanes, representábamos mucho de Molnár, Molière y piezas judías, y también cabaret. Max Ehrlich, el célebre actor del «Kabarett der Komiker», cuando no hacía teatro, actuaba en el cabaret. Uno de sus espectáculos se llamaba *Compota mixta*. Había música y danza. [...] Luego había un cuplé: «¡Yo soy la portada del nuevo Magazín, pero se puede ver en París, Londres y *Wien* [Viena]!». En una ocasión estaba escuchando la radio en casa con Ehrlich: de pronto denunciaron que se había llevado a cabo la anexión de Austria. Viena gritaba con júbilo: *Heil Hitler! Heil Hitler!* Ehrlich exclamó: «Por el amor del cielo. Dentro de tres días tenemos que actuar y ya no podemos nombrar Viena. Está nazificada». Y comenzamos a darle vueltas a la cabeza para encontrar una nueva ciudad que rimara con Magazín: «En Londres, París y Neuruppin». «Pero Neuruppin es alemana —repuse yo—, no vale». Y entonces quedó así: «¡Yo soy la portada del nuevo Magazín, pero se puede ver en París, Londres y Turín!» —que era italiana y colaba—.[95]

Max Ehrlich, en el sonido que le queda vedado lamenta la pérdida del significante necesario para su *witz*, más que lo que ello significaba, a saber, la desaparición de un refugio que hasta entonces había sido seguro para muchos, y que todavía podía presumir de una significativa actividad cabaretera: el problema para él y para su pareja, Steffi Ronau (a su vez gran intérprete de cabaret) no es que se sustraiga un territorio a sus existencias, sino un sonido a su teatro, una rima a un cuplé destinado a las

---

95. Steffi Ronau, *Mehr oder weniger, war es doch ein Ghettotheater*, en Eike Geisel, Henryk M. Broder, *Premiere und Pogrom, Der Jüdische Kulturbund 1933-1941*, op. cit., pág. 150. La revista a la que hace referencia la actriz, conocida también como Steffi Rosenbaum, era *Warum lügst du, cherie?*, representada en la *Kleinkunsbühne* de la *Kulturbund*.

escenas «de judíos con judíos para judíos». *The show must go on*, y este imperativo responde al mismo mandato que Ehrlich había recibido de su público.

> Nosotros no sentíamos el teatro de la *Kulturbund* como un gueto, si bien en él sólo había actores judíos para un público judío. Era un buen teatro. A pesar de ello me sucedió algo para lo que no estaba preparada. [...] De pronto tuve la sensación de que me faltaba el aire, de que no se podía respirar. Me preguntaba, naturalmente, qué me podía estar provocando esa sensación. No podía provenir del teatro, que reunía a los mejores actores judíos de los escenarios de toda Alemania. Mi derrumbe debía tener que ver con el público. El público es algo que se puede sentir de una manera increíble. No era que nuestro público fuera mejor o peor que otros; simplemente era distinto. En aquella época me encontré con Gründgens, que me preguntó cómo me lo pasaba en la *Kulturbund*. Le hablé de mi crisis. Y él me dijo: «Es extraño, yo tengo la misma impresión con un público completamente cambiado. Por ejemplo, cuando antes decía algo cómico, si contaba un chiste, un *witz*, lo contaba y punto. En cambio, hoy tengo que repetirlo hasta que la gente se dé cuenta de que se trata de *witz*. Ni el vuestro ni el nuestro es un público ideal: ideal es el público mixto de Berlín». A Gründgens le faltaba la parte judía del público en el palco, y a mí el público judío me resultaba un poco demasiado intenso.[96]

El testimonio de Franziska Jakob, una actriz que hasta 1933 había trabajado en el Teatro del Estado Prusiano, pone el acento en la composición del público: después de los textos y de los actores, el tercer elemento que salda esta operación «sanitaria» en un conjunto integrado —y segregado— es, precisamente, el público. El hecho de que a las representaciones de los actores judíos que interpretan un repertorio que es, cuando menos, «no alemán», no pueda asistir nadie que no sea judío, vuelve completamente «estéril» el organismo, cerrándolo a toda posible circulación del sentido. De este modo, la entrada al teatro, aunque satisface al espectador, se inscribe en una comunidad basada en la división racial; de hecho, el elenco de los socios pronto servirá

---

96. Franziska Jakob, *Mir war die jüdische Publikum zu aufdringlich*, en Eike Geisel, Henryk M. Broder, *Premiere und Pogrom, Der Jüdische Kulturbund 1933-1941*, op. cit., págs. 215-216.

para facilitar operaciones muy distintas.[97] De todos los límites impuestos a la formación de la compañía o al repertorio, el que concierne a la selección de los espectadores cierra el círculo de forma inexorable, y genera, en quien se ha quedado encerrado dentro, el síntoma del gueto, el malestar de la claustrofobia. Por mucho que Singer dijera que «su» teatro tenía un público especial porque no había sido seleccionado por géneros escénicos, esta peculiaridad era, sin embargo, el producto de una pérdida neta, de una división arbitraria: en la desaparición del «público mixto» de Berlín se consuma el auténtico duelo de su civilización teatral, entre las más vivas y refinadas del siglo XX, y de las tantas clases de espectadores que encontraron satisfacción en él. Desde este punto de vista, la pérdida de Berlín y del hogar alemán era también la derrota del espíritu cosmopolita que lo había habitado.

Dentro de la platea de la Kommandantenstrasse existe un nicho de «diversidad» cuantitativamente pequeño, pero tan importante en peso que desplaza el centro de gravedad de toda la sala; de hecho, es inherente a la mera existencia del teatro, que le reserva por ello una ubicación especial, desde donde es posible contemplar tanto el escenario como el patio de butacas: aquí es donde se sitúan las autoridades nazis, cuya mirada no es propiamente la mirada del espectador, sino que debe dedicarse a la labor de vigilancia. «Su palco (nos referimos al palco destinado a Hinkel) estaba siempre lleno, pero obviamente no podía aplaudir; sólo lo hizo una vez, por error. Hinkel iba siempre acompañado de su esposa y de un chófer. Y de seis o siete invitados, como máximo».[98] La escena, siempre poblada de personas distin-

---

97. Paradójico es el ejemplo de los descendientes de Mendelsohn, católicos desde hacía varias generaciones, que piden poder dejarles escuchar a los hijos adolescentes *El sueño de una noche de verano* de su ilustre antepasado, que se puso en escena en la Liga: en aquel momento histórico en ningún otro lugar de Alemania hubieran podido los muchachos escuchar a Mendelsohn, compositor que, por su condición de judío, había quedado excluido de todos los repertorios nacionales; pero al mismo tiempo ellos, al haber adquirido la raza aria, no podían frecuentar el teatro de la Liga.

98. Alice Levie (esposa de Werner Levie que dirigió la *Kulturbund* después de la emigración de Kurt Singer), *Wer ist die blonde Frau? Das ist doch keine Jüdin!*, ibíd., pág. 157.

guidas en todo género de espectáculos, tendía por su propia naturaleza a integrar a víctimas y verdugos en la comunidad teatral, llegando a veces a trocar la presencia debida en participación deseada: «Hemos tenido en nuestras representaciones a altas personalidades del nazismo. La primera fila estaba ocupada hasta la mitad por uniformes. Hemos visto cómo aplaudían. Lo que veían en nuestro escenario no podían verlo en ningún otro lugar. Sobre todo, la ópera».[99] La resistencia que el verdugo opone o no opone a la fascinación que ejerce su víctima, en un contexto todavía sometido a las reglas de convivencia, constituye el índice exacto del éxito o del fracaso de la función de cada noche ante el público: el *lapsus* de Hinkel aplaudiendo «por error», como los aplausos de los oficiales espiados entre bastidores, son la señal de una victoria. Al mismo tiempo, sin embargo, esta victoria no deja de confirmar el riesgo que la libertad de acción de los actores representa. «Ahora nuestros ojos han aprendido a ver», afirmaba la voz del narrador en *Der ewige Jude*, refiriéndose a la amenaza que constituían los judíos, *a pesar de que* la comicidad grotesca de su aspecto indujera a que la risa enmascarara el peligro. La autoridad nazi que, en el teatro, por error, se transforma por un instante en público sensible que aplaude, no ha logrado entrenar a su propio espectador interior para reconocer, en la función a la que asiste, bien disimulada en la forma de un espectáculo bien logrado, aquello que acababa de «aprender a ver»; y ésta es la señal de que el virus «judío» podía no estar del todo aislado, a pesar de las medidas de desinfección adoptadas. Tanto es así que el teatro, a pesar de los intentos por evitar todo contagio con la cultura alemana, tarda en expresar una cultura íntegramente judía. Al mismo tiempo, sin embargo, se han empezado a ejecutar los planes más extremos: en el interior de los guetos, de los campos de tránsito y finalmente en los campos de exterminio se dan situaciones «desreguladas», pero sin posibilidad de contagio: en las tierras de Europa Oriental donde en breve irían a parar los miembros de la «Liga para la cultura judía» y, en general, los últimos judíos que aún sobrevivían en Alemania y en los territorios ocupados, se dan todas las condiciones para desactivar de forma segura todos los virus como si fueran

---

99. Herbert Isack, *Die Opern hatten es den Nazis angetan*, ibíd., pág. 254.

minas en un desierto, pues allí no hay ya un exterior por el que puedan propagarse. Terminada la danza de los decretos que regulan una cohabitación imposible, los internos se convierten en objeto de posesión sin que medie ningún *frame* que enmarque su existencia, y que pueda concederles, en la disposición general de los sujetos en acción, algún espacio de ambigüedad, alguna ventana de refracción. Cuando en los campos se reproduce de algún modo el marco del espectáculo, el «saber hacer» de los actores, aunque a veces les salva la vida, en pocos casos les pertenece.

A la espera de que este proceso fuera tomando cuerpo, entretanto Goebbels termina los preparativos y se declara satisfecho de la medida que ha adoptado para llamar la atención a todos acerca de la diversidad de los judíos, habida cuenta de que la obligación de añadir al propio nombre de bautismo el de «Israel» (los hombres) y «Sara» (las mujeres) no había bastado para hacerla inmediatamente visible. Así lo anota en sus diarios:

> 22 de abril de 1941: Emito la orden de que los judíos de Berlín lleven un distintivo. De otro modo se mezclan continuamente con nuestra población, fingiéndose inocuos y dando problemas.[100]

> 10 de septiembre de 1941: A partir de las 19 horas no nos está permitido abandonar la zona donde residimos sin un permiso por escrito. A partir de hoy tenemos que llevar la estrella de David amarilla, del tamaño de la palma de una mano, cosida firmemente a la ropa y con la letra «J» escrita dentro.[101]

Así, la *Kulturbund* cierra sus puertas el 11 de septiembre de 1941. El «casero» ya no está dispuesto a hospedar a nadie: es el final de los juegos en el único lugar donde aún se permitían, y el final también, por así decirlo, de la fase del terror regulado por las normas. Tras casi ocho años en el poder, el régimen nazi declara cerrada la etapa en la cual, entre prohibiciones y censuras de todo tipo, ha construido un gueto virtual en una ciudad que no disponía de uno real: un gueto delimitado, no por los muros de una prisión, sino por las prohibiciones de la ley. Los judíos de Berlín están ahora listos para ser transferidos al Este para, a

---

100. Joseph Goebbels, *I diari di Goebbels 1939-41*, op. cit., pág. 396.
101. *To Be a Jew in Berlin. The letters of Hermann Samter 1939-1943*, op. cit., pág. 81.

partir de ahí, comenzar un nuevo viaje: los esperan los guetos de Lodtz o, en el caso de aquéllos que han sido capaces de permitirse una aventura inmobiliaria, el «modélico» campo de Theresienstadt. Hasta este momento su existencia ha sido despojada de hasta el más mínimo detalle que pudiera aún confortar sus prácticas domésticas: de la vida cotidiana sólo les queda la vida y nada más, y esa vida la confían a un tren. En los andenes ferroviarios adonde empiezan a llegar en noviembre, a los más afortunados les esperan vagones de pasajeros, en lugar de mercancías: están destinados a los pasajeros que van directamente a Theresienstadt, ancianos en su mayoría, convencidos de haber conseguido, a un precio caro, una plaza en una residencia termal donde esperar el fin de la guerra. También varios actores, junto a los que habían celebrado la despedida en la *Kulturbund*, se dirigen hacia el mismo destino; viaja con ellos, bien guardado en el escaso equipaje que tienen derecho a llevar, todo el repertorio que acaban de interpretar. Dos años más tarde, concluido el tráfico de las deportaciones, Ben Spanier volverá a llevar a escena en Theresienstadt *Una farsa en el castillo*, esta vez no sólo como director sino también como intérprete, habida cuenta de que Alfred Berliner, después de aquella última carcajada, entró en la clandestinidad.

Mientras tanto, Max Ehrlich y Camilla Spira, tránsfugas teatrales desde hace ya tiempo, que cambiaron la escena de Berlín por la de Ámsterdam, se reúnen con Kurt Gerron, dando lugar a una formación de primer orden que en 1941 vuelve a proponer a su vez *Una farsa en el castillo*, en alemán y para el público del Joodsche Schouwburg.[102] Por su parte los nazis, que ya habían invadido Holanda, propusieron a su vez su repertorio favorito: el juego del gato con el ratón. También en este caso, si no estamos todavía en el final propiamente dicho, nos encontramos cerca, aunque la música que acompañe sea la de una opereta de Kálmán (por lo demás, la misma cuyos ecos resuenan en el texto de

---

102. La dirección es de Max Ehrlich, que dejó la *Kulturbund* de Berlín en 1938 y que interpreta también el papel de Turai, como ya hiciera en 1935, precisamente en la *Kulturbund*; a Gal lo interpreta Kurt Gerron, emigrado ya desde 1933, mientras que la protagonista femenina es Camilla Spira, huida a su vez de Berlín.

Molnár, en un relevo que en realidad es un acorde musical para evitar, de cielo en cielo, las tormentas que se preparan). Casi se diría que cuanto más ligero va siendo el repertorio tanto más duras se hacen las condiciones de vida: hasta el punto de que los motivos de *La viuda alegre* de Lehár (que era, junto con Wagner, el compositor más querido de Hitler, según el testimonio de Albert Speer)[103] estaban entre las músicas más interpretadas en Auschwitz, para contradecir con su brío las circunstancias de puro horror en que sonaban. Por otra parte, la obra maestra de Lehár, ¿no debía acaso el éxito de su título a la irreconciliable unión de luto y alegría?

En 1940, con motivo del septuagésimo cumpleaños de Lehár, en la ópera estatal de Viena se representa, en presencia de Hitler, una célebre opereta del músico, *El país de las sonrisas*. Mientras tanto, el libretista, Löhner Beda, está internado en Buchenwald. Su actividad, sin embargo, no se ha interrumpido, pues allí ha compuesto, junto con Hermann Leopoldi, el himno del campo de concentración. Poco después es transferido a Auschwitz, donde sería asesinado en 1942. Mejor suerte corrieron los autores judíos de las piezas u operetas antes mencionadas, o sus contemporáneos: Molnár o Kálmán,[104] Géza Herczeg o Bús Fekete, Pál Ábrahám o Fodor. Mientras en Europa se suceden los acontecimientos ellos ya han emigrado en gran parte a Estados Unidos, más o menos felizmente, mientras que sus obras, expulsadas en su mayor parte de los escenarios oficiales en la Europa invadida por los nazis, siguieron viajando, junto con sus intérpretes, por la Europa de los guetos y de los *Lager*, poblándola de locales imaginarios (el Wunder Bar, el Caballito blanco, el Cabo de Buena Esperanza o el Castillo sobre el mar italiano) abarrotados de condesas, duques y princesas —los personajes para los que habían sido concebidos, y que de alguna forma permanecieron en ellos—. Intérpretes y personajes viajan juntos

---

103. Véase Albert Speer, *Memorie del Terzo Reich*, Mondadori, Milán, 1995.

104. La actriz de *Una farsa en el castillo* entraba en escena cantando la opereta de Kálmán. El comediógrafo y el músico, ambos húngaros, ambos de origen judío y ambos miembros tempranos de la redacción de un periódico de Budapest, provenían de hecho del mismo ambiente cultural.

como si se hubieran habitado los unos a los otros y ahora no pudieran separarse, ni siquiera en la muerte. En el curso de mi investigación me topé con este repertorio tal y como se representó en la Italia de la década de 1930, donde prospera en medio de la excelencia de los grandes teatros y de las compañías de primer orden hasta la promulgación de las leyes raciales, en otoño de 1938. En ese momento desaparecen literalmente de la escena italiana piezas que las compañías venían representando hasta hacía unos días, y que en Alemania llevaban ya años confinadas en un teatro «de judíos, por judíos, para judíos». Una cierta sonrisa, cuya culpa hasta ese momento había sido la falta de compromiso, se extingue por ley. La «ligereza» de cuento de hadas de esta producción se convirtió en seguida en el símbolo del teatro de evasión en época fascista, pero entretanto aquel símbolo había sido puesto directamente a trabajar en los campos de concentración. Y paradójicamente, después de 1938, para encontrar representado con nombre y apellidos a Aldo di Benedetti (el autor de *Due dozzine di rose scarlatte*, la comedia italiana que había representado como ninguna otra la noción de *divertimento* brillante y despreocupado) hay que viajar hasta la *Kulturbund* de Berlín. A mi estudio precedente le puse el título de *Eastern*,[105] para recalcar no sólo la zona de la que proviene este repertorio, sino también el carácter con el que se va configurando a medida que su consumo se extiende como un reguero de pólvora entre Europa y Estados Unidos, entre el cine y el teatro. Vista la frecuencia con que sigo topándome con él (también en los territorios en los que se centra mi investigación actual), bien habría podido titularlo asimismo *Far eastern*, e imaginar cómo en su recorrido llevaría a otras geografías, y bajo otras condiciones, su periplo occidental.

---

105. Antonella Ottai, *Eastern. La commedia ungherese sulle scene italiane fra le due guerre*, op. cit.

Westerbork, un campo de tránsito en un páramo neerlandés

El Kurfürstendamm de Drenthe

> Hasta ese momento yo de Drenthe sólo sabía que allí había muchos dólmenes. Ahora me encontraba en un asentamiento de barracones de madera enmarcados por el cielo y los páramos, con un campo de altramuces increíblemente amarillos en el centro y circundando el alambre de espino. Allí se podía encontrar una gran abundancia de vidas humanas. Lo cierto es que yo no sabía que un cierto número de alemanes llevaban ya cuatro años confinados en aquel páramo de Drenthe.[1]

Antes de ingresar ella misma como interna en el verano de 1943, Etty Hillesum visita el campo de Westerbork en calidad de representante del Consejo judío de Ámsterdam. Ante la ignorancia generalizada de la población holandesa, el campo, situado en la provincia de Drenthe, venía albergando desde finales de 1939 a más de un millar de judíos exiliados, principalmente de Alemania.[2] Una vez invadidos los Países Bajos y después de haber to-

---

1. Etty Hillesum, *Lettere*, Adelphi, Milán, 2013, pág. 48.
2. Fue la comunidad judía holandesa la que subvencionó el nuevo asentamiento, levantado por decisión del gobierno y anunciado como una «ciudad en

mado el control de la situación, los nazis ocuparon el campo a principios de julio de 1942 para concentrar en él también a la población judía holandesa, a la espera de transferirla hacia destinos más definitivos. Si partimos de la mirada de Etty Hillesum es porque, de alguna forma, cada relato de Westerbork está envuelto en ella. Por diferentes caminos, sus descripciones y las de Philip Mechanicus, un periodista internado también en el *Lager*,[3] son lúcidamente conscientes del comienzo y del fin de las historias de las que dan testimonio. Las cartas de Etty y las crónicas de Philip otorgan a la vida del campo la forma de la experiencia. La de la inocencia, en cambio, ha quedado abandonada en un refugio clandestino de Ámsterdam: cuando llega al *Lager* siguiendo el recorrido del exterminio, después de que alguien desvelara el escondite de su familia, Anna Frank ya ha agotado las palabras con que relataba sus días, y de su breve tránsito por los campos de Vught y Westerbork no hay ya más notas.

Los páramos amarillos y los cielos púrpura, tan presentes en la escritura de Hillesum y Mechanicus, evocan las visiones de Van Gogh, donde el negro del alambre de espino sustituye el vuelo último de sus cuervos. «Solos y abandonados, nos sentamos en una tierra desolada: viento, arena, páramos y ni un solo árbol», según recuerda Hans Margules, un escenógrafo que pertenecía al grupo de los refugiados alemanes de primera hora.[4] En las tormentas de viento que azotan con arena los días de los internos y deshidratan sus cuerpos, Etty distingue «un fragmento tangible del destino judío de los últimos diez años»,[5] mien-

---

construcción» después de que, en 1938, la «noche de los cristales rotos» produjera una nueva gran oleada de refugiados que, desde Alemania, afectó a toda Europa, especialmente a los países limítrofes.

3. Mechanicus fue un periodista que escribía en un periódico socialdemócrata. Al negarse a ponerse la estrella amarilla cuando los nazis la decretaron obligatoria, es internado en el campo de castigo de Vught. De allí es trasferido a Westerbork, de camino a Auschwitz.

4. Hans Margules, *Der Lagerkommandant trug massgeschneiderte Anzüge*, en Eike Geisel, Henryk M. Broder, *Premiere und Pogrom. Der Jüdische Kulturbund 1933-1941*, op. cit., pág. 166. Margules participará en las veladas teatrales del campo en calidad de escenógrafo, y es uno de los pocos que permanece entre el personal del campo cuando éste se desmantela y que sobrevive al exterminio.

5. Etty Hillesum, *Lettere*, op. cit., pág. 49.

tras que su padre, recluido a su vez con el resto de la familia, reconoce en estas circunstancias la experiencia antigua de los judíos en el desierto y entrevé ahí, una vez más, la confirmación de un hecho que el presente no hace sino renovar.

El paisaje árido de la landa se corresponde con el interior de los barracones en construcción, con sus literas de tres pisos, mientras sus moradores hacen lo posible por convertir esas salas de espera en salas de estar. Pero también la itinerancia a la que está de nuevo sometida la población judía de Europa forma parte integrante del mito que la acompaña, la historia secular de un éxodo perenne al que el movimiento sionista indica ahora la dirección de regreso al punto en el que todo había comenzado: Palestina.

A diferencia de Theresienstadt, que tiene la solidez imponente de una ciudad fortaleza que evoca el asedio en cada tramo de su muralla, Westerbork, con sus barracones en continua expansión, nos hace pensar en el campamento de un pueblo nómada; es la viva imagen de lo provisional. Incluso hoy en día no es fácil llegar a él y, una vez allí, tampoco es fácil hacerse una idea de su apariencia. La forma que tenía el campo hay que deducirla de las indicaciones que reconstruyen su memoria, ya que no puede discernirse en el vacío que ocuparon sus antiguas edificaciones provisionales: Westerbork es hoy un monumento a la nada, a los pasos que lo recorrieron en sus pocos años de existencia, en esa extensión perdida cerca del confín nororiental con Alemania, en la parte de Holanda más pobre en recursos.[6] Por irónico que parezca, se trata de un área que, todavía hoy, no está atravesada por vías férreas, aunque el elemento más poderoso de este vacío consiste precisamente en un breve tramo de raíles cizallados y doblados hacia el infinito, como señalando el destino del viaje que evocan. En noviembre de 1942, el ferrocarril había sido desviado hacia el territorio del campo para facilitar el tráfico de las salidas y las llegadas, cada vez más intenso y convulso: una de las filmaciones más famosas de las deportaciones fue rodada en Westerbork. El largo tren de mercancías que cada martes traslada hacia el Este a las personas seleccionadas para el transporte

---

6. En la actualidad Westerbork acoge una exposición permanente sobre la historia del campo.

corre paralelo al tramo principal del campo. Rebautizado, en un destello de ironía, *Boulevard des misères*, este tramo parte toda el área en dos mitades y en dos tipos de internos: los que ya han sido condenados y los que todavía —al menos hasta el martes siguiente— están a salvo. El rugido y el bullicio del convoy ferroviario apenas permite discernir los testimonios de Westerbork, ya sean verbales o visuales: las llegadas desorientadas, las salidas desesperadas, el ruido sordo de las puertas que se cierran contra los rostros y las manos que buscan el aire o los afectos, y que lanzan mensajes. Hasta el momento en que los sonidos de la salida no han terminado todo su protocolo, nadie está a salvo: si el número previsto en las listas no es suficiente, si no es plenamente conforme con los requerimientos de última hora, cualquiera puede ser aún sacado del barracón y metido en el tren de improviso, de forma cruda y con lo puesto (pues, de todas formas, en cuerpo y alma el viajero nunca podría prepararse para el destino que ahora lo engulle).

Los nazis habían invadido Holanda en mayo de 1940, y en 1941 había comenzado la «desinfección» del elemento judío según los procedimientos habituales: primero la sustracción del trabajo y la confiscación de los bienes, luego la obligación de llevar la estrella amarilla cosida en el pecho y a continuación el internamiento y las deportaciones. Las primeras deportaciones a Buchenwald, que afectaron a la población judía masculina, se habían producido el 22 de febrero de 1941, y en protesta el Partido Comunista de Holanda había convocado una huelga antinazi tres días después, obstaculizando las persecuciones. Pero con huelga o sin ella, las tropas de ocupación siguieron trabajando a pleno rendimiento en el curso de 1942, después de que la Conferencia de Wannsee de enero de aquel mismo año decretara la Solución final e instituyera el motor secreto que gobernaría la lógica de las paradas y los desplazamientos, dotándolos de la claridad de un esquema general. En julio de 1942, cuando la población del campo era aún en gran medida veterana de la primera oleada, los trenes hacia el Este habían comenzado a salir desde Westerbork con destino a Auschwitz, Sobibor o Bergen-Belsen. Para los judíos holandeses, sin embargo, la primera etapa del viaje comenzaría en octubre de aquel año con destino a Westerbork, al asentamiento ya organizado y autogestionado por los judíos alemanes. A estos últimos, que ahora gozaban de una especie de «posición ventajosa», se les había asignado, a partir de julio de 1942, la gestión de la conversión del campo de refugiados en campo de deportados, así como la provisión de las listas para partir a Europa del Este. Por su parte, las SS asumían la dirección central, reforzando ulteriormente la autogestión judía y delegando en las jerarquías de esta última los servicios de funcionamiento. El jefe del área de servicios, el *Oberdienstleiter* Schlesinger, es percibido en el campo como el «comandante judío», y alguien ve incluso en su bigote algún parecido con el de Hitler: «Es un judío alemán de estatura poderosa. Botas negras, gorra negra y chaqueta militar negra con la estrella amarilla. Tiene labios crueles y un cuello fuerte, de déspota. Hace apenas un año trabajaba de excavador en los servicios externos del campo».[7] Gracias también a la eficacia de este aparato interno y a la habilidad con la que había sido explotado por las SS para hacer el «trabajo sucio», las deportaciones prosiguen a un ritmo incesante: rápidas y eficaces en la gestión del tráfico, sin episodios de crueldad manifiesta y sin historias de resistencia colectiva, Westerbork es a todos los efectos una estación modelo, desde la cual, en el curso de su existencia, partieron más de noventa «cargamentos». *Westerbork les Bains*, lo llamaban sus huéspedes, como si de un balneario se tratara: arañando, si no las paredes, al menos los nombres de sus prisiones, en un reiterado ejercicio de ironía.

En Ámsterdam, el punto de recogida de los deportados es un teatro —el «Joodsche Schouwburg»— cercano a la sinagoga. Ya su fachada, decorada con varias columnas y un frontón, lo señala como un símbolo de la vida civil de la comunidad. Hasta el final de la temporada 1940-1941, la leyenda de la fachada rezaba aún «Hollandsche Schouwburg», así como en Berlín la «Jüdische Kulturbund», en su denominación oficial, se definía como «alemana»

---

7. Etty Hillesum, *Lettere, op. cit.*, pág. 148. Cuando en abril de 1945 los aliados liberan el campo, Schlesinger es arrestado y a continuación liberado de nuevo, ya que se entiende que no podía haber actuado de otra manera. Pero la participación de las autoridades judías en las directrices nazis, como es sabido, es una cuestión todavía muy debatida, y que en todo caso va más allá del ámbito de nuestro estudio.

y no «judía». Pero ya lo quisieran llamar holandés o judío, el hecho es que el Schouwburg (que en la actualidad es un monumento a la memoria de las deportaciones), en sus últimas temporadas teatrales, alberga a un notable número de celebridades alemanas de la escena ligera que, tal y como hemos podido anticipar, llegaron a sus puertas con el bagaje de su propia tradición y allí continuaron trabajando durante algún tiempo después de la invasión nazi, disfrutando del favor, al menos inicial, de la población holandesa. Actúan sobre su escenario los nombres más famosos, y en sus últimas temporadas el Schouwburg también es frecuentado por el «Kabarett der Prominenten», que es como se llama la empresa teatral a la que ha dado vida, desde hace años, Willy Rosen, y cuya dirección asume ahora Max Ehrlich. En Ámsterdam están también Nelson padre y Nelson hijo con sus respectivos números, además de Kurt Gerron —que también había estado muy presente en la industria cinematográfica holandesa—, Otto Wallburg, Camilla Spira, Jetty Cantor, Erich Ziegler y muchas otras personalidades de la escena alemana, que actúan también para las ciudades y las estaciones vacacionales veraniegas. *Westerbork les Bains* no estaba aún en el horizonte o, al menos, no para ellos. También Kurt Singer y Werner Levie, los dos primeros directores de los tres que conoció en su corta existencia la *Kulturbund* de Berlín, encuentran refugio en Ámsterdam. Levie, holandés de nacimiento,[8] prediciendo lo que pasaría con la ocupación nazi, se vuelca en trasladar a Ámsterdam el modelo de institución que había dirigido en Berlín dos años antes, pero encuentra dificultades importantes a la hora de promover la organización. Por una parte, Ehrlich exige su propia autonomía, desde la posición de fuerza que le dan sus éxitos personales (recorde-

---

8. Después de que el pogromo de 1938 en Berlín persuadiera al director de la Liga, Kurt Singer, que regresaba de Nueva York, para que se detuviera en Ámsterdam, la dirección pasa a manos de su asistente holandés, Werner Levie, que la asume hasta finales de 1939. Como veterano militante sionista, desde 1936 Levie llevaba trabajando con Singer para trasplantar en Palestina todo el proyecto de la Liga, pero este proyecto, al que se había adherido ya Toscanini ofreciendo su disponibilidad para inaugurar la temporada palestina con la dirección de una ópera, naufraga cuando se descubre que ningún bien de propiedad de la organización puede sacarse de Berlín para ser transferido al extranjero.

mos que sigue siendo suya la versión de *Farsa en el castillo* con Gerron y la protagonista femenina Camila Spira, de la que se jacta, probablemente con razón) y, por otro lado, están las dificultades que plantea el Consejo judío de Ámsterdam, un organismo creado por los propios nazis y activo desde febrero de 1941.[9] Cuando, en septiembre de aquel año, el Schouwburg debe asumir la denominación *Joodsche* (judío) y pasar a restringir la entrada para admitir exclusivamente a autores, artistas y público judíos, el modelo alemán (que entretanto en Berlín estaba ya en una fase de lenta decadencia, bajo la dirección de Fritz Wisten) parece ser la única posibilidad de supervivencia oficialmente reconocida, y se impone durante el breve periodo en que todavía es posible representar allí, siendo Levie quien asume la dirección con la «Joodsche Kleinkunst Ensemble».[10] Al término de la temporada anterior, cuando el teatro era aún «holandés», *Farsa en el castillo* se representaba en alemán por actores judíos que eran en gran parte alemanes, mientras que ahora que el teatro es «judío» la lengua es el neerlandés (y holandeses son los artistas que participan en él).

En todas estas historias de supervivencia artística y material, la mayor parte de las estrellas, si bien conservan cada una un nombre que brilla con luz propia, espiritualmente se han convertido ya en un conjunto de «supervivientes»: hablar de la estrella no remite ya a su celebridad, sino al impedimento amarillo que han de llevar cosido en el pecho. En el Schouwburg, la temporada teatral de 1941-1942, la primera y la última de la compañía de Levie, preparada con el esmero y la profesionalidad que caracterizaban a sus componentes, no es simplemente una danza de la inconsciencia o un ejercicio de exorcismo; al igual que en Berlín, la escena es el último refugio, el último lugar que, en términos concretos, puede acogerlos y legitimar su libertad, por

---

9. Con respecto a la historia de las vicisitudes contrastadas por las que atravesó la constitución del modelo alemán de la «Liga para la cultura judía» y su introducción en el Schouwburg, véase el valiosísimo trabajo de Eike Geisel, *Reprise*, en Id., Henryk M. Broder, *Premiere und Pogrom, Der Jüdische Kulturbund 1933-1941*, op. cit., págs. 294-313.

10. Eike Geisel define la experiencia holandesa como una réplica de la alemana, introducida primero en el Schouwburg y luego en Westerbork. Véase *ibíd.*

vigilada que esté. El «castillo», en efecto, está bien custodiado, y la figura del teatro/castillo donde la ficción *refina* la vulgaridad de lo real es una de las últimas alegorías con que configurar la existencia. El señor del castillo está bien presente, y aunque por el momento no interviene se sobreentiende que el final le pertenece. Pero el repertorio convoca a la última diosa, la esperanza; Herbert Nelson escribe los textos para los números musicalizados por su padre, y trata de introducir las palabras que necesita para imaginar un futuro más allá de los rigores del presente: «La vida prosigue, no se detiene nunca/ la vida prosigue y nosotros hemos de acompañarla/ la música es compañera que da alas a nuestros pasos/ la vida prosigue, la esperanza está con nosotros».[11] *El cabo de Buena Esperanza*, una comedia sentimental de otro autor judío, Bús-Fekete, en la cual Gerron figura entre los protagonistas, sugiere todavía Budapest como escena óptima de toda buena fábula; pero tampoco en Budapest, como es sabido, las cosas van demasiado bien —muchos autores de origen judío han preferido refugiarse en otra parte— y el título promete entonces a su público un lugar donde los cuentos de hadas terminen en Buena Esperanza (al menos, en la ubicación geográfica del cabo), y para lograrlo el protagonista de la obra invoca explícitamente la intervención de los Justos, que es como se llama a aquellos gentiles que arriesgan su vida para salvar a un judío.[12] La despedida final le corresponde a un clásico de este tipo de repertorio, *La princesa gitana* de Kálmán: en julio la opereta cierra la temporada, aunque más bien habría que decir que ésta se cierra por sí misma para despejar la sala y dar paso a la

---

11. Herbert Nelson en Peter Jelavich, *Cabaret in Concentration Camp*, en *Theatre and War, 1933-1945: Performance in extremis*, a cargo de Michael Balfour, Berghahn, Nueva York-Oxford, 2001, pág. 142.
12. También en este caso, al igual que en *Farsa en el castillo* de Molnár, en Italia, un año antes de la entrada en vigor de las leyes raciales, el texto había contado con un intérprete ideal, Sergio Tofano, que luego desapareció para siempre, mientras que su autor, desde las escenas del «Teatro cómico» de Budapest fue reubicado directamente a Los Ángeles, donde trabajará como guionista. El Schouwburg es así uno de los últimos escenarios europeos donde estos textos, que causaron furor en las décadas de 1920 y 1930 hasta convertirse en el epítome del divertimento más despreocupado, pueden todavía ser representados.

deportación. La transición del régimen teatral de los cuentos de hadas a la primera ronda del infierno que se está abriendo se produce sin disparar un solo tiro, con la deferencia y el tacto que las SS reservan a la música y a la escena: en el curso de la representación, a los actores (no así a los técnicos) se les ahorró ese agujero en la ficción que hubiera supuesto para sus personajes la estrella amarilla; y la Gestapo, tras irrumpir en la sala, permitió que la orquesta llevara a término su interpretación. Herbert Nelson anota en sus diarios el final imprevisto de una función en la que él se había implicado personalmente:

> Estábamos representando la opereta de Emmerich Kálmán, *La princesa gitana*. Íbamos por el segundo acto. Detrás del escenario aparece un oficial de la Gestapo con un grupo de policías. Y entonces sucede algo increíble, pero típicamente alemán: el oficial se lleva el índice a los labios para indicar a los suyos que se muevan despacio y de puntillas. No se puede perturbar una representación teatral, por mucho que se trate de una opereta escrita por un judío y representada por judíos. Eso sí, en cuanto cayó el telón no sólo se acabó la función, sino el teatro mismo. Pocos días después el edificio se transformó en un centro de recogida para el transporte hacia el campo de concentración.[13]

Los Nelson, padre e hijo, logran escapar de la deportación, y Herbert Nelson lleva la *Nelson-Revue* y la memoria de la célebre marca paterna al *underground* de una formación «ilegítima» que opera en las casas privadas, a semejanza de muchos otros grupos holandeses de resistencia teatral.[14] Pero el 31 de diciembre de 1942, mientras el Schouwburg sigue acogiendo las deportaciones, al concluir una temporada teatral con la que había querido alimentar la esperanza, Herbert anota en su diario: «¡Nochevieja! Es la primera vez que no esperamos nada, porque los tiempos nos han robado la esperanza».[15]

---

13. Herbert Nelson en Eike Geisel, Henryk M. Broder, *Premiere und Pogrom, Der Jüdische Kulturbund 1933-1941*, op. cit., pág. 308.

14. Con respecto a la historia de este episodio y de todo lo que lo rodeó, además de los diarios del propio Herbet Nelson, véase. Katja B. Zeich, «*Ich bitte dringend um ein happyend». Deutsche Bühnenkünstler in niederländischen Exil, 1933-1945*, Peter Lang, Frankfurt del Meno, 2001.

15. Herbert Nelson en Eike Geisel, Henryk M. Broder, *Premiere und Pogrom, Der Jüdische Kulturbund 1933-1941*, op. cit., pág. 159.

El nuevo «público» que alberga el teatro se instala como puede en los palcos, en las butacas o en el escenario y, con los restos de los decorados de las posadas húngaras y los castillos italianos, se las arreglan. Hay dos aseos para más de un millar de personas. Aquel edificio, que ciertamente no había sido concebido para acogerlas más allá de lo que dura un espectáculo, será para la mayoría de ellas su último refugio «civil». Las llegadas se suceden con profusión hasta noviembre de 1943. Los actores, que habían bromeado, cantado y hecho dúos sobre el escenario, desde el momento en que cae el telón a sus espaldas y los deja al descubierto, conocen todos los caminos de la aventura, y para ellos se abren los escondrijos secretos, la actividad clandestina, la de los expatriados o la de los matrimonios «arios», tal vez contratados a cambio de la esterilización.[16] Muchos habían intentado durante mucho tiempo, por todos los medios, poner tierra, montañas y mares de por medio entre ellos y el nazismo, pero los éxitos se cuentan con los dedos de una mano: fracasó trágicamente Dora Gerson, fracasaron tanto Levie[17] como Rosen o Ehrlich, fracasó Gerron, que ve deportar a sus padres, o Wallburg, que se niega a separarse de la historia de amor que está viviendo.[18] Todo es inútil: Holanda se ha convertido en una ratonera y

16. Es aria, por ejemplo, la mujer de Rudolph Nelson, y gracias a ello él y el hijo de ambos tienen una buena oportunidad de salvarse, que Herbert trata de hacer extensiva a su compañera, la actriz Silvia Grohs, pero ambos están demasiado comprometidos con la escena judía y con la sátira política como para evitar tenerse que ocultar. Grohs trata de llegar a Suiza, pero, interceptada en Bélgica, termina en Ravensbrück. Martin Roman habría tenido que encontrarse en Suiza con la mujer aria que lo había precedido en la fuga, pero es arrestado y deportado a Vught, que es donde se recluía a las personas culpables de delitos tales como la fuga o la clandestinidad.

17. La mujer cuenta que acompañó al marido al puerto de Ámsterdam con Max Ehrlich para embarcarse hacia Inglaterra, pero se negó a seguirlo con las niñas al ver la precariedad de la embarcación y la avidez de su comandante. Acto seguido un bombardeo alemán sobre el puerto de la ciudad los trae a todos de regreso. Véase Liesl Levie, *Wer ist die blonde Frau? Das ist doch keine Jüdin!*, en Eike Geisel, Henryk M. Broder, *Premiere und Pogrom, op. cit.*, pág. 159. También Dora Gerson intenta la huida a Suiza, pero el llanto de una de las niñas la traiciona justo cuando la familia al completo está cruzando la frontera y todos mueren en Auschwitz.

18. Otto Wallburg está viviendo una feliz historia de amor con Ilse Rein, aria y casada, cuando una denuncia anónima desencadena su arresto, el de

las redadas son cada vez más feroces. Inglaterra, Suiza, Palestina o América siguen siendo un espejismo. Con la guerra en marcha, viajar se ha vuelto demasiado peligroso y los desembarcos, imposibles. Levie, obligado a su pesar a quedarse en Ámsterdam, termina siendo reubicado en el Consejo judío, donde sus capacidades organizativas pasan, de la administración de los teatros y de las compañías, a ocuparse de la logística de la deportación. Finalmente, el organismo, una vez cumplida su función, es disuelto en el otoño de 1943, y todos sus miembros, incluidos Levie y su familia, son internados a su vez en Westerbork.[19]

El escenario se revela al mismo tiempo como una salvación y como una jaula, una partida y un regreso. El telón que cae en el Schouwburg vuelve a abrirse en Westerbork, donde en el espacio de un año confluyen muchos de los artistas que gravitaron en torno a Ámsterdam: Ehrlich, Rosen, Ziegler, Spira, Goldstein, Gerron, Cantor, Wallburg, Engel y tantos otros. En gran número llegan y en gran número parten, pero en ningún caso son ellos quienes deciden los tiempos. En manos del enemigo, el escenario había funcionado como una gran red que ahora descargaba en Westerbork a todos aquéllos que no habían podido desvincularse de su entramado, y que serían reclutados para un ulterior viaje: el cabaret del campo, que, gracias a ellos, se convertirá en el mejor cabaret de Europa durante la guerra, con *sketch*, números y números-opereta que salpicarán el último año de vida del *Lager*. Se da la circunstancia de que, al poco de comenzar las deportaciones desde Ámsterdam, se nombra comandante del campo a

---

su amante y el del cónyuge de ésta, y los tres serán deportados a Westerbork. Si bien es cierto que de cuando en cuando los matrimonios mixtos son un salvoconducto, las relaciones extraconyugales conllevan casi siempre una condena: mientras que Wallburg es retenido en el campo holandés, la mujer es inmediatamente destinada a los transportes hacia el Este, para castigar su historia sentimental con un judío. El cónyuge legítimo es acusado de complicidad.

19. Jakob Boas, en el libro que dedica a la historia del campo de Westerbork, cuenta cómo el Consejo judío, en la elaboración de las listas, había discriminado ampliamente a las clases más pobres frente a las más pudientes, y cómo el ingreso de los miembros del Consejo judío en Westerbork fue recibido con rabia y desprecio por parte de los internos. Véase Jakob Boas, *Boulevard des Misères, The Story of Transit Camp Westerbork*, Arcon Books, Hamden, 1985, págs. 6 y sigs.

Konrad Gemmeker, *Obersturmführer* de las SS, un hombre lo suficientemente apasionado por la escena ligera como para darse cuenta del patrimonio teatral de que dispone; más que individuos aislados, perdidos en la «masa gris» de los tránsitos,[20] tiene en sus manos a todo un equipo de artistas del espectáculo listo para ser utilizado, y el comandante dispone de él según su criterio. Como si fuera un gran empresario, se los cede a sus colegas que dirigen otros campos para sus fiestas personales, o, actuando otras veces como amo y señor de gustos refinados, los emplea en su propio territorio y los exhibe ante las autoridades, incluso las de Ámsterdam o La Haya, que no se encuentran precisamente a un tiro de piedra. Los «estrenos» brindan a estas últimas la ocasión de embarcarse gustosos en un viaje que les promete un entretenimiento precioso en tiempo de guerra, con estrellas de primer orden que ahora prestan sus servicios «a domicilio». La posibilidad de poner en marcha *profesionalmente* la función-espectáculo[21] (espectáculo de cabaret y de revista) en una aglomeración de barracones de madera que descansan de manera provisional en el páramo es exactamente lo que necesita el comandante para transformar una ciudad fantasma en el fantasma de una ciudad. Las escuelas y los hospitales, los orfanatos y las prisiones, las fábricas y las salas de reuniones, a medida que se van creando al ampliarse y detallarse las funciones del asentamiento inicial, no bastan para borrar la sensación de inminente desmoronamiento, y recuerdan más bien al paisaje urbano de una película del Oeste, el mismo que de alguna manera también habita en la propia etimología de *Wester*[n]-*bork*, como si el asentamiento tuviera que contar a su vez el cuento de la frontera. Por efímero que sea, el espectáculo, una vez dotado de grandes artistas y provisto de los dispositivos adecuados —y aunque no se ubique en un edificio exclusivamente «dedicado» a tal efecto— se convierte en la seña de identidad de una vida ciu-

---

20. La expresión es de Etty Hillesum. Véase *Lettere, op. cit.*, pág. 148: «Quizá el mundo de fuera piense en nosotros como en una masa gris, uniforme y sufriente de judíos, sin saber nada de las brechas, los abismos, los matices que separan a los individuos y a los grupos».

21. Espectáculos en su mayor parte de aficionados ya se habían realizado en los años del primer asentamiento, y se siguen celebrando conferencias y conciertos incluso durante las temporadas de cabaret.

dadana, un arañazo que proviene directamente de la memoria del Kurfürstendamm. Mejor que las veladas musicales, conferencias y acontecimientos deportivos que ocupan de cuando en cuando la vida del campo, las tardes dedicadas a la escena ligera en el edificio principal (el mismo en el que durante la mañana se han realizado las deportaciones hacia el Este) le permiten a Gemmeker trocar en un mismo día sus dotes de militar por las de empresario, o bien ejercer públicamente de burgomaestre, sensible al encanto de las actrices e inclinado a un mecenazgo participativo (sin escatimar en gastos, para ofrecer los mejores efectos escénicos), después de haber garantizado el orden público con la salida ordenada de los trenes. En el espacio de unas pocas «noches coloridas» (conocidas, efectivamente, como *bunte Abende*, sobre todo la noche de cabaret), Westerbork se transforma en un oasis en medio del desierto. El campo pasa a ser un foco de atracción para los más altos rangos de las tropas de ocupación, así como para un público proveniente de los lugares más variados de Holanda. La composición social de la platea, repartida entre internos y carceleros, termina diluyéndose. La excepcionalidad de los acontecimientos teatrales, paradójicamente, contribuye a imponer, a pesar de todos los indicios en contrario, una apariencia general de normalidad. Junto con el personal administrativo y médico, así como con los profesionales más especializados, los actores, músicos y técnicos de escena pasan a ser ingredientes fundamentales para gestionar la realidad concentracionaria hasta sus últimas consecuencias, como si «en aquel páramo de Drenthe» el cabaret fuera un rito chamánico destinado a evocar un modelo remoto de civilización ideal, y a celebrar al mismo tiempo su desaparición. Mientras el aparato técnico —laboratorio de escenografía, sastrería, iluminación, tramoyistas, etc.— crece ostensiblemente, el *Gruppe Bühne* (el grupo de teatro formado para la ocasión) entra a formar parte de las llamadas *Stamm-listen*, es decir, del elenco de las personas declaradas «insuprimibles» por considerarse imprescindibles para el funcionamiento de la vida del campo. Esto significa (desde el momento en que la circunstancia extrema de la que el lenguaje debe dar cuenta, lo obliga a la «literalidad», sin concederle márgenes para la metáfora) que aquéllos que han sido incluidos en las listas no serán suprimidos, o que no serán deportados al Este hasta nueva orden. La exención de los «transportes», a medida que la vida del campo se precipita a su fin, abarca un número cada vez más reducido de personas, y en noviembre de 1943 sólo incluye los nombres de las únicas que son verdaderamente insustituibles: los «solistas» de la escena y sus «eminencias» (o *Prominenten*), en su mayor parte de habla alemana, la lengua oficial de la escena ligera en Westerbork y de los números de humor. El cabaret «era muy apreciado, sobre todo el de los judíos alemanes, porque entendían el humor alemán y los *sketch* alemanes».[22] En cuanto al resto, siempre estaban los espectáculos musicales o coreográficos y, en general, todas las actuaciones donde la palabra no era indispensable. Por lo tanto, el mundo de la escena afirma un monolingüismo muy alejado de la vida social del *Lager*, ya que Westerbork, junto con los colores y los destellos del desierto, también extrae del Génesis el mito fundacional de Babel. A Hillesum, por ejemplo, no se le ocurriría una metáfora mejor para dar cuenta de la confusión de sonidos que se oía a lo largo y ancho del área restringida del campo, poblándola de diferencias aún más marcadas que las de clase o las de los roles jerárquicos que se asignaban entre los internos:

> Aunque los edificios del campo tienen todos un solo piso, se oye hablar con una multiplicidad de acentos, como si la Torre de Babel se hubiera levantado en medio de nosotros: dialecto bávaro y de Groningen, de Sajonia y de Limburgo, holandés de la Haya o de la Frisia oriental, alemán con acento polaco o ruso, holandés con acento alemán y alemán con acento holandés, jerga de Waterlooplein y dialecto berlinés —y todo ello, insisto, en una superficie de poco más de medio kilómetro cuadrado—.[23]

---

22. Hans Margules, *Der Lagerkommandant trug massgeschneiderte Anzüge*, en Eike Geisel, Henryk M. Broder, *Premiere und Pogrom, Der Jüdische Kulturbund 1933-1941, op. cit.*, pág. 169.

23. Etty Hillesum, *Lettere, op. cit.*, págs. 51-52. Determinantes son también, obviamente, las diferencias sociales. Baste recordar que el Ministerio del Interior había compilado una lista de 700 personas eminentes, entre profesionales y artistas —el llamado «Group Barneveld»—, destinadas a recibir un tratamiento especial en los campos en los que estaban internadas. Entre las personas de este grupo se cuentan, evidentemente, el mayor número de supervivientes.

Cuando Levie expuso al Consejo judío de Ámsterdam el proyecto de asociar a todos los artistas judíos en un organismo que siguiera el modelo que él había experimentado en Berlín, recibió por toda respuesta: *Sie sind ja vollkommen nazifiziert* (está usted completamente nazificado).[24] Sus interlocutores veían en él a un hombre que, por haber vivido en Alemania, había interiorizado la mentalidad alemana (es más: nazi) aun siendo judío, sionista para más inri. La respuesta es ilustrativa de lo mal que toleraban los judíos holandeses a sus homólogos alemanes, pues desconfiaban del hecho de que su conocimiento del nazismo fuera el fruto amargo de una experiencia padecida, no compartida. En Westerbork, como es lógico, no podían soportar un liderazgo, el de los judíos alemanes, que precedía a su llegada y que, de hecho, ponía en manos alemanas un poder sobre la vida y la muerte. Por otro lado, la comunidad alemana era muy consciente de ese poder, por mucho que se tratara de una delegación con una fecha precisa de caducidad. La discusión entre un judío holandés y un judío alemán en torno a la conquista de un lugar donde sentarse es una pequeña ráfaga que ilumina la profundidad de la paradoja: «El holandés: "Disculpe, caballero, pero este sitio está ocupado". El alemán: "Ocupado, ocupado. Pero, ¿quiénes están hoy día ocupados, los alemanes o los holandeses?"».[25] En el microcosmos del *Lager*, la persecución en curso no llega a rescindir el sentido de pertenencia de las personas a una cultura nacional, ni logra transferir a los perseguidos, salvo en pocas excepciones, a la región de una pertenencia «otra», definida por un destino compartido: era como si la reivindicación de las diferencias fuera no sólo el modo de afirmar la identidad del individuo, sino también de conjurar el destino común. A pesar de la negativa de los perseguidores a reconocer en sus víctimas «alemanas» cualquier tipo de participación en la identidad nacional, las similitudes compartidas permiten a los perseguidos vivir su propia diferencia: el hecho de hablar la misma lengua, de habitar la misma historia, aun-

---

24. Alice Levie, *Wer ist die blonde Frau? Das ist doch keine Jüdin!*, op. cit., pág. 153.
25. El episodio se recoge en Jakob Boas, *Boulevard des Misères, The Story of Transit Camp Westerbork*, op. cit., pág. 9.

que desde realidades contrapuestas, parece de algún modo reproducir escenas familiares, representaciones de una afinidad que se corresponde con la marca de una culpa original. Se trata de un fenómeno corroborado por numerosos testimonios provenientes de los campos de concentración. Allí donde se dan, los espectáculos «cómicos» parecen poner de manifiesto, en el mejor de los casos, ese tipo de connivencia en la relación entre actores y espectadores, la cual, excluyendo otras lenguas y otras historias, encierra dentro del perímetro vallado de *lo dicho* la complejidad de sus dinámicas, incluida, en último extremo, la propia acción persecutoria: más allá de la mera comprensión de las palabras, proferirlas y entenderlas en toda su amplitud figura como un hecho privado que se produce en el orden de lo simbólico, al cual los otros, los «excluidos», sólo pueden asistir. Para Goebbels, en Alemania el cabaret era «cosa de judíos»; en Westerbork, en cambio, el cabaret de las varias celebridades, o *Prominenten*, habría sido no sólo «una cosa en alemán», sino «cosa de alemanes».[26]

Los bufones y el comandante

Si en Ámsterdam el Schouwburg ha cerrado el telón para volverlo a abrir durante las deportaciones para las que ha sido obligado a ceder su espacio, en Westerbork la secuencia se presenta invertida, y cada martes la sala grande ultima los preparativos necesarios para permitir la partida hacia el Este prevista para la mañana siguiente, al tiempo que acoge los preparativos para

---

26. Y cuando, tal y como sucede en Vught, un campo de detención holandés, el cabaret se sirve de artistas holandeses, se necesita a un alemán (en ese caso específico, el pianista Martin Roman) que lo traduzca para el comandante de las SS, o que colabore introduciendo en el guión algunos golpes, algunos *witz* con tintes alemanes. Martin Roman formaba parte de la *Lagerorchester* (orquesta) del campo de concentración de Vught, donde, sin embargo, a diferencia de lo que sucedía en los demás *Lager*, estaban prohibidas las músicas y los textos de autores judíos. El cabaret lo dirigía Simon Dekker. Véase Horst Bergmeier, *Chronologie der deutschen Kleinkunst in den Niederlanden 1933-1944*, Hamburger Arbeitsstelle für deutsche Exilliteratur, Hamburgo, 1998.

el entretenimiento teatral que tendrá lugar por la tarde. Según observa Hillesum:

> Esto es un verdadero manicomio, del que habremos de avergonzarnos durante tres siglos. El campo debe desembarazarse de muchas personas que serán deportadas. Es responsabilidad de los propios *Dienstleiter* (asistentes) elaborar las listas: reuniones, gran alboroto, una cosa horrible. Y en medio de este juego de vidas humanas, de pronto una orden del comandante: los *Dienstleiter* deben asistir esa tarde al estreno del cabaret que tendrá lugar en el campo. Éstos se quedan de piedra, pero deben volver a sus casas para ponerse sus mejores galas. Y por la tarde se sientan en la gran sala de la oficina-registro, donde Max Ehrlich, Chaja Goldstein, Willy Rosen y otros ofrecen su espectáculo. En primera fila está sentado el comandante con sus invitados. Detrás de ellos, el profesor Cohen. La sala está llena y el público ríe hasta las lágrimas, literalmente. Cuando viene la gente de Ámsterdam, ponemos en la gran sala de grabación una especie de barrera. La misma barrera ahora formaba parte de la escenografía, y Max Ehrlich se apoyaba en ella cantando sus canciones. Yo no estaba allí, pero Kormann me lo ha contado hace poco y ha añadido: «Todo esto me está llevando al borde de la desesperación».[27]

En el espacio de un año se habían reunido en el campo los grandes nombres del cabaret alemán: quizá un empresario, en circunstancias normales, no habría logrado nunca convocar a tantos artistas, a los que ahora se unían músicos, cantantes y bailarines holandeses; todo lo necesario para satisfacer una empresa teatral de dimensiones considerables, y para conferir a las experiencias *amateur* que la habían precedido un sentido radicalmente diferente. Según cuentan las crónicas, la primera presencia fue la de Willy Rosen, músico brillante y autor llegado a Ámsterdam proveniente de los cabarets de Berlín.[28] Tras la incorporación de Max Ehrlich, los dos artistas, que también habían trabajado juntos en las temporadas de la revista de la *Kul-*

---

27. Etty Hillesum, *Lettere, op. cit.*, pág. 105.
28. Willy Rosen había estado presente en múltiples cabarets berlineses en la década de 1920, incluido el «KadeKo». Tras emigrar a Austria, Suiza y Checoslovaquia, de cuando en cuando actúa también en la *Kulturbund*. En Holanda había dado vida al «Theater der Prominenten», antes de ser internado en Westerbork.

turbund de la capital alemana, se proponen dar vida a una compañía, de la que, junto con Erich Ziegler, se convierten de algún modo en «socios fundadores», si bien es Ehrlich quien la representa y la defiende ante Gemmeker. Así, en julio de 1943 se lleva a escena la primera *Bunter Abend*, que está a la altura de la mejor tradición centroeuropea. Dos pianos, según las indicaciones de Rudolph Nelson, a los que se sientan Rosen y Ziegler, y dos conferenciantes, según la costumbre en boga en los cabarets más famosos de Viena y Berlín. Max Ehrlich y Joseph Baar dan lo mejor de sí mismos. La velada baila suavemente, rebotando entre «un solo» y un *sketch*, hasta un total de diez números, sirviéndose, entre otras cosas, de la presencia femenina de Camilla Spira y Chaja Goldstein, una intérprete holandesa especializada en bailes y canciones yiddish. Cada uno exprime al máximo las combinaciones de un repertorio que había nacido en otra parte y en condiciones bien distintas,[29] pero el éxito cosechado evoca en el público la memoria de tiempos mejores y, para los protagonistas, activa el mecanismo de exención de los transportes. En el palco, el comandante Gemmeker y sus invitados de Ámsterdam no se pierden una función. Entre estos últimos se sienta también Ferdinand aus der Fünten, el encargado de dirigir las operaciones de deportación de los judíos holandeses, pero también, según los rumores, un apasionado espectador de cabaret y admirador de Ehrlich. A diferencia de Hillesum, que se niega a participar de ninguna manera, ni siquiera como espectadora, en esta experiencia, Philip Mechanicus sí presencia el espectáculo, si bien no por inclinación personal (define toda la empresa como «vergonzosa»), sino por un «deber de informar» que es para él un mandato ético ineludible. Seguro de no poder dar cuenta de todo lo que sucede en torno suyo, el periodista opta por aprovechar la situación extrema en la que se encuentra para medir lo experimentable a partir de la escritura; así, recoge toda la extensión de la vida en Westerbork en forma de diario.[30] Des-

---

29. Para una crónica detallada de las veladas y del repertorio de Westerbork, véase Katja B. Zeich, «*Ich bitte dringend um ein happyend*». Deutsche Bühnenkünstler in niederländischen Exil, 1933-1945, op. cit., págs. 184 y sigs.

30. Philip Mechanicus, *In dépôt. Dagboek uit Westerbork*, Polak & Van Gennep, Ámsterdam, 1964.

de esta perspectiva, sus consideraciones asumen una calidad testimonial sobre cuyo peso específico volveremos, una vez terminemos la crónica de esta increíble temporada teatral. La propia Hillesum aporta todavía un testimonio indirecto de aquella velada teatral en la carta que escribe poco tiempo después de aquellos acontecimientos, con fecha de 24 de agosto, donde describe la vida cotidiana en el *Lager*; la joven mujer sorprende a los protagonistas de aquel reciente evento teatral mientras se hallan ocupados en las rutinas *normales* del campo:

> Hombres de la «columna voladora» (formación de jóvenes encargados de ayudar a los deportados a llevar sus equipajes) en traje marrón transportan maletas en carretillas. Entre ellos descubro a algunos bufones de corte del comandante: el cómico Max Ehrlich y el compositor de canciones ligeras Willy Rosen. Este último parece la muerte caminando. Le habían asignado ya el día para su deportación, pero pocas tardes antes de su partida cantó —casi hasta reventarse los pulmones— ante un público en éxtasis, en medio del cual se encontraba el comandante y su séquito. Entre otros temas de moda entonó *Ich kann nicht verstehen, dass die Rosen blühen*. El comandante, que es un entendido, estaba entusiasmado; y así fue cómo la partida de Willy Rosen fue «suspendida», e incluso se le asignó una caseta donde ahora vive, detrás de unas cortinas de cuadros rojos, con la mujer de cabello oxigenado que durante el día trabaja en el exprimidor, entre los vapores hirvientes de la lavandería. Ahora ese mismo Rosen, vestido con un traje de color habano, empuja una carretilla baja en la que tiene que llevar el equipaje de sus compatriotas, y es como si la muerte siguiera caminando. Aquí hay otro bufón de la corte, Erich Ziegler, que es el pianista favorito del comandante. Según se dice es un portento, capaz de tocar la *Novena* de Beethoven a ritmo de jazz, lo cual seguro que significará algo...[31]

Si todo aquello que «ayuda» en las operaciones de partida hacia el Este nace bajo el signo de la ambigüedad (no deja de tratarse de internos que se prestan, por muy forzados que estén, a optimizar de alguna forma un matadero), las eminencias del cabaret, exoneradas de las deportaciones (no para siempre, pero sí por más tiempo que los demás) y con el privilegio de poder disponer de una «caseta» individual, se llevan de este episodio el estig-

---

31. Etty Hillesum, *Lettere*, *op. cit.*, págs. 143-144.

ma de una culpa que se hace sentir mucho más en sus noches que en sus días, que pasan en la obediencia de los trabajos forzados. Se trata de una colaboración, en suma, de naturaleza bien distinta de la que se exige a los demás internos: la imagen que Rosen le evoca a Hillesum, «la muerte caminando», va efectivamente por el camino de la muerte, allanado por el doble ciclo de sus actuaciones.

A partir del éxito de este primer experimento teatral, y durante alrededor de un año, el tráfico emocional enloquece, constreñido dentro de un circuito cerrado de separaciones y encuentros, desesperación y discordancia, terror y risa, constreñimiento y relajación. *Die Geschichte ist, so wie ein Karussel sich dreht:* la historia es como un carrusel que da vueltas sobre sí mismo sin parar, según evocan de forma recurrente las letras y canciones que brotan de estas experiencias, prometiendo al público una circularidad que en realidad se crucifica en un bucle donde, antes o después, todas las experiencias son indistinguibles. No será ya una secuencia donde el cómico, como quería Herbert Nelson, sea la «esperanza» que hace entrever en el presente un reconocimiento del futuro, un «más allá» del que todos gozarán, como en una dramaturgia de la transformación. El lugar, los objetos que contiene, se vuelven iguales con cada vuelta, pero la valla, que al principio de la jornada ha concentrado a la masa de gente a la espera de su destino, al final de la tarde no es más que un decorado de la escena; las personas que por la mañana asisten a las deportaciones sobre el andén ferroviario, por la tarde, sobre el escenario, son grandes artistas: su compostura, aparentemente ajena a las circunstancias, tiene la rigidez de la máscara y la carga de la locura.

Humour und melodie, el espectáculo que siguió a continuación (serán seis en total hasta el verano de 1944, cuando se anuncia la desmovilización definitiva del campo) es más desafiante. Esta vez se trataba de una revista que se lleva a escena el 4 de septiembre de 1943. Los preparativos agitan todo el campo y, de nuevo, a Hillesum le sorprende su intrusión paradójica en las ocupaciones cotidianas *ordinarias*:

> 2 de septiembre de 1943. Esta mañana me he topado con una gran conmoción en nuestra pequeña oficina: había sido requisada para ser-

vir de camerino a la revista que en este momento domina el ambiente de todo el campo. No hay monos para la gente que trabaja en el campo, pero en la revista se incluye un «ballet de trajes», de modo que día y noche se cosen estos trajes, que tienen pequeñas mangas abullonadas. Las tablas de madera de la sinagoga de Assen han sido serradas para preparar el escenario del ballet. Un carpintero ha exclamado: «¡Qué diría Dios, si supiera que Su sinagoga ha sido utilizada para un fin semejante!». Espléndido, ¿verdad? La sinagoga de Dios en Assen. Ay, María, María... En la noche precedente a la última deportación se ha seguido trabajando todo el tiempo para la revista. Aquí cada cosa es de una locura y una tristeza bufonescas e indescriptibles.[32]

El conjunto de artistas ha sufrido algunas modificaciones: Chaja Goldstein, gracias a las presiones de su marido, ario y colaborador de la UFA, ha logrado abandonar el campo; pero por una que se va llegan otros, y las deserciones no parecen ser un problema: se puede incluso montar una revista y hacer frente a una escalada importante de las dimensiones del espectáculo. Escalada, en efecto, en sentido amplio: la revista necesita de un número de prestaciones, no sólo artísticas sino también técnicas, y ello permite extender la exención de los transportes a muchas más personas de cuanto permitían las veladas de cabaret. Por otra parte, gracias al éxito del espectáculo precedente, Ehrlich y los suyos habían tenido manos libres en la organización de las veladas, y plena disponibilidad de recursos económicos y de personal. El que la revista haya sido una política de salud pública para proteger a un número cada vez más considerable de personas es una idea que expondrá luego el mismo Ziegler:[33] y de hecho, mientras el Este no exigiera trenes más repletos, convenía montar este tipo de espectáculo antes que cualquier otro; después, hay que volver a los espectáculos que se basan en la interpretación de los solistas y no en la coreografía de los números. *Humour und melodie,* tal y como anuncia el título, asocia escenas humorísticas y exhibiciones musicales, y esta vez no se trata sólo de repertorio, sino también de textos elaborados para la oca-

---

32. Etty Hillesum, *Lettere, op. cit.,* pág. 152.
33. Según cuenta Katja B. Zeich, *«Ich bitte dringend um ein happyend». Deutsche Bühnenkünstler in niederländischen Exil, 1933-1945, op. cit.,* págs. 186-187.

sión. En conjunto se trata de 18 números, que incluyen las danzas de las *girls* y de la actriz y bailarina holandesa Esther Phillipse; las composiciones individuales hacen referencia a momentos señalados de la vida en el campo, tales como la llamada matutina o la distribución de los paquetes enviados por amigos y conocidos.[34] Hay también un «idilio en diligencia de la época de Biedermeier», que fue tomado del repertorio de Max Ehrlich y Camilla Spira, la cual está aquí en su última actuación, porque inmediatamente después, gracias a su rubia cabellera y a una madre que la declara fruto de una infidelidad conyugal perpetrada con un gentil, es reconocida aria y se le permite abandonar el campo y a los compañeros y artistas. El público cuenta también en esta ocasión con la presencia del comandante y de importantes personajes de las SS, llegados expresamente de la capital. También esta vez la expectación es grande, a pesar del hecho de que, mientras el evento está teniendo lugar, se recibe la noticia oficial de que se ha decidido la desmovilización de Westerbork, lo cual implica que el Este se presenta como el destino ineludible que une a actores y público. Antes o después: *Immer langsam* —«despacio siempre»—, sugería el estribillo del idilio Biedermeier en la diligencia en la que viajaban los personajes. El día después la canción, que venía acompañando a Ehrlich desde los días de la *Kulturbund* (desde entonces Ehrlich había tenido que subirse, efectivamente, a muchas de aquellas carrozas), estaba en boca de todos (tal vez, para conjurar otros viajes). También el amor expresado hacia el campo y hacia sus rituales cotidianos, a la luz de esta noticia, parece atestiguar la voluntad de aquellas personas de seguir apegadas, mientras fuera posible, al lugar que habitaban. Respondiendo una vez más a su deber como cronista, Mechanicus repara en el contraste macroscópico entre las urgencias de aquella «première» y la noticia de la inevitabilidad de un viaje con pocas posibilidades de retorno:

> La noticia ha caído en el *Lager* como una bomba, pero los *Dienstleister* y los demás internos asignados a la compañía están muy ocupados

---

34. Gracias a un álbum que resume el espectáculo, donado a Gemmeker por la compañía en señal de agradecimiento, es posible conocer el programa general y examinar los textos.

con el ensayo general. Mientras en todos los barracones, en todas las esquinas de las calles, hombres y mujeres discuten de los destinos que les esperan, las madres lloran por el futuro de sus hijos, los hombres consuelan a las mujeres y el barracón de castigo se llena de personas, el comandante y la élite de los judíos de Westerbork escuchan los discursos llenos de chispa de Max Ehrlich, autor de la revista, y se concentran en las danzas ágiles y agradables de las mujeres judías [...]. La revista carece de prólogo y de epílogo. Esta tarde tendrá lugar el estreno. Yo iré; al fin y al cabo, como cronista debo saber no sólo lo que sucede, sino cómo sucede.[35]

En efecto, «algo» (un espectáculo) sucede, pero el «cómo» le trae a la mente la imagen de una danza celebrada ante una «tumba abierta de par en par». Frente a la locura —y la muerte— le viene al rescate su sarcasmo, y empieza a escribir entrando a su vez «un poco» en la tumba, poniendo en juego su competencia de crítico teatral. Por una parte, denuncia en el espectáculo la melancolía del exilio que le evoca el cabaret de los emigrantes rusos a los que había ayudado en Ámsterdam; por la otra, recalca la excelencia profesional de las actuaciones, así como su escasa utilidad: «la *troupe* bien puede emprender con éxito una gira con la estrella judía en el pecho, miembros de una sola y única sociedad».[36]

A pesar de la agitación que se apodera de la población de Westerbork (o tal vez, precisamente para contrastar los efectos de la misma), al mes siguiente, en octubre, se lleva a escena otra revista, *Bravo! Da capo!,* con una composición global que interpreta números que ya no se repetirán. Camilla Spira, liberada el día después del estreno del espectáculo, es reemplazada por Jetty Cantor, cantante, actriz y violinista holandesa que permanecerá hasta el final de la temporada teatral, heredando el éxito de la Goldstein y de la Spira. Se refuerza el número de presencias musicales y, sobre todo, entra en escena el grupo de las «Westerbork girls», que con su exhibición «a pierna desnuda» satisfacen ahora

---

35. Philip Mechanicus en Dirk Mulder, *Ein Theater hinter Stacheldraht*, en AA.VV., *Lachen im Dunkeln. Amüsement im Lager Westerbork*, a cargo de Dirk Mulder, Ben Prinsen, *op. cit.*, pág. 11.
36. Philip Mechanicus en Katja B. Zeich, *«Ich bitte dringend um ein happyend». Deutsche Bühnenkünstler in niederländischen Exil, 1933-1945*, *op. cit.*, pág. 194.

también aquella parte de *sex appeal* necesaria, según Rosen, para la correcta confección de una revista digna de ese nombre.[37] Y hace también su aparición un huésped extraordinario, Kurt Gerron, que había llegado al campo con su esposa apenas un mes antes, y que se integra en el corazón del programa con un número «en solitario» del mismo repertorio, *Envidia*. La escalada progresiva hacia el gran espectáculo, como si estuviéramos en el Kurfürstendamm (demostrada con un escrúpulo puntilloso que no prescinde ni de los «trabajos forzados»), cosecha aquí el máximo éxito conseguido en la batalla cotidiana contra la deportación, logrando involucrar a más de 50 internos: el programa anuncia 18 números y un gran final, 29 artistas, 11 elementos de orquesta y 10 participaciones de distinto género. Pero incluso en este caso, el clímax de un fenómeno coincide con el principio de su fin: con *Bravo! Da capo!* se cierra la ecuación que determina que «cuanto más grande es el espectáculo tanto mayor es la probabilidad de salvación», de modo que al mes siguiente Gemmeker, a pesar de su devoción de aficionado asiduo —y de espectador que demuestra su entusiasmo públicamente hasta donde le permite el cargo que ocupa y la «diversidad» de sus actores—, decreta el fin de la exención de los transportes para todos los participantes que no entren dentro de la categoría de «excelencias». Gerron, que es una «excelencia» con pleno derecho, no llega a beneficiarse de la exención, y el 25 de febrero —cuando la vida del espectáculo se ve suspendida temporalmente por culpa de una cuarentena— es obligado a subir a un tren con destino a Theresienstadt. Es difícil decir si, mortificado por la reciente condición de interno y no plenamente integrado en la formación escénica que lo acoge, también en razón de sus precarias condiciones físicas, el actor no logró superar el nivel de prestaciones exigido, o si el título de su número («en solitario») pudo ser el inicio de una rivalidad latente en el equipo de actores. Aquél que goza de un determinado trato

---

37. «Crear un *show* era fácil, decía Rosen. Todo lo que se necesitaba eran dos comediantes, uno gordo y otro flaco; unas cinco libras de *sex appeal*, un par de motivos pegadizos, algún chiste viejo y muchos nuevos; tres o cuatro *sets*; un *mix* de luces rojas, verdes y blancas, y... ¡ya está! La revista estaba lista...». Jakob Boas, *Boulevard des Misères, The Story of Transit Camp Westerbork*, op. cit., pág. 112.

de favor posee de hecho un poder que Ehrlich expresa con claridad meridiana: «ahora soy el favorito y puedo, si quiero, salvar a gente».[38] Si Gerron se ve obligado a acelerar su gira personal y a adelantarse a los demás miembros del grupo en la siguiente etapa de Theresienstadt, cabe preguntarse si ello fue porque Ehrlich no quiso o no pudo salvarlo, o si, simplemente, se jactaba de tener poderes de los que en realidad carecía: en último término a quien había que agradar era a Gemmeker, y se dice que una de las pianistas, de formación demasiado clásica para los gustos, algo simples, del comandante, fue destinada por tal motivo a subirse a uno de los trenes tras la conclusión del espectáculo.[39] Por absurdo que pueda parecer, la ligereza de la prestación escénica podía asumir la forma de la supervivencia. Sin embargo, para dar cuenta del peso de esa ligereza en el campo ya sólo queda Mechanicus: en septiembre, un mes antes de la representación de *Bravo! Da capo!* Hillesum marchó del campo con toda su familia. Su última anotación, escrita mientras se halla sentada sobre su mochila en el vagón de mercancías que la lleva a Auschwitz —donde morirá poco después— está fechada el martes 7 de septiembre de 1943 (pocos días antes del estreno del espectáculo anterior, cuyos preparativos, y el ambiente de locura en torno a ellos, había descrito): «La partida se produjo de forma bastante inesperada, a pesar de todo, tras una orden repentina enviada específicamente para nosotros desde La Haya. Salimos del campo cantando, papá y mamá muy fuertes y tranquilos. Y también Mischa».[40] Al parecer esta orden se debió a la petición de una atención especial para su hermano Mischa, un joven músico con condiciones nerviosas precarias, solicitud que la madre de Etty había enviado a las autoridades. La respuesta, inmediata, sugiere que la disposición de los nazis a la hora de patrocinar a los artistas de Westerbork se limitaba definitivamente a unos pocos casos, considerados útiles para sus propios fines.

---

38. En Eike Geisel, *Da capo in Holland*, en AA.VV., *Geschlossene Vorstellung. Der Jüdische Kulturbund in Deutschland 1933-1941*, op. cit., pág. 212.
39. Véase al respecto Katja B. Zeich, *«Ich bitte dringend um ein happyend». Deutsche Bühnenkünstler in niederländischen Exil, 1933-1945*, op. cit., págs. 193-194.
40. Etty Hillesum, *Lettere*, op. cit., pág. 155.

Cuando la temporada se reanuda en la primavera de 1944, después de la suspensión invernal «por razones sanitarias», no sólo se ha marchado Gerron sino muchos otros con él, entre ellos el segundo conferenciante Jakob Baar y las chicas del ballet. Pero el recambio se hace rápido: al campo han llegado la pareja formada por Otto Aurich y Liesel Frank, bailarines e intérpretes de origen, respectivamente, vienés y praguense, que fueron internados a finales de 1943; el dúo musical holandés Johnny & Jones y el cabaretista vienés Franz Engel, que había sido segundo conferenciante con Grünbaum (ya hemos citado anteriormente el *sketch* del barbero) y autor de un cabaret del exilio en París antes de refugiarse en Holanda. Para la revista, literalmente, ya no quedan números, pero hay suficiente material como para lanzar una *Bunter Abend*, una segunda velada de cabaret, que se escenifica en marzo de 1944, a la cual, en abril de 1944, le sigue otra, centrada en la relación de poder entre los dos sexos y fiada a canciones, dúos, mono-actos y *sketch* realizados sobre este *leitmotiv*. La misma lógica que decide los transportes hacia el Este ha despojado a la *troupe* de todos los elementos de acompañamiento, coros y coreografías, quedando reducida a los nombres más prestigiosos, que actúan en 16 cuadros de nivel profesional. A pesar de que estas estrecheces favorecían a los solistas, las actuaciones «a dúo» seguían siendo sólidas: Ehrlich había recuperado en Engel a una «segunda voz» de conferenciante de excelente nivel y, mientras, la presencia de los dos pianos, Rosen y Ziegler, así como los números musicales del dúo Johnny & Jones, no sufren alteración alguna. Obra de estos últimos es, durante este periodo, la *Serenata de Westerbork*, que lograron grabar en un disco junto con otras canciones aprovechando una misión a Ámsterdam, donde fueron enviados para asistir en un transporte aéreo.[41] Mientras, se van apagando las crónicas de primera mano de la vida en Westerbork: el 8

---

41. Los dos jóvenes cantantes habían tenido que dejar a sus mujeres en el *Lager*, razón por la cual se vieron obligados a regresar. Morirán en Bergen Belsen, en la Marcha de la Muerte, a poca distancia el uno del otro, con 28 y 26 años respectivamente. Véase Katja B. Zeich, *«Ich bitte dringend um ein happyend». Deutsche Bühnenkünstler in niederländischen Exil, 1933-1945*, op. cit., pág. 197.

de marzo, aproximadamente siete meses después de Etty Hillesum, Philip Mechanicus es deportado a su vez a Auschwitz, donde encuentra la muerte en otoño. Para el último espectáculo ya no habrá voces testimoniales tan íntegras y radicales, y ante el fin nos quedamos solos con los documentos, textos y programas, escritos con los mismos caracteres de oficina —con las mismas máquinas de escribir— con que se compilaban las listas de deportados.[42]

La temporada teatral ha coincidido, hasta este momento, con el último periodo de la guerra, y el gran final estalla puntualmente en junio de 1944, coincidiendo con el desembarco de los aliados en Normandía. Los actores, aquéllos que han logrado sobrevivir, celebran el fin de la temporada con un espectáculo de cabaret del tipo macabro-grotesco, inspirado en la locura, *Total verrückt*, (delirante). Al fondo, un volcán emerge de la lava que ha eruptado, principio y causa desencadenante de la locura que se extiende como un incendio subterráneo. Cada cuadro y cada prestación escénica declina en su título formas particulares de sinsentido, mientras toda la segunda parte, siguiendo el espíritu de la *révue-operette*, está dedicada a una ópera, *Ludmila o los cadáveres de la cinta transportadora*, en el curso de la cual se le pide a Rosen que encuentre a toda costa un «final feliz». No se puede dejar de establecer una relación entre el sentido de matanza que ocupa el área semántica de títulos y textos y la situación objetiva en la que transcurre todo, tal y como han puesto de relieve todos los estudios que se han ocupado de este fenómeno: cadáveres, guillotina y terror son elementos recurrentes del programa, y no se sabe si creer en la realidad de la escena que enuncian o mantenerse en el umbral de entrada, con la ayuda de la ironía y del juego autorreferencial. Ese umbral de intervención sería uno de los *tropos* del teatro de revista, si bien nunca había operado de una manera tan obvia. Y ello por mucho que juegue a la defensiva, casi denunciando, a través del mecanismo de la enunciación, los términos a los que ha quedado reducido el gran espectáculo: «yo soy el coro», canta Jetty Cantor, y está sola. «Yo

---

42. El último espectáculo es el único del que existe una documentación completa, gracias a un legado del hijo de la Cantor. Véase Katja B. Zeich, *ibíd.* .

soy el ballet», danza Esther Philipse: pero también ella está sola. A Franz Engel y Liesel Frank, en la segunda parte, dedicada a los «cadáveres en la cinta transportadora», les explotó en cambio el lenguaje, y abandonan la oficialidad de la lengua alemana, que los venía acompañando hasta ahora, por una *lingua* franca, un italiano que les viene sugerido desde las volcánicas profundidades (o tal vez, de forma más velada, por el desembarco en Sicilia de los aliados, que se había producido el 5 de septiembre de 1943), y que les permite lanzarse a un *nonsense* de tipo culinario: «*O, sole mio/ Cara mia/ Bel paese/ Gorgonzola/ Olio Sasso/ Olio vino/ Lancia Fiat di Torino*». No está del todo claro que todo el espectáculo sea un elogio de la locura, pero podemos imaginar que por el saludo extremo que le dedica a su comandante, el *Gruppe Bühne* se había transformado en todo un ejército de *fools*. Hasta el momento en que, como de costumbre, todos los intérpretes saludan al público, asegurándole que lo que acaban de ver es sólo un viático para un sueño mejor, a la espera del triunfo del Bien. Un *happy end* urgente e imprescindible, tanto para los espectadores como para los actores y la comunidad de los internados. La evidente esquizofrenia de la situación es denunciada, aún más que por el carácter grotesco del espectáculo, por el hecho de que esta vez no se prevén réplicas de ningún tipo: en vista de que el resultado de la contienda se adivina ahora, casi con toda seguridad, desfavorable para Alemania, el entretenimiento teatral se antoja inoportuno.[43] En la inauguración de toda esta empresa, el *Obersturmführer* de las SS había querido dedicar el espectáculo al ingreso en Westerbork del, por entonces, deportado número 40.000. Más que en cualquier otro detalle escénico o textual, el peso de esta historia se sitúa en el principio y el fin que la enuncian, y que dicen mucho sobre quién ha de desempeñar la parte trágica y quién la cómica, sobre quién hace el papel de héroe y quién el de bufón: el silencio es el tributo de las víctimas al luto de los verdugos, pero el luto de las víctimas ha sido «carnavalizado» más de una vez en una ceremonia conjunta de víctimas y verdugos. El último evento artístico de Westerbork es un concierto de cámara que se celebra en julio: la mú-

---

43. Véase Katja B. Zeich, *ibíd.*, pág. 202: «Ante la situación militar, Gemmeker considera poco apropiados los espectáculos de este tipo».

sica clásica no molesta a nadie. En agosto el comandante anuncia la próxima deportación, que será la deportación final de todos los internos, y que tendrá lugar en septiembre: ante el avance de los aliados, la Solución final acelera sus tiempos para llegar a su culminación antes de la rendición al enemigo y de la desmovilización general; en el campo sólo quedarán unas pocas personas para despejar el terreno hasta la llegada de las tropas de liberación. Gemmeker debe separarse por tanto de sus cómicos, que un año antes lo habían homenajeado con un álbum de recuerdo de la temporada teatral vivida juntos: mientras el grueso de los internos «normales» parte en dirección a Auschwitz y a otros campos de exterminio, muchos artistas teatrales son destinados en cambio a Theresienstadt, un destino muy anhelado por los pasajeros de esa larga fila de trenes. Años después, en sede judicial, Gemmeker alegará que desconocía por completo lo que realmente sucedía en Auschwitz, pero evidentemente, si enviaba a sus «comediantes» a Theresienstadt, como si se tratara de una compañía ambulante que él se había arrogado la potestad de lanzar en el territorio sometido a su jurisdicción, era muy consciente de cómo estaba organizada la pequeña ciudad checa. Pero por más que Theresienstadt, aquel asentamiento situado en las inmediaciones de Praga, se antojase como una estación idílica dentro de una *tournée* forzosa y plagada de amenazas, a los artistas que en septiembre de 1944 consiguen llegar a ella no los espera ningún cuento de hadas, sino tan sólo una breve desviación en el camino hacia la Solución final. En octubre, poco después de su llegada desde Westerbork, la mayor parte de aquellos artistas, junto a los colegas que habían actuado sobre los escenarios de Theresienstadt y a otros miles de personas, partirán a Auschwitz. Muy pocos sobrevivirán.[44]

---

44. Es la suerte que le espera a Max Ehrlich y a Willy Rosen; al actor Otto Wallburg, a la bailarina Esther Philipse, al conferenciante Engel, al dúo Johnny & Jones, a la cantante y bailarina Liesel Frank y a su marido Otto Aurich, que sobrevive a su compañera; a la actriz Jetty Cantor, que también logra sobrevivir a Auschwitz, donde muere su marido. Ziegler y el escenógrafo Margules, los únicos que permanecieron en Westerbork, logran sobrevivir.

«Naturalmente que había deportaciones, ¡pero también había que reírse un poco!»

«Claro que había deportaciones, ¡pero también había que reírse un poco!»,[45] explica en una entrevista Jetty Cantor, célebre actriz holandesa de cabaret y una de las pocas supervivientes del *Gruppe Bühne* de Westerbork. Han pasado muchos años desde los acontecimientos de los que estamos hablando, pero la crudeza de su afirmación saca netamente a la luz el tema implícito en todo el relato precedente: no tanto la urdimbre escénica de una temporada teatral muy particular como la licitud de la risa en un contexto de dolor en el que debería haber sido vetada; y, sobre todo, su coexistencia/connivencia con un Estado de excepción. Se trata, en otras palabras, de la inscripción de la risa en el orden de las obligaciones y en el orden de las necesidades; necesidades que, desde el momento en que se satisfacen, equilibran acontecimientos extraordinarios como la deportación, un hecho que no tenía nada de «natural» («naturalmente que había deportaciones»), introyectado con toda su fuerza de choque en la lógica de la vida cotidiana, en su capacidad de resistencia. El comandante Gemmeker, que también sobrevivió (a la guerra, a su posterior proceso y a su cautiverio) razona a propósito de esta cuestión en los mismos términos, si bien desde una responsabilidad distinta y con una inteligencia de las necesidades que opera toda ella en favor del orden público, del cual responde: «Talento del que disponer, había. ¿Por qué, en una comunidad llena de tensiones —y tengo que admitir que las había—, no organizar algo relajante?».[46] Simple como la suma de dos factores. Gemmeker no sabe nada, según afirma, del exterminio al que aporta puntualmente cada semana material humano, pero en una situación en la que ha logrado hábilmente tenerlo todo bajo control, ¿por qué no insti-

---

45. Jetty Cantor en Katja B. Zeich, «*Ich bitte dringend um ein happyend*». *Deutsche Bühnenkünstler in niederländischen Exil, 1933-1945*, op. cit., pág. 183. Nos referimos a una entrevista de la artista que aparece en el filme de Willy Lindwer, *Het Fatale Dilemma, de Joodse Raad van Amsterdam 1941-1943*, AVA Production, 1995.

46. Albert K. Gemmeker, en Dirk Mulder, *Ein Theater hinter Stacheldraht*, op. cit., pág. 58.

tuir/institucionalizar también el espectáculo, adecuándolo a los mismos principios? ¿Por qué no compensar a sus internos con alguna forma de distracción?

En realidad, en Westerbork el espectáculo no se limita a disolver las tensiones en una carcajada, ni se realiza todo en la historia «oficial» que hemos esbozado ni en el lugar que ésta le asigna. Aparte de las competiciones deportivas, las actividades gimnásticas y los conciertos que contribuyen a aliviar las angustias de la detención, se organizan espectáculos de magia para los niños en los pabellones del hospital en el que están ingresados, mientras que los artistas individuales improvisan sus actuaciones de cuando en cuando, incluso en los dormitorios comunes. En la medida en que en estos casos se trata de momentos autónomos y espontáneos, disfrutados en absoluta homogeneidad de público y artistas, Mechanicus, en sus relatos, no deja de subrayar también aquí la incongruencia constitutiva:

> Esta tarde hay cabaret en un ala del barracón. Todo lleno de gente. Canciones de tingle-tangle acompañadas de la harmónica. Un aria italiana para dos barítonos, algunos *witz* yiddish [...]. En otra ala del barracón, en una esquina, a la misma hora, hay rezo de ancianos con barba gris [...] ninguna exuberancia vocal, sino un murmullo imperceptible de textos del Talmud. Dos mundos que se enfrentan extraños, separados sólo por una delgada puerta.[47]

Más que la extraña alegría ante el duelo, le llama la atención la sucesión por fases de los momentos de una y otra naturaleza, la «escandalosa» contigüidad de espacio y de tiempo que interrumpe el curso de una secuencia salvadora: la fiesta no consuela del dolor después de haberlo experimentado, sino que se superpone a él y lo flanquea —de hecho, a veces lo precede—. Una vez más, no hay dramaturgia de la transformación, no hay secuencia alguna que sea índice de un desarrollo simultáneo de los acontecimientos; el orden de las cosas ha estallado, y el hecho de que las reacciones a una situación que a todos concierne y a todos castiga pueda extenderse con una radicalidad que no se deja atenuar por «una delgada puerta» no es sólo indicativo de la convivencia for-

---

47. Philip Mechanicus, en Dirk Mulden, *Ein Theater hinter Stacheldraht*, op. cit., pág. 60.

zada entre jóvenes y ancianos, de la voluntad de vivir que destilan las canciones y que se apaga, en cambio, en el murmullo sordo de una oración, sino que, sobre todo, ilustra bien la ausencia de una *religio* que mitigue los contrastes en el sentir general: como si al final se persiguiera aquello que falta en aquello que es.

El *Gruppe Bühne* no agota toda la oferta de espectáculo presente en Westerbork, ni llega a absorber totalmente el número de *performers* que operan en el campo. Aparte del caso de Kurt Gerron, Otto Walburg, por ejemplo, se pasa enfermo todo el periodo de internamiento, hasta el momento en que es enviado al Este.[48] Si el actor va al matadero sin intentar —a pesar de la fama que lo acompaña— una salvación personal en las tablas del escenario, tal y como hacían sus compañeros artistas, en el campo también están presentes otros profesionales del teatro que rehúsan formar parte del espectáculo, en razón de una ética que rechaza cualquier pacto con las circunstancias del momento. Levie, por ejemplo, a pesar del fervor organizativo que lo había animado en Berlín y Ámsterdam en plena ocupación nazi, cuando es internado en Westerbork con la esposa y los niños se mantiene escrupulosamente al margen de las iniciativas teatrales y de su promesa de impunidad temporal, por lo que no tarda mucho en ser deportado con toda la familia a Bergen Belsen. De las razones que lo llevaron a mantenerse apartado de la vida escénica del *Lager* da testimonio su esposa, la cual, a diferencia de él, logró sobrevivir a las vicisitudes de los campos de exterminio:[49]

> A las noches de cabaret del campo de Westerbork, por una cuestión de principios, nunca fuimos. Éramos contrarios, teníamos fuertes resistencias al respecto. Nos mantuvimos al margen de todo aquello. Así es como terminaron también unas amistades de años. Nos parecía indigno actuar para estos hombres. Es cierto que también podía verse desde otro punto de vista, como Max Ehrlich, que creía de este modo

---

48. Otto Wallburg es destinado a Theresienstadt, hacia donde parte a finales del mes de julio de 1944. En octubre es deportado desde Theresienstadt a Auschwitz, donde es asesinado en las cámaras de gas el 30 de octubre de 1944.

49. Levie es destinado a Bergen Belsen y de allí, en abril de 1945, es trasferido a Theresienstadt. El tren en el que viajaba es interceptado por el Ejército Rojo, pero Levie muere de tifus poco después de la liberación.

estar salvando la vida. Pero mi marido era un hombre demasiado pesimista, demasiado realista. Sabía que con esta gente no había salvación posible. También había conciertos, pero también de ellos nos mantuvimos al margen, porque los encontrábamos absolutamente repugnantes y contrarios a nuestro gusto. Las SS se limitaban a ordenar, o en cualquier caso a estimular, los espectáculos, y los actores los hicieron para salvarse. Nosotros lo podíamos entender, pero éramos de opinión diferente. Así que renunciamos.[50]

Resulta claro que la envoltura testimonial que rodea aquellas noches está en parte deliberadamente ciega, y que tiende a trasladarnos, sobre todo, aquello que no era visible: ya sea por un rechazo específico a vivir y compartir una experiencia que se juzgaba escandalosa, o bien por autoabsolverse por el hecho de haberla vivido, los relatos no pueden ni quieren ser integrales. Alice Levie, por ejemplo, ve en el cabaret de Westerbork cómo se manifiesta explícitamente en toda su ambigua indecencia la relación víctima-verdugo, y aísla lúcidamente el papel de destinatario que en esta ocasión desempeñan las SS, que luego, si se mira bien, ocuparían las casillas de los ayudantes/opositores en el cuadrante actante del relato: por lo tanto, es peligroso que los actores sean sujetos y objetos en una dinámica que está tan firmemente bloqueada, y vergonzoso que los espectadores comprometan en ella la propia mirada y la juzguen inocente. En coherencia, la mujer rechaza a priori un evento del que juzga que sus líneas de tensión corren exclusivamente entre la primera fila, destinada a las autoridades nazis, y los actores del escenario; de esta forma cancela de un solo golpe la apremiante presencia de todo el palco de los internos, una multitud de personas cuyas motivaciones no llegan al umbral de su razonamiento. El acto de negación, expresado con un rigor juicioso y prudente, concluye un testimonio cuyo punto de apoyo había sido la experiencia teatral de la Kommandantenstrasse de Berlín, de la que su marido Werner había sido el segundo director; el mismo título de su historia está tomado, provocativamente, de una frase que Hinkel (o, en este caso concreto, el equivalente en un grado superior a Gemmeker) había pronunciado desde su palco, aludiendo a la

---

50. Alice Levie, *Wer ist die blonde Frau? Das ist doch keine Jüdin!*, op. cit., pág. 160.

discriminación racial establecida entre la luz y la sombra: «¿Quién es esa señora rubia? ¡Ciertamente no es una judía!».[51] En uno y otro caso, Levie no puede dejar de pensar en la herida viva que la presencia del enemigo —ahora como entonces— inflige al cuerpo de la platea, pero la misma modalidad que en Berlín había sido experimentada y reivindicada, en Westerbork se vuelve intransitable. Probablemente el motivo no fuera únicamente que, como sostiene Eike Geisel,[52] el teatro del campo de concentración no era otra cosa que la versión paródica de lo que había sido una empresa verdadera, sino porque, junto al hecho de que los espectáculos habían pasado a ser exclusivamente cómicos, se habían degradado las existencias de los hombres que debían dar la vida, y había crecido desmesuradamente el arbitrio de aquéllos que podían darles muerte. En Berlín, de alguna manera, todo estaba ya escrito, al menos para nosotros que lo leemos ahora, pero lo que estaba en juego oscilaba aún entre la existencia y la resistencia; en Westerbork, caída toda mediación, la apuesta es entre la vida y la muerte. El enemigo de entonces se ha convertido en el verdugo actual, y entre el escenario y el público habita el infierno, aunque prometa salvación y distracción. No es posible aceptar que la lucha entre la vida y la muerte, declarada en cada momento del día, se vista de cuando en cuando de espectáculo y baile con las piernas desnudas en el escenario de la gran sala, donde acaba de terminar el tráfico de los transportes.

Pero si esta conciencia le impide a la pareja Levie ver en el público nada más que el *vulnus* que se les ha infligido, y les lleva a disolver los lazos de amistad y colaboración profesional con los colegas de un tiempo no tan lejano, los testimonios de muchos

---

51. Hinkel, quizá en virtud de su cabellera rubia, había invitado a la señora a sentarse en su palco, pero ella se había zafado alegando como excusa que debía volver a casa a toda prisa por causa de uno de sus niños, que no se encontraba bien. *Ibíd.*, pág. 158.

52. Geisel sostiene que el teatro de Westerbork replica la estación del Schouwburg de Ámsterdam, que a su vez era una réplica de aquélla que se había desarrollado en el teatro de la *Kulturbund* de Berlín, con una reducción grotesca del volumen general de los espectáculos. Véase Eikel Geisel, *Reprise*, en E. Geisel, H.M Broder, *Premier und Pogrom. Der Jüdische Kulturbund 1933-1941*, *op. cit.*, págs. 294-313.

intérpretes tienden en cambio a borrar en el público la presencia nazi, saltando por encima de esa «primera fila» donde se despliegan ordenadamente todas las camisas pardas para concentrarse en el público constituido por los internos, como si en la sala no estuvieran presentes más que aquellas personas que los sorprenden dolorosamente con su participación y los desconciertan con su inocencia. Jetty Cantor hablaba de los espectáculos como de un evento inscrito en el orden de las cosas comunes, como quien describe a profesionales trabajando. Más emotivo era el recuerdo de Camilla Spira: «Era una locura. Allí se sentaban personas físicamente extenuadas. Nuestras representaciones fueron para ellos la última estación antes de la muerte. Estas personas siguieron nuestro espectáculo con una dedicación increíble, riendo y a veces aplaudiendo».[53] La actriz no deja de señalar el hecho sorprendente de que el «funcionamiento» del espectáculo fuera posible a pesar de las circunstancias en que éste se desarrollaba, ya que, por insólito que parezca, la dinámica entre actores y espectadores terminó imponiéndose sobre las condiciones de existencia. Se muestra convencida de que todo aquello fue posible gracias a la «locura» del público, que concedió con creces la «dedicación» que la actuación requiere. Del lado del público, sin embargo, debemos escuchar una vez más la voz de Philip Mechanicus. El suyo es tal vez el único testimonio, entre todos los que hemos mencionado, efectivamente integral, capaz de incluir el escenario, el público y el *Lager* con una mirada donde la *pietas* quema cualquier juicio en la pira del sufrimiento compartido:

> El entusiasmo del público es mixto. Hay una gran admiración ante el rendimiento de los actores, y los chistes se ríen. En todo el *Lager* se disfrutan los textos y la música. Los comentarios del conferenciante Ehrlich provocan risas. Pero la mayor parte del público no está dispuesto a dar rienda suelta a sus sentimientos. Están físicamente inhibidos [...]. Un velo de dolor y sentida melancolía envuelve toda la revista. También los participantes, que se ríen y bromean sobre el escenario, y por cuyas venas fluye la sangre teatral, fuera de la escena llevan su carga de dolor.[54]

53. Camilla Spira en Barbara Felsmann, Karl Prümm, *Kurt Gerron. Gefeiert und gejagt, 1897-1944*, op. cit., pág. 79.
54. Philip Mechanicus, *ibíd.*

Mechanicus no rechaza a priori el evento que otras noches le resulta intolerable, sino que capta el doble aliento que éste respira, el «entusiasmo mixto» que lo anima, la carga de dolor por un lado y, por el otro, la inhibición de los sentimientos. Las atentas miradas son el síntoma inequívoco de que la risa se ha puesto a trabajar con todo su alcance de mecanicidad, como si un mismo automatismo alejara un poco de sí mismos a actores y espectadores. Además, el cronista no se limita a verificar el evento en sí, sino que proyecta sus repercusiones en el después, en el espacio que va más allá del edificio habilitado para su consumo. En este caso no le sorprende la contigüidad de lo sagrado y de lo profano, o la velocidad con la que los tráficos del espectáculo toman el relevo de los tráficos de la deportación, sino que explora el área de resonancia del acontecimiento —área que se extiende *por todo el Lager*—, y la repetición de los chistes o de los estribillos pasa a ser su propia crónica. Si bien es cierto que, en definitiva, la sala no alberga sino a una pequeña parte de los internos, lo que sucede en el transcurso de los espectáculos involucra a toda la comunidad, porque lo que allí se pone en escena es esencialmente la forma de una relación de poder, junto con la posibilidad de variar el esquema. La ocasión se revela como uno de esos momentos a partir de los cuales surge la posibilidad de una narrativa diferente:

> Él (Gemmeker) es también, por así decirlo, el padre de la vida artística del campo. Es un espectador asiduo de nuestras veladas de cabaret. En una ocasión llegó al extremo de asistir tres noches consecutivas a la misma representación, carcajeándose cada noche con los mismos chistes. Bajo sus auspicios se creó un coro masculino que por orden suya cantó *Bei mir bist du schön*. Hay que admitir que esa canción, cantada en nuestro páramo, resultaba cautivadora. A veces el comandante invita a los artistas a charlar en su casa y bebe con ellos hasta el amanecer. Hace poco ha acompañado a una actriz a su choza en medio de la noche y al despedirse le ha dado la mano, ¡nada menos que la mano![55]

En este caso quien describe los ecos del espectáculo en la vida del campo es Hillesum, que, como hemos visto, manifiesta, en no

---

55. Etty Hillesum, *Lettere, op. cit.*, pág. 146.

menor medida que Alice Levie, su ausencia intencionada de los dos espectáculos que tuvieron lugar en Westerbork antes de su deportación a Auschwitz, sin dejar de denunciar el clima de locura general en torno a la organización de los mismos. Así, habla de ello porque es un tema de conversación en el campo, y porque ha vislumbrado a los protagonistas fuera de sus espectáculos. Por otra parte, en la misma carta que citábamos anteriormente, la joven trata a Gemmeker como si éste hubiera recibido a su vez una investidura de «personaje»: «parece un jefe de estación en el andén, y es como la *vedette* de una revista que entra en escena sólo en la apoteosis final. Casi van surgiendo ya las leyendas sobre él».[56] Si esto le sucedió precisamente a Gemmeker, y no a ninguno de quienes lo habían precedido en el cargo, es también en razón del lado teatral que se había manifestado en el comandante; las palabras de Hillesum parecen sugerir una íntima solidaridad entre la manera en que su persona interpreta el papel que le ha sido dado y la esfera del espectáculo, como si, al observar la actuación de las partes, el comandante compartiera con «sus» actores judíos una matriz performativa común: cuando cada martes aparece, con su uniforme impecable, sobre el andén ferroviario, concluyen las operaciones de salida, las puertas de los convoyes se cierran con llave y el tren puede partir; así como, en la gran sala, el espectáculo no puede comenzar mientras él no haga su entrada triunfal junto con sus invitados, y todos, actores y público, se pongan de pie esperando a que él se siente para poder hacerlo ellos a su vez. Sus visitas al teatro, cada vez más asiduas, y las carcajadas que se repiten puntuales con cada chiste manifiestan un aspecto de la obsesión, casi dependencia, del comandante con respecto al mecanismo de relojería que él mismo ha puesto en marcha, tanto en la escena como en el palco, donde obliga a los *Dienstleister* a asistir «con sus mejores prendas». Para intensificar el efecto del «demonio con resorte» de esta caja sorpresa, está el binomio de la risa y del aplauso; si la risa es la reacción constante tanto de las víctimas como de los verdugos, el aplauso —que escenifica el consenso en toda *performance*— es una variable en la cual se manifiesta la satisfacción, un ámbito donde entran en juego otras dinámicas (Spira habla de

---

56. *Ibíd.*

un público que ríe siempre y a veces aplaude, mientras que, según varios testimonios, las autoridades nunca aplauden sino que siempre ríen). Por otra parte, para los internos, el espectáculo más importante quizá no tenga lugar en el escenario sino, como hemos dicho, en la relación que se establece entre éste y la primera fila, porque es precisamente en ese punto donde comienza la partida entre el poder, por un lado, y la seducción por el otro; ahí se establece una relación que fuera del teatro sería impensable. Es precisamente a partir del teatro que la relación transcurre de forma «diferente» y se transfiere a otro lugar dentro del campo, entre las paredes domésticas del comandante, el cual, después del espectáculo, se lleva a su casa a algunos artistas, provocando los celos furiosos de otros (pero también los de su propia compañera, mucho más temibles). En una ocasión, en medio de la noche, desde su residencia privada, ubicada bastante lejos de los barracones, el comandante acompaña «a casa» a Camilla Spira. Etty Hillesum parece haber sido testigo de esta escena de «después del espectáculo», y del insólito acontecimiento cuyos ecos resuenan en otros testimonios: al despedirse de la actriz, después de ese grotesco viaje entre la casa y el barracón, Gemmeker le estrechó la mano, «¡nada menos que la mano!». Lo extraordinario de este gesto se pone de manifiesto cuando pensamos que Rezsö Kasztner, después de haber concluido con Eichmann largas y agotadoras negociaciones para «comprar», con diversas cantidades, la libertad de una cuota de judíos húngaros (poco más de un millar), observaba al final de la negociación que nunca hubo un funcionario nazi, ni siquiera con el acuerdo concluido, que le estrechara la mano una sola vez.[57] En el caso que nos ocupa, sin embargo, se produjo un gesto capaz de desafiar la ideología del contagio, un gesto que rompía el cordón sanitario establecido en torno a la raza judía. De esta forma, las advertencias de la propaganda cobraban sentido: si uno empezaba a reír-

---

57. Rezsö Israel Kasztner fue un judío húngaro, vicepresidente del «Aid and Rescue Committee», un ente judío nacido en 1941 para hacerse cargo de los exiliados, que se implicó en la tentativa conocida como «oro por sangre», que pretendía salvar muchas vidas judías. Al final sólo logró evitar la deportación de 1.684 judíos, si bien consiguió que muchos correligionarios fueran enviados a campos más tolerables, en lugar de a Auschwitz.

se de los judíos, olvidaba el peligro que representaban. A los pocos días de aquel suceso, Camilla Spira fue restituida en sus derechos y declarada aria gracias al testimonio de su madre, aria y casada con un judío, que manifestó no haber concebido a su hija con su marido. Quién sabe si aquel apretón de manos fue la causa o la consecuencia de su nuevo estatus de hija ilegítima, ya no judía. Etty, en cambio, como ya hemos dicho, parte el 7 de septiembre en dirección a Auschwitz. Unos días antes, el martes 28 de agosto, después de una salida hacia el Este de miles de personas, había escrito:

> Después de anoche pensé por un momento, con toda sinceridad, que volver a reír sería un error, un error culposo. Pero luego recordé que algunos de los deportados habían partido riendo, aunque no muchos esta vez. Y tal vez haya todavía alguno que se ría de vez en cuando en Polonia, si bien me temo que entre ellos no habrá muchos de los que se fueron en este convoy.[58]

Hemos partido de la afirmación de que había que reír *a pesar de* las deportaciones, pero ahora Etty nos dice que se reía *durante* las deportaciones; es más, es precisamente ese gesto, consumado en el corazón de un acto de muerte, lo que la lleva a reconsiderar el valor de lo que, de otro modo y en otro lugar, habría entendido como una falta culpable. Desvinculada del comediante, desvinculada sobre todo del dispositivo del espectáculo y de las trayectorias obligatorias de sus geometrías, la risa subvierte la partitura del luto, descompone provocativamente desde el interior todo su protocolo y se sitúa en el último acto, o mejor, más allá de él. Para aquél que ríe en esta coyuntura se ha abierto radicalmente el vértigo del más allá, inalcanzable desde los lugares provisionales del confort o la distracción.

El rechazo de las actividades de «entretenimiento» del *Gruppe Bühne*, la dureza de los juicios contra los miembros del *ensemble* y contra sus comportamientos cortesanos, observados en la vida nocturna y diurna del *Lager*, es la otra cara de una investigación extrema que Etty lleva a cabo con implacable pasión y rigor: la joven mujer es plenamente consciente de la experiencia

---

58. Etty Hillesum, *Lettere*, *op. cit.*, pág. 135.

atroz que está viviendo en Westerbork, pero sabe también que se trata de una experiencia irrepetible; por lo tanto, decide transformarla en un camino de conocimiento al cabo del cual —si es capaz de conservar hasta el final toda la lucidez de que dispone, como si fuera una epifanía extraordinaria— le espera la vida desnuda, la vida desprovista ya de todas las superestructuras que la recubrían en el tiempo de su existencia anterior y de su constructo social. Una a una, ve cómo van cayendo estas estructuras: el rubio postizo de la cabellera de la mujer de Willy Rosen va perdiendo su color entre los vapores cotidianos de la lavandería en la que la actriz presta su servicio diurno, antes de exhibirse por las noches en el escenario; la refinada elegancia de una de las internas se desvanece inexorablemente a pesar de todos los esfuerzos por mantener viva su antigua apariencia; las diferencias sociales se van aplanando gradualmente, hasta terminar reduciéndose a la propia memoria de cada uno. Desde su punto de observación —un espacio de la mente donde se sitúa la inteligencia para sustraerse al impacto del motivo del dolor que la asedia— Etty asiste a la caída de las máscaras:

> En aquel árido pedazo de páramo de 500 por 600 metros naufragaron también varios protagonistas de la vida cultural y política de la gran ciudad. Todos los escenarios que los rodeaban han sido derribados abruptamente con un solo golpe de martillo, y ellos permanecen todavía, un poco temblorosos y desconcertados, en ese escenario abierto y lleno de corrientes de aire que se llama Westerbork. En torno a estas figuras arrancadas de su contexto aún se respira la atmósfera de una vida inquieta y de una sociedad más compleja que la del campo. Van flanqueando el delgado alambre de espino. Sus siluetas de tamaño natural fluyen indefensas a lo largo de la amplia extensión del cielo. Hay que verlos caminando por allí... su armadura bien forjada —hecha de posición social, prestigio y propiedad— se ha roto. Es sólo la última camisa de su humanidad la que ahora los cubre. Se hallan en un espacio vacío, delimitado por el cielo y la tierra, y tendrán que llenarlo ellos solos con su potencial interior, porque más allá de eso no queda ya nada. Es ahora cuando te das cuenta de que en la vida no basta con ser un político hábil o un artista talentoso. En la miseria extrema la vida exige cualidades completamente diferentes. Sí, es cierto: se nos ha puesto a prueba en nuestros valores humanos fundamentales.[59]

---

59. *Ibíd*, pág. 62.

En la experiencia cognitiva que se ha reservado para sí misma y de la que goza a veces como si se tratara de un destino especial, Etty se reencuentra con muchos amigos: además de con Philip Mechanicus, con quien comparte el estatus de testigo, le une una amistad especial con la pareja Levie, hasta el punto de que juntos cultivan la esperanza de tomar al menos *el mismo tren*. Alice en concreto, que ya había estado muy presente en sus diarios, en las cartas de Etty regresa a los tiempos de Ámsterdam, pues ambas compartían el mismo círculo de amistades, en torno a Spier. Etty relata cómo fue el nacimiento de su amistad, inicialmente empañada por un episodio de celos y luego solidificada en el amor por el maestro común. La fuerza de Alice, detrás de una apariencia de fragilidad infantil, es un descubrimiento que sorprende de forma recurrente a la escritora durante la época del Consejo judío de Ámsterdam, y luego durante el internamiento en Westerbork. Etty siente una gran admiración por aquélla a quien considera su mejor amiga. En cambio, no hace referencia alguna a la actividad teatral del marido, como si en comparación con los extraordinarios acontecimientos que se estaban viviendo en el círculo de Spier ésta fuera una cuestión del todo irrelevante. En Westerbork sólo hablan del tema para mostrar, con una misma y categórica firmeza, la aversión que les produce: el arte del espectáculo, y sobre todo el del espectáculo ligero (en una ocasión Etty alude a las glorias shakespearianas que poblaron la escena del asentamiento antes de que éste cayera bajo control nazi, y del vergonzoso papel del *Gruppe Bühne*), es sólo un inútil obstáculo en el camino a cuyo término espera el encuentro con la verdad. Probablemente el espectáculo no hace otra cosa que volver a proponer la ceremonia de las máscaras, erigiendo falsas empalizadas en ese escenario abierto donde cada uno se ha quedado solo con su propia humanidad.

La miseria «ha traspasado hasta tal punto los límites de la realidad que [las condiciones de vida] se han vuelto irreales»;[60] preguntándose cuál habría de ser la forma narrativa más apropiada para recuperar esa realidad, Etty concluye que la fábula —y tiene razón, porque se trata de un género cuyo secreto, como sostiene Blanchot, consiste en confundirse con lo que relata—.

---

60. *Ibíd*, pág. 105.

De este modo, la locura de lo real podría corresponderse con la anarquía del cuento. Desvinculada de toda lógica dramatúrgica, de toda arquitectura narrativa, la insurgencia de la risa la sorprende de golpe en medio del caos: «A veces deambulo sola por el campo, riéndome para mis adentros ante las situaciones más grotescas».[61] La risa que les niega a las excelencias cómicas, que son sus compañeros de cautiverio, la escritora se la concede a sí misma; mientras asiste a la vida del *Lager*, ocupa la posición de espectadora involuntaria de escenas asimismo involuntarias, y pone a trabajar su personal sentido del humor para verla *sub specie theatri*.

El *Gruppe Bühne* era tal vez, por lo poco que podemos saber, una empresa desesperada y comprometedora en todas sus manifestaciones, y Max Ehrlich, Willy Rosen o Erich Ziegler, entre sus miembros fundadores, eran con toda probabilidad personas que trabajaron arduamente para sobrevivir, como afirma Alice Levie, o bufones de la corte, como los había definido Hillesum, y es posible que disfrutaran de los poderes, privilegios e inmunidades propias de los bufones. No hay duda de que también establecieron con «su» comandante un vínculo ambivalente, como deducimos de los «*after-show*» o de las despedidas tras la desmovilización del campo; de ninguna manera les pertenece la «carcajada interior» o la risa del «más allá» que atrapa a Etty y que a veces resuena en el andén de salida: la risa, en definitiva, que nace y muere porque sorprende la existencia —la ajena o la propia— mientras ésta se desnuda. La risa que los comediantes ponen en marcha no es una subespecie teatral sino teatro verdadero, y responde tanto a los dictados de un saber formado por todos los artificios del oficio como a las reglas del espectáculo entendido como constructo público y social: lo interpreta todo, si bien dentro de los sólidos edificios de las convenciones y los significados. Ehrlich está en escena para la risa de *todos*, cuando interpela a los espectadores con una frase estereotipada: «¡A fin de cuentas, todos somos hijos de Adán!». El empleo del estereotipo le ha dado acceso a su contraparte, el sentido *común*, donde duermen el mismo sueño amigos y enemigos, víctimas y verdugos, todos hijos de Adán, por peligrosa que fuera la apelación a

---

61. *Ibíd.*

los orígenes en un contexto que los mortificaba. Luego se detiene, justo lo suficiente para inocular la paradoja y alardear al mismo tiempo de la complicidad que le da aliento, y así guiña un ojo a las autoridades: «¡Al menos, a partir de la segunda fila!». Toda la proxemia entre actores, SS e internos que gobierna el evento teatral se transforma en un instante en la geometría del comediante. La carcajada *general* con que la broma es recibida permite que el actor se reencuentre con el pueblo al que pertenece, y ese reencuentro se lo ofrece a la primera fila para que pueda disfrutar de una diversidad que en ese preciso momento se señala como la asunción arbitraria de un poder, y a las demás filas, para que disfruten de ese aislamiento manifiesto. Las reacciones se suceden en la sala, de fila a fila, cargándose de aquella misma diversidad de intenciones de la que todos habían partido, el uno con el otro, el uno contra el otro, el uno para defenderse del otro: «El absurdo no es la fuente de lo cómico, sino un medio eficaz para revelárnoslo», sostenía Bergson.[62] Incluso en el teatro, y gracias al teatro, las máscaras cayeron por un momento.

Álbumes y familias

En la cohorte de operadores judíos que en diversas capacidades rodean al comandante en la gestión del *Lager* hay también un fotógrafo, Rudolf Werner Breslauer, oriundo de Leipzig, que huyó en 1938 con su esposa y sus tres hijos a Holanda, donde en febrero de 1942 fue arrestado para ser internado en Westerbork. Breslauer había asistido a la Academia de Bellas Artes de Múnich, especializándose en fotografía, y en Leiden había encontrado empleo en un periódico como reportero. Al ingresar en Westerbork, por su profesión fue inmediatamente destinado a las tareas de identificación de los recién llegados. Una vez liberado de este servicio (una tarea ingente, si tenemos en cuenta el con-

---

62. «Si insertamos una idea absurda en una frase estereotipada obtendremos una expresión cómica. [...] lo absurdo no es la fuente de lo cómico, sino un medio eficaz para revelárnoslo». Henry Bergson, *Il riso. Saggio sul significato del comico, op. cit.*, pág. 101.

siderable tráfico del campo, donde los tránsitos a menudo no superaban una escala de unos pocos días, o incluso de unas pocas horas), Breslauer, al igual que los demás artistas que hemos visto en acción, trata de asegurarse un espacio acorde con sus capacidades operativas reales, de modo que pide permiso para fotografiar «la vida cotidiana» del campo en sus diversas manifestaciones. La autorización no sólo se le concede, sino que además se le dota de una cámara Leica. La «campaña fotográfica» de Breslauer comienza a finales de 1942 y probablemente termina un año más tarde, cuando el autor recoge una selección de las tomas en un álbum que actualmente se conserva en el museo Yad Vashem como si se tratara de un «álbum personal» de Gemmeker. La serie consta de un total de 221 imágenes, junto a las cuales hay también reproducciones fotográficas del álbum que Ehrlich, Rosen y Ziegler preparan para que el comandante se lo dedique «con los mejores deseos», y que incluye las fotografías, los dibujos satíricos y los textos breves relacionados con la revista *Humour und Melodie*.[63]

Al año siguiente, a principios de 1944, no sabemos si en virtud de esta experiencia previa, la vida de Westerbork fue objeto de un documental cinematográfico. El proyecto partió de Gemmeker, que confió la filmación al propio Breslauer. A él le debemos, por lo tanto, las tomas de los años más intensos de la vida del campo, del que se muestran sus múltiples actividades, y a él le debemos también la documentación de la vida teatral del campo, tanto en formato fotográfico como cinematográfico. Sin embargo, la película, rodada a lo largo de 1944, no tendrá tiempo de ser montada y editada como un producto orgánico, hecho que ha facilitado la posterior explotación de secuencias concretas por parte de otros cineastas: en virtud de la excepcionalidad de lo que atestiguan, las secuencias de Breslauer han sido empleadas, de hecho, en buena parte de los documentales que tratan de la historia del campo de Westerbork, así como en las elaboraciones

---

63. El álbum de Ehrlich, Rosen y Ziegler se titula *Humour und Melodie*; está redactado por Ehrlich, que se ocupa de los textos; la edición corre a cargo de Lange y las fotografías, de Breslauer, mientras que los dibujos son de Leo Koch y Hans Margules. La dedicatoria a Gemmeker tiene fecha del 29 de septiembre de 1943.

cinematográficas más célebres dedicadas a la Shoah (empezando por *Noche y niebla*, de Alain Resnais [*Nuit et brouillard*, Francia, 1955], que incluye algunos minutos).[64] La energía visual del tema tratado —especialmente en las escenas de la deportación— es sin embargo demasiado potente como para dejar sitio al autor de las imágenes, que queda relegado durante mucho tiempo al anonimato. Más que ocuparse del fotógrafo y de su historia, las películas que explotaron su obra han intentado en su mayoría hacer aflorar la historia entretejida en las miradas de las víctimas, que a veces perforan con su intensidad la superficie lisa del documento de propaganda, hasta el punto de que algunos fotogramas individuales, por su violencia semántica, se transfiguraron en los iconos mismos de la deportación. Las tomas de los «transportes», uno de los pocos documentos visuales de este capítulo fundamental para el funcionamiento del exterminio, entre otras cosas, han permitido restituir una identidad a los rostros que permanecen dentro del campo de visión, antes de perderse para siempre en la oscuridad de los convoyes numerados con destino a Auschwitz. Es el caso de la imagen de la jovencísima sinti, capturada de cara por última vez en el intersticio entre las tablas de madera del vagón de mercancías en el que acaba de ser cargada, destinada, a pesar de ella, a un suplicio con innumerables escalas.[65] Gracias al oscuro trabajo del interno Breslauer,

---

64. Imposible dar cuenta aquí de todos los documentales que, después de *Noche y niebla* de Resnais, han utilizado el material rodado por Breslauer. Mencionemos en todo caso, por el interés de la operación que se propone, el filme *Aufschub* (Harun Farocki, Alemania-Holanda, 2007), enteramente dedicado a las tomas de Westerbork y al lugar que ocupan en la memoria del exterminio. Por otra parte, la televisión holandesa, en particular el canal VPRO, ha dedicado numerosos documentales al campo de concentración de Westerbork y a las figuras implicadas en él.

65. Durante años la imagen ha sido el símbolo de la persecución perpetrada contra los judíos holandeses, antes de que se descubriera, gracias al trabajo de investigación y reconstrucción histórica emprendido por el periodista Aad Wagenaar (publicado en 1995 en el volumen *Settela; het meisje heeft haar naam terug*), que el rostro retratado pertenecía en realidad a una niña sinti, Settela Steinbach, deportada de Westerbork a Auschwitz junto a su familia en mayo de 1944, y posteriormente asesinada en las cámaras de gas. A la investigación de Wagenaar el realizador Cherry Duyns le ha dedicado un documental, *Settela, gezicht van het verleden* (1994), que sigue las fases de la

en la economía visual de la Solución final, Westerbork equivale a la imagen del último viaje.

Maletas para los más acomodados, sacos de enseres domésticos para los más pobres, muchedumbres, saludos, vagones de mercancías, carruajes para viajeros, carruajes para enfermos... Si no lo supiéramos todo sobre esas escenas mudas que vemos (en realidad, sin embargo, lo único que conocemos de estas gentes es el final que les espera, un final de alguna manera absolutorio de toda la carga de sus historias) no podríamos entender por qué personas tan veteranas como aquella anciana, cargada en una improbable silla de ruedas, deberían emprender otro viaje que no fuera el de Lourdes. Pero las escenas del tren son escalofriantes no sólo por su dureza, sino también por su aparente conformidad con la partitura o el guión de toda situación de «partida»: en las ventanillas de los vagones de pasajeros se entrevén los saludos a las personas que se quedan en tierra, y en una de ellas, por un momento, se puede ver incluso la mano de un niño que un adulto hace saludar —«adiós, adiós»— a los familiares o amigos que quedaron en el andén.

La importancia documental de la película ha tenido, por lo tanto, un peso histórico relevante, y ha dado lugar a una reflexión teórica mucho más engorrosa de cuanto sucedió con la serie fotográfica que la precedió en unos pocos meses. Volvamos a considerar, sin embargo, la existencia no de uno, sino de dos textos visuales, diferentes por el medio con el que fueron realizados, pero que comparten autor y línea argumental (a saber, la crónica diaria del *Lager*, del que Breslauer formaba parte como prisionero, «sorprendida» durante las jornadas laborales, en las celebraciones festivas, en los momentos de ocio y entretenimiento, o en los fatídicos martes en que se partía hacia el exterminio). Por lo tanto, en el lapso de cerca de dos años que dura el «reinado de Gemmeker» se suceden dos relatos —el fotográfico y el cinematográfico— más o menos definidos de la vida de Westerbork. Con todo, a pesar de las coincidencias en cuanto al tema y al autor, a las coordinadas históricas y al régimen de censura al que deben enfrentarse los enunciados individuales (en función tam-

---

indagación para la identificación de la niña a partir de los datos recabados por la filmación de Breslauer.

bién de la condición específica de quien los expresa), ambas narraciones asumen registros diferentes, y no sólo en razón del medio utilizado. Fotografías y película configuran relatos diferentes de una misma historia, y esa diversidad la determina también el «gobernante Gemmeker», que hemos tomado como elemento histórico común de los acontecimientos referidos, pero que en realidad se introduce con arrogancia en las narraciones, interpretando en ellas diferentes papeles. En el caso de la película (que, siendo por naturaleza una obra colectiva, cuenta con colaboraciones creativas que no necesariamente coinciden con la persona que se encarga de la dirección), si Breslauer es literalmente el *operador*, Gemmeker, desde una simple posición pragmática, se hace con el primer plano, al colocar idealmente su propio nombre junto al de «su» fotógrafo oficial. Él es el motor del proyecto, y despliega en la obra, si no propiamente su autoría, sí toda la fuerza de su autoridad, imponiendo en la película las estrategias discursivas deseadas (la demostración de la excelencia del campo) e identificando el poder central de Berlín como destinatario principal de la misma (pero tal vez no fuera el único: la guerra se estaba en todo caso perdiendo, y los poderes eran de duración incierta; por lo tanto era mejor mostrar, de la excelencia, su valor «neutro», y atenerse al modelo productivo que la hizo posible en el marco estricto de una escala concreta dentro de un proceso cuya continuación y fin el comandante no tenía por qué conocer).[66] Un discurso de este tipo podía responder de forma verosímil al interés común de los órganos de mando nazis y de los operadores, judíos en su mayoría, responsables del funcionamiento del campo. En el caso de que las razones del conflicto bélico impusieran algún tipo de urgencia, un *Lager* altamente productivo y sin desórdenes de ninguna clase —según aparece en el filme— podía esperar razonablemente que se le permitiera continuar funcionando, en la medida en que lograra demostrar la plena compatibilidad del ritmo de trabajo de los internos, du-

---

66. Parece que fue Gemmeker quien concibió la idea de la película con la intención de dirigir su realización en Berlín, si bien más tarde negará haber alimentado propósitos abiertamente propagandísticos, afirmando que el proyecto obedeció más bien a exigencias documentales de carácter interno al propio campo.

rante el periodo de tránsito, con el apretado calendario de sus deportaciones. Así como los prisioneros deseaban lógicamente una «larga estancia» en el campo de tránsito, el comandante habría tenido interés en demostrar el eficiente funcionamiento de la máquina de Westerbork, toda vez que desde el momento en que la tarea que se le había asignado pareciera cumplida, y por lo tanto extinguida *de facto*, él y su Estado Mayor estarían de nuevo disponibles para ser asignados a operaciones de guerra mucho más arriesgadas de cuanto suponía la gestión de un *Lager*. Así, los propios mandos estaban sometidos a la misma precariedad que debían gestionar, lo que propiciaba una relación de dependencia recíproca. La idea de la película nace en este clima de incertidumbre, y va tomando forma de acuerdo con las intenciones de Gemmeker, con el objetivo puesto en una vida cotidiana hecha sobre todo de trabajo y deportaciones, mientras se respetan las estructuras y los acontecimientos sociales, la escuela, los hospitales, el ocio y así sucesivamente. Los «momentos» en que se divide esta ajetreada jornada reflejan la estructura de los noticieros alemanes, al estilo de *Die Deutsche Wochenschau*, como si el campo estuviera completamente adaptado al clima general del mundo germánico, alimentando desde dentro su visión de conjunto. En ella, la colectividad de los internos sigue siendo el intérprete principal.

Sin embargo, a comienzos de 1944, cuando comenzaron los rodajes, la desmovilización de Westerbrok no era ya una eventualidad sino una certeza. En septiembre de 1943, cuando la revista *Humour and Melodie*, que empleaba ya a un número considerable de personas, estaba en su apogeo en términos de espectáculo, Gemmeker —como ya mencionamos anteriormente— anunció públicamente la desmovilización desde el escenario de la gran sala. Y es en este punto, cuando el mes de septiembre se cierra en una perspectiva de «gran final», cuando entra también en juego la cuestión de la consigna/donación de los álbumes: en primer lugar, el álbum en recuerdo de Ehrlich, Rosen y Ziegler para la memoria futura de su revista, y probablemente también el álbum de Breslauer, quien, en cualquier caso, ha completado la mayor parte de su reportaje fotográfico. En este caso, el comandante se propone como destinatario directo de un regalo que ya tiene sabor a despedida, endulzada por la esperanza de que sea lo suficientemente larga como para evitar la inminente separación anunciada. La idea del filme, por otra parte, llega después del anuncio de la desmovilización, y el texto de la película sólo podrá documentar para la posteridad el presente de una realidad ya abocada a su fin. Sin embargo, la diferencia no se plantea únicamente como una cuestión de principio o fin: los álbumes son un regalo concebido por Gemmeker, ya que este último (que en la película, por otra parte, se sitúa casi siempre junto al *operator*) no es sólo la mirada a la cual se ofrece todo el relato, sino que también tiene una presencia textual en el mismo; él es el *spectator* y, al mismo tiempo, el *spectrum* que se vierte en las imágenes de una vida cotidiana que había sido también la suya. Si la película se centra en testimoniar una existencia en el *Lager* que es resultado de una organización biopolítica, las fotografías —y los dibujos— de los álbumes escenifican, directa o indirectamente, el momento de una improbable coparticipación en el poder al que van dirigidos. El reportaje de Breslauer (que también es autor de la parte fotográfica del álbum de Ehrlich y de la reproducción de los dibujos) muestra, entre aquéllos que, según el conocido análisis de Barthes sobre el tema,[67] serían los agentes de la imagen fotográfica, un modelo relacional más riguroso: el *spectator* se refleja en el *spectrum*, y al *operator* se le otorga una insólita cercanía, dadas las circunstancias, que le permite *mediar* entre el uno y el otro.

Si desde el punto de vista de la producción de imágenes las diferencias entre álbumes y películas discurren, por lo tanto, entre lo que podríamos definir como la construcción de un monumento privado y un documento público, en términos de registro narrativo, la película relata Westerbork a través de la doble presencia de los internos y del Estado Mayor nazi, mientras que los álbumes, que se fijan sobre todo en los internos y en la organización de sus jornadas, tienen un carácter más monotemático. La economía de su discurso se juega en la necesidad de mostrar un mecanismo en perfecto equilibrio entre las entradas y las salidas, que dé cuenta de un sistema integrado en el que, en nombre del reciclaje óptimo de todos los recursos —de los hom-

---

67. Véase Roland Barthes, *La cámara lúcida. Nota sobre la fotografía*, Paidós, Barcelona, 1990.

bres y de la materia—, cooperen la alta productividad, las salidas masivas y ese tanto de vida social y de distracción que sea suficiente para aparentar una normalidad sin incidentes.[68] Incluso en la temporalidad textual del rodaje que narra la historia, el tiempo finito del «pasaje» fluye junto al tiempo indefinido de la permanencia, sugerido por el trabajo que continúa infatigable, como si el uno fuera el complemento del otro sin interferir necesariamente en él. La película retrata una vida comunitaria que podría tener lugar en una de las tantas instituciones —de detención, de recuperación o de recepción— que se reservan para usos análogos. Los trenes que parten son el acto final de una laboriosa historia, la patente demostración de que en el vacío del páramo de Drenthe el tránsito constituye el espacio de una inexorable plenitud.

El relato fotográfico se estructura de manera forzosamente distinta. Las reacciones políticas de Gemmeker, que no es un destinatario remoto, como puede ser el Poder Central, sino una presencia contigua, no es preciso imaginarlas con gran profusión de detalles. Antes bien, su presencia debe ser identificada como un lugar simbólico a través del cual la representación de la vida cotidiana del campo —capturada en sus momentos singulares y en sus espacios domésticos, en las relaciones más

---

68. Como ya hemos mencionado, las tomas se realizan en los entornos de trabajo —en las oficinas donde se recuperan las materias primas de los varios productos militares, en los talleres artesanos, en los huertos, etc.— y en el andén de salida de los trenes. Aquí y allá la cámara también se detiene en los momentos de la vida colectiva de los internos: la gimnasia al aire libre, las bodas o las veladas de cabaret. Al analizar *Aufschub*, el filme que Farocki dedica a las tomas de Breslauer, Thomas Elsaesser hace referencia, en lo que respecta a las partes que tienen que ver con el trabajo, al modelo de los *Russenfilme*: «El recuerdo del *Russenfilme* está presente en las imágenes de Westerbork, no en forma técnica (nunca sabremos cómo Breslauer habría editado el material, ni lo que Gemmeker habría hecho de él), pero sí en el *pathos* ideal del trabajo colectivo, de la vida comunitaria y del trabajo de la tierra. Las imágenes de Eisestein, Pudovkin o Vertov tienen visibilidad como si fueran marcas de agua, agregando una vez más varios tipos de "ópticas inconscientes" para contrarrestar el "inconsciente óptico" también aludido a la organización industrial de asesinato». Véase Thomas Elsaesser, *Holocaust Memory as the Epistemology of Forgetting? Re-wind and Postponement in* Respite [Aufschub], en *Harun Farocki. Against what? Against whom?*, a cargo de Antje Ehmann, Kodwo Eshun, Koenig Books, Londres, 2009, pág. 66.

próximas y compartidas— puede penetrar en el orden de los afectos. El acto fotográfico se ve afectado por una intimidad que reverbera en el relato, modulando su efecto general. Westerbork adopta la forma de un paisaje descrito en el interior de un territorio y de una cultura: se puede sentir el color de la tierra que lo contiene, el aliento del aire, la temperatura de las estaciones, el curso de los días; la soledad del páramo (ineludible, por otra parte, en cualquier descripción y muy presente también en la película) es interrumpida por los elementos «pintorescos» que caracterizan el paisaje holandés, los puentes, los canales, las bicicletas, los molinos de viento o la arquitectura de los pueblos de los alrededores. El campo propiamente dicho, que desde finales de 1942 se estaba acondicionando para acoger a muchas más personas, aparece como un lugar en construcción, donde se trabajaba en edificios provisionales pero también en la red ferroviaria, que inicialmente no conectaba aún con el asentamiento. Breslauer no deja de capturar la épica de las estructuras vacías que se recortan desnudas contra la luz del cielo, ni deja escapar la oportunidad de confiar la descripción del ambiente del campo a los externos, o de realizarla a partir de algunos detalles de los internos. Los barracones, las viviendas privadas, las oficinas, la gran sala «multifuncional», aun despojadas de sus habitantes, esbozan sin embargo sus existencias: la larga hilera de camas apiladas en tres pisos y el dormitorio del comandante, con la muñeca con traje holandés sentada entre los cojines, acogen sueños diferentes; la gran sala, decorada con ramas de pino con adornos navideños y enormes insignias nazis, espera la llegada del Estado Mayor para el banquete y la fiesta, así como el telón de fondo, pintado con escenas satíricas, espera para interactuar con los comediantes que le darán vida; el alambre de espino y unos prados bien cuidados separan a los externos, respectivamente, de los barracones y de las casas privadas. Esto es Westerbork, o, al menos, el relato fotográfico de aquello que contiene: voluntaria o involuntariamente, la antítesis es la única figura retórica que lo frecuenta, y que hace justicia a la naturaleza doble de sus propios agentes.

En lo que respecta al contenido, las filmaciones y los álbumes difieren entre sí: por ejemplo, Breslauer dedica un espacio fotográfico más restringido a los temas de la productividad y el trabajo,[69] mientras que el capítulo de las deportaciones está más cerca del relato que ofrecerá la película, si bien su peso es cuantitativamente menor.[70] La mirada de algunos figurantes se dirige hacia el fotógrafo: una joven sonríe al objetivo mientras espera para subir al tren, mientras que los pasajeros más cercanos al punto donde se encuentra se giran hacia él, entrelazándose con el acto fotográfico: quién sabe si reconocen a la persona que retrató sus identidades a su entrada en el campo, y que en cambio ahora trata de otorgarles una identidad narrativa sorprendiendo el instante de su última mirada, relatando en unos pocos disparos el evento del que son protagonistas involuntarios. Durante el rodaje, cuando esa misma persona se presenta como operador de cine, los sujetos, especialmente en las escenas de trabajo, se concentrarán más en «su papel» y fingirán las más de las veces no advertir el dispositivo que los enfoca.

Las fotografías de la deportación no agotan el relato con las imágenes del tren que se aleja; la sombra de su ruido, a medida que otros sujetos toman el relevo, se puede sentir incluso en las escenas más neutras, como la vista externa que mencionábamos anteriormente: se dedican dos imágenes fotográficas a la parte delantera y trasera de la mansión de Gemmeker; la pradera donde pastan las cabras alegra la fachada, pero para retratar la parte trasera Breslauer se sitúa en las vías del tren, que eviden-

---

69. Los internos se dedican principalmente a la construcción y no al trabajo fabril o artesanal. Pero ésta es también la fase en la que Westerbork debe prever su propia prórroga.

70. Una quincena de fotografías están dedicadas a las deportaciones. La mayor violencia se percibe en los primeros planos de los vagones de mercancías, algo que también sucede en la película. Montones de enseres domésticos abandonados detrás de los raíles ocupan todo un primer plano, mientras a lo lejos una larga e indistinta cola de gente se dirige hacia los vagones; una multitud agitada presiona contra el vagón de carga; la policía alemana (con la cruz roja en el brazo) empuja a los viajeros —obviamente involuntarios— hacia la partida. Este clima se extiende por las proximidades de los vagones de pasajeros: un grupo de personas espera para subir a los trenes; los que se van se despiden desde la ventana de los que se quedan en el andén, que forman dos filas simétricas bien ordenadas; finalmente el tren se aleja en un enjambre de pañuelos al viento, dejando en primer plano a un hombre con uniforme de jefe de estación que se vuelve hacia el fotógrafo: la operación ha terminado.

temente pasan cerca, y la encuadra entre las ruedas motrices de la locomotora, que acaban invadiendo la arquitectura y proyectando sobre el idilio doméstico la negra mancha del mecanismo que le sirve de marco.

Una vez dentro de la pequeña villa, de dos pisos y con dos caras, la vida privada del comandante está representada en una larga secuencia cuidadosamente estudiada, y es esta serie la que confiere al álbum su carácter singular, al dotarlo de un núcleo narrativo «clásico». No hay aquí acción sino stasis; no hay accidentes, sino la construcción, como decíamos, del paradigma que invierte todo el relato; no hay signos de no-permanencia, sino la representación de la quietud; no hay momentos, sino poses; no hay instantáneas, sino retratos; no hay caras sin rostro, sino rostros sin cara. De los temas representados se advierte literalmente una presencia que es una «duración»: ya no se trata de comparsas destinadas a desaparecer en el momento y en las imágenes sucesivas, sino de personajes que, como tales, tienen el don de la estabilidad y volverán a aparecer, en el trabajo, con actitudes diferentes y en ocasiones diferentes, en casa, en Navidad o jugando con la nieve, estructurando con sus reiteradas imágenes de protagonistas una narración que es inequívocamente suya. En la película, los internos, en tanto que sujeto colectivo, son protagonistas accidentales, sin duración ni persistencia alguna, sin retornos, sin narración individual.

En cambio, Gemmeker, su secretaria y amante Elisabeth Hassel, esposa de su inmediato subordinado, o el perro tendido a sus pies o acostado en sus brazos, poseen cada uno de ellos retratos específicos donde, de frente o de perfil, pueden exhibir la singularidad de la propia figura (el perro tiene dos retratos, uno en primer plano y otro en un plano general, sobre la vía que conduce a los barracones).[71] En la secuencia común, sin embargo, en las tomas dentro de la sala de estar —delante de la chimenea, mientras leen o juegan al ajedrez para entretener a un amigo, o mientras miran alternativamente al otro que a su vez tiene la mirada puesta en el libro o en el animal, o mientras

---

71. Gemmeker había incluso permitido que los reclusos tuvieran algún animal doméstico, pero cuando éstos molestaron a su perro ordenó eliminarlos a todos.

intercambian afecto con el perro (la relación entre el perro y el amo es la única en la cual el afecto se expresa mediante un contacto recíproco y no en el espacio de la proximidad, y media en la relación que se sobreentiende entre el hombre y la mujer, que en cambio nunca se miran y nunca se tocan)— la pareja sirve de modelo, para el reportaje en cuestión, no de una familia, sino de una *relación familiar simbólica* que se extiende como un reguero de pólvora hasta incluir en su aura, en toda su diversidad, a todos los habitantes del mundo de Westerbork. Y es que éste es, en definitiva, el rasgo chocante del álbum fotográfico y de la relación entre los diferentes agentes que producen sus imágenes: nos presenta un retrato general del *Lager* en el cual domina sobre el conjunto un *formato familiar* (sólo por mencionar una exposición y un texto que contribuí a preparar hace muchos años),[72] que se despliega en toda su descarada indecencia. De hecho, el formato —poses, circunstancias, gestos domésticos, ubicaciones— instruye a una *familia* monstruosa, que no guarda relación parental efectiva y que no existiría fuera de un espacio donde se relata *el tiempo de una parada*, cuando las personas, los animales y los objetos retratados en las fotografías son personas, animales y objetos de una «vida cotidiana» que nunca más tendrá los mismos protagonistas.[73] Pero, ¿qué papel juega la otra presencia, la de los internos, en esta configuración particular? Las víctimas son paisaje humano, sin otro formato que el de la masa; por el contrario, la representación de la «familia» —el lugar donde los rostros tienen un nombre y una relación que los califica— es obviamente única y exclusiva. Por su-

---

72. En la exposición y en el correspondiente catálogo recogíamos los resultados de un trabajo de campo en torno a las prácticas narrativas que operan en el contexto doméstico, a partir de las fotografías de familia vistas a la luz del texto de Barthes, cuya terminología acabo de emplear. Participé en una investigación sobre la fotografía de familia, verificando sobre el terreno las circunstancias que instituyen su particular forma de textualidad. Véase AA.VV., *Formato famiglia. Una ricerca sull'immagine*, De Luca, Roma, 1981.

73. Gemmeker y su *mistress*, más temida que su compañero, tienen sus respectivos cónyuges, el uno en Berlín y la otra en Westerbork, y el consorte legítimo de la mujer aparece en el grupo familiar junto a su esposa y al comandante en la secuencia dedicada a la fiesta de Navidad de diciembre de 1942. Su relación terminará con el fin de la guerra.

puesto, no será Gemmeker, en el acto de hojear el álbum, quien podrá reconocerlos nunca y llamarlos por su nombre cuando caven el suelo, respondan a la llamada general, se apiñen en el tren o sigan en línea ordenada a la orquesta que los conduce en círculo, como el flautista de Hamelín. No se prevé un tiempo en el cual aquella imagen pudiera ofrecerse a la memoria afectiva; si acaso, se prestará luego a un procedimiento circunstancial, como sucederá cuando todo llegue al momento de su consumación, en el caso de la pequeña sinti que aparece en la secuencia cinematográfica de la deportación. Además, la narración cruza a prisioneros y carceleros sólo en aquellas imágenes en las que los unos son la tarea de los otros: trabajos forzados y vigilancia, salidas y control, los judíos que sirven la cena de Navidad o los judíos que en la misma circunstancia alegran a los invitados con música y cantos. La coexistencia de ambos tipos de asociaciones en las páginas del álbum se produce sólo —como ya hemos tenido ocasión de decir— en términos dramatúrgicos, de antítesis y oposición, particularmente evidente cuando confrontamos las fotografías dedicadas a la víspera del Año Nuevo judío con la serie que retrata la cena de Navidad del Estado Mayor nazi.[74] Pero quizá incluso la oposición tenga que ver con el intento de dar forma a una relación impracticable. Ciertamente, la famosa «mano» de Camilla Spira que Hillesum había sorprendido entre las manos de Gemmeker sigue siendo la historia clandestina de un contacto del que aquí no puede haber imágenes, por sutiles que sean; ningún contagio, ni siquiera visual. La entrada de los internos en el álbum personal del comandante marca entonces, un momento tras otro, un disparo de cámara

---

74. Para pegar juntos en las páginas del álbum a internos y nazis, en términos narrativos, ya sólo queda la figura de la antítesis: la fiesta de Hannukka, que comienza el 24 de diciembre, con los rostros de los internos congregados alrededor del candelabro en el poco espacio de que disponen y la cena de Navidad, el mismo día, en la gran sala, que se utiliza para fiestas, deportaciones y espectáculos, con largas mesas de comensales sonriendo alrededor de Gemmeker, su secretaria y el marido de esta última; una niña que enciende la vela del séptimo día en el contexto de la misma fiesta judía, mientras el comandante enciende una vela en la rama de pino que adorna la fiesta navideña. Imágenes festivas, que vienen a añadirse a las de la casa y las de los trenes, las de la sala de estar y las de las salidas que ya hemos mencionado.

tras otro, la pérdida del «formato familiar» y del área semántica de la familiaridad, que se troca en un orden familiar obsceno con un carácter arcaico/feudal: Gemmeker y «sus judíos» —como él mismo se expresaba—, a los que nutría, cuidaba, usaba y deportaba, y que entran en la representación de una vida cotidiana sin poseer la suya propia. La «familia» de Gemmeker no es el objeto fortuito de un reportaje fotográfico, sino que vuelve a proponer el pleno funcionamiento de un modelo de agregación social medieval, donde es evidente que para algunos el tiempo de la parada es también el tiempo de un orden realizado.[75] Gemmeker disfruta del momento y lo dedica a aquellas relaciones que son de pura pertenencia, sin reciprocidad alguna, el círculo más cercano: los *fámulos*, «su *operator*» —a través del cual se convierte en director— o sus «bufones», con los que satisface una pulsión secreta en relación con el espectáculo. Gracias a ellos, el *castrum* de Westerbork se transforma de nuevo en un castillo. Ehrlich había demostrado su maestría, en tiempos no muy lejanos, en *Una farsa en el castillo*. Por supuesto, las actuaciones ya no se producen entre el caviar y el champán, como sucedía en la comedia de Molnár, donde el gran comediante ironizaba sobre el universo entero a través de un mundo imaginario. El castillo medieval se ha convertido ya explícitamente en la prisión que antes asomaba a las puertas de la casa solariega construida sobre las escenas del Schouwburg, y en ella tienen lugar ahora otros acontecimientos, todos ellos bien marcados y listos para convertirse en los números de la revista *Humour und Melodie*: el toque de campana, la llegada de paquetes de parte de amigos y conocidos, los amores y otros placeres que habitan en el amado páramo de alrededor. En los relatos por imágenes, los «bufones» del comandante hallan el lugar y la forma de hacer que aparezca la vida cotidiana de los internos, pero se trata sólo de una mera parodia, una carcajada en el castillo: sólo la escena cómica produce las imágenes que la representan, sólo los comediantes encuentran las palabras que la enuncian. *Humour und Melodie* la pone en escena, tanto en el

---

75. Véase al respecto Robert Kohel, *The Neofeudal Aspects of National Socialism*, en «American Journal of Economics and Sociology», enero de 1959, *op. cit.* en George L. Mosse, *Intervista sul fascismo, op. cit.*, pág. 116.

espectáculo como en el álbum homónimo que Breslauer fotografía boceto a boceto. Y uno de los bocetos satíricos se permite hacer aquello que las fotografías no osan hacer, e incluye juntos, en la misma viñeta, a los cómicos y a Gemmeker, visto de espaldas, sentado en su poltrona de dirigente/director del espectáculo que se está montando. Sólo un dibujo podía arriesgar la imagen de un contacto, y otorgar una proyección común a una relación que, reminiscente de la teatral, donde el comandante había sido siempre un espectador excelente (si bien el público nunca fue filmado, de modo que la mezcla de judíos y nazis en el palco es sólo un relato verbal), pudiera transferirse a la construcción sin traumas de una memoria futura, manteniendo la mirada del comandante en la visión *paródica* de una familiaridad realizada. En este contexto, sin embargo, el retrato de Ehrlich, borrado de la escena en la que actúa, aislado de la compañía con la que se exhibe, maquillado y con un ridículo disfraz, parece decirnos que, para ganar el espacio de la representación, para poder ser *spectrum* en familia ajena, hay que alterar la propia apariencia y enmascarar la propia historia, a fin de recordarles la risa. No hace falta decir que la imagen es más cruel que todas las palabras de denuncia que Mechanicus y Hillesum habían dedicado a sus espectáculos.

Los textos de Ehrlich o los dibujos de Koch y Margules no son sólo la deformación de la vida del campo en términos de paradoja cómica, sino que también, una vez más, aplican una paradoja afectiva, con palabras que acarician los acontecimientos tratados y los reducen a un diminutivo. Después de la última declaración de Gemmeker resulta claro para todo el mundo que el tiempo en Westerbork está llegando a su fin, y el álbum de los internos más próximos al destinatario proviene de ese horizonte de familiaridad que se ha quedado estancado, inexorablemente, en la «famulariedad» de los siervos, de los fámulos. Desde aquella zona intentan decirle que, a pesar de la diferente calidad del tiempo que en ella rige, la representación compartida —teatral o fotográfica, satírica o festiva— ha hecho de él un tiempo afectivo. Posicionándose en esa línea intermedia entre las dos entidades distintas que constelan el álbum, donde ya no resulta posible decir «nosotros» («a Gemmeker lo que no le gustan son los judíos, no nosotros», dijo Ehrlich en una ocasión), pero donde nunca se permitirá el acercamiento a «ellos», han parodiado, bailado... y fotografiado. Es desde ese horizonte que Breslauer apuntó con su objetivo, actuando como médium entre la imagen y su referente. La calidad del lugar, «viciado» por su presencia, queda claramente demostrada por la expresión —entre fastidio, sorpresa y agresividad— que un joven nazi, comensal en el almuerzo de Navidad de Gemmeker, dirige a un operador por el que probablemente se siente importunado. Su mirada *golpea* con fuerza todo el relato fotográfico, especialmente si la comparamos con la que los deportados dirigen al fotógrafo: nos habla de un narrador que sólo es tolerado y que, en los enunciados que formula, carece de atributos personales; habiendo perdido toda relación con los prisioneros, tampoco ha llegado a establecerla con los carceleros. Son miradas que, al cruzarse, indican conjuntamente el lugar de una enunciación irremediablemente perturbada.

El deseo y la nostalgia alimentan la historia de Ehrlich, cuya dedicatoria es famosa: junto con sus deseos, los de Rosen y los de Ziegler, la portada muestra al actor sumergido en la mierda que una vaca le vierte encima, mientras suscribe el conocido dicho de que, en tal situación, uno sólo puede callar. Debajo del dibujo aparece la siguiente inscripción: «A pesar de todo, yo gorjeo». Pero también el gorjeo tenía una fecha de caducidad y, «a pesar de todo», en septiembre de 1944 se oyen los últimos adioses: «Desde aquí he visto cómo se alejaban algunos transportes. Y ahora me veo arrojado a las viejas vías de acero. Ahora yo mismo estoy partiendo a bordo del tren con mi mochila. Dicho sea entre nosotros, me parece fatal», cantaba Willy Rosen en su *Adiós a Westerbork* mientras partía hacia Theresienstadt. Y también Breslauer debe al fin partir, expulsado de la destartalada cuerda floja sobre la que venía tratando de mantener el equilibrio. Deportado con toda su familia con destino a Auschwitz, jamás llegaría a ver el resultado de todos sus esfuerzos cinematográficos. Sólo le sobrevivirá una hija suya. Esta parte de la historia carece de imágenes, aunque para nosotros, espectadores últimos a los que llegan sus historias visuales, la única narración que nos permite comprender el horror de ese *formato familiar* que los álbumes de la vida cotidiana de Westerbork ponen en escena es precisamente la del exterminio que no está representado allí.

Dibujos, fotos o películas al final son también sólo el receso, sin principio ni fin, dentro de una historia mucho más atroz que la que muestran. El verdadero relato es el pensamiento de aquello que todavía no saben.[76] Y que hace conmovedor lo poco que saben, y que saben que deben abandonar: aunque fuera una mierda, de algún modo habían encontrado la manera de lidiar con ella.

---

76. En la película de Farocki, de hecho, partiendo del logotipo utilizado en las tarjetas de Westerbork, que muestra una chimenea de la que sale humo, las imágenes de Breslauer parecen ser el anticipo de otras mucho más terribles.

Theresienstadt, un asentamiento al norte de Praga

La tierra otorgada

Las preguntas de Theresienstadt (o Terezín, según la acepción checa)

La primera mujer llega vestida con un atuendo de viaje de tela escocesa y una jaula con pájaros. La segunda, con un equipo de limpieza, deambula distraídamente por las calles:

> PRIMERA MUJER – Del campo vengo.
> SEGUNDA MUJER – ¿Quieres contar conmigo?
> PRIMERA – Estoy completamente desorientada.
> SEGUNDA – Me tiene a su disposición.
> PRIMERA – ¿Dónde puedo informarme mejor?
> SEGUNDA – El sitio lo conozco bien, soy de las deportadas más antiguas.
> PRIMERA Y SEGUNDA, juntas – Terezín, Terezín/ es el gueto más moderno del mundo entero [...]
> PRIMERA – Llego algo cansada del viaje a este lugar.
> SEGUNDA – Ande pues para su casa a dormir como es debido.
> PRIMERA – Y también me daré un buen baño con holgura y desahogo.

SEGUNDA – Si aguanta usted hasta mayo, lo consigue a buen seguro.
PRIMERA Y SEGUNDA, juntas – Terezín, Terezín/ es el gueto más higiénico del mundo entero [...][1]

El autor de estas preguntas en verso es el cabaretista vienés Leo Strauss,[2] hijo del célebre autor de operetas Oscar Strauss, que había logrado ponerse a salvo en Estados Unidos; a Leo, internado en Theresienstadt desde el 1 de octubre de 1942, no le queda, sin embargo, más vía de salvación que la ironía y, desde las tablas del cabaret del *Lager* que lo alberga, canta los acontecimientos de su vida cotidiana. Nunca anda falto de paradojas: por ejemplo, el cruel desengaño experimentado por las personas que llegan a la ciudadela checa colmadas de expectativas; muchas de ellas (especialmente los judíos más ancianos provenientes de los territorios del gran Reich) pensaban haber adquirido, a cambio de sus bienes, una estancia en una localidad termal donde pasar tranquilamente sus días hasta el fin de la guerra. Lejos de ello, un panorama de una crudeza feroz espera a los desafortunados huéspedes de la antigua fortificación austrohúngara, erigida alrededor de un siglo y medio antes para defender Praga, y entre cuyos muros los nazis han ubicado ahora lo que ellos llaman la «ciudad» de los judíos, haciéndola pasar ante el mundo entero como un asentamiento modélico. Así, en lugar de las «habitaciones con vistas al lago» prometidas por los vendedores inmobiliarios, los recién llegados se encuentran con dormitorios con hileras de literas de a tres que se hacinan en un lugar preparado para 7.000 personas, pero que alberga a más de 60.000 durante los periodos de máxima afluencia. Después de que, en julio de 1942, fueron evacuados de Theresienstadt los últimos habitantes arios,[3] comenzaron a llegar «huéspedes» no

---

1. Leo Strauss, *Theresienstadt Frägen*, en *Und die Musik spielt dazu. Chansons und Satiren aus dem KZ Theresienstadt*, a cargo de Ulriche Migdal, Piper GmbH & Co. KG, Múnich, 1986, págs. 71-72.
2. Oscar había quitado una «s» a su apellido para no ser confundido con los autores de los célebres valses vieneses.
3. Cuando la ciudadela estaba habitada también por checos gentiles, normas férreas regulaban la cohabitación de residentes e internos: los judíos tenían prohibido, por ejemplo, caminar por la acera o, incluso, acariciar a un caballo.

sólo del apenas instituido Protectorado de Bohemia, sino también de Alemania y de todos los territorios ocupados por los nazis. Los alojamientos, que inicialmente se habían predispuesto en los barracones rebautizados con nombres de ciudades alemanas, pronto se desbordaron, y fueron ocupando las casas, las tiendas, los almacenes y cualquier local que tuviera un techo o algo parecido. Reunidos en la llamada *Schleuse* —literalmente, «esclusa»—, los recién llegados eran inmediatamente privados de sus ilusiones, así como del equipaje que habían venido arrastrando durante los cerca de tres kilómetros que separaban la estación de Bohušovice del gueto. Al igual que sucedía en Westerbork, tampoco Theresienstadt contaba en los primeros tiempos con una conexión ferroviaria directa,[4] pero para aquella porción de los huéspedes a los que se había reconocido el estatus de «excelencia», o bien a los ciudadanos de «serie A» (por méritos cosechados con anterioridad),[5] el internamiento en la ciudadela checa prometía una estancia sin riesgo de deportación, así como un alojamiento individual. Las promesas, sin embargo, se podían incumplir sin demasiados escrúpulos a la menor ocasión, y aquí, a diferencia de lo que sucedía en Westerbork, los trenes sólo partían con destino al Este: desde la ciudadela no había desviaciones ni retornos, pues Theresienstadt era la última etapa antes de los campos de exterminio. Entre el 24 de noviembre de 1941 (fecha en que un primer *Kommando* de técnicos judíos de Praga, bajo la dirección del ingeniero Otto Zucker, es enviado para transformar la fortaleza original en un gueto destinado a acoger a los judíos de Europa) y el 3 de mayo en 1945, cuando las SS entregan el *Lager* a la Cruz Roja Internacional, de la fortaleza checa partieron 63 transportes directos hacia Polonia.[6]

---

4. El tramo que une Theresienstadt con la estación de Bohušovice fue construido por los propios internos y terminado en julio de 1943.
5. El segundo decano de la comunidad, Eppstein, añadió posteriormente la «serie B» para los varios funcionarios que formaban parte del Consejo, con valor puramente formal, sin las ventajas concretas de las que en cambio gozaba la «serie A».
6. El primer convoy hacia Auschwitz sale el 26 de octubre de 1942, coincidiendo con una oleada de llegadas desde Alemania: si el flujo de entrada al asentamiento excedía los umbrales de población, que ya de por sí rebasaban todos los límites de tolerabilidad, el flujo de salida se abría de inmediato.

Para la mayor parte de las personas que permanecían en el campo, salvándose de las listas de deportación, las condiciones de existencia eran en cualquier caso muy duras y la mortalidad altísima, especialmente entre los ancianos, que en el gueto eran numerosos. Para los individuos que habían sido engañados, o simplemente «despachados» —o hasta «premiados»— con un destino menos feroz que el de Auschwitz (los deportados privilegiados por ser compradores, entre otros motivos), con toda su propaganda «inmobiliaria» de ciudad *destinada* a los judíos de Europa, Theresienstadt parecía ser un lugar de destino, pero luego resultaba no ser más que una escala. La depresión que se apoderaba de los reclusos cuando veían lo que realmente les esperaba era a menudo la antesala de la muerte. «Aquí, en este bello lugar —se pregunta todavía Leo Strauss— todas las preocupaciones se alejan. Sólo queda una: ¿qué hay que hacer para escapar de él?».[7]

A diferencia de los campos de concentración, que tenían una organización carcelaria, Theresienstadt, como los demás guetos (en una lógica puramente propagandística, el término «gueto» se sustituye luego por «asentamiento»), poseía estructuras muy articuladas de gobierno técnico y civil, ideadas y administradas en su totalidad por organismos judíos, como era el caso del Consejo de Ancianos Judíos, ubicado en el barracón Magdeburgo.[8] Esta denominación, que designaba a todo el cuerpo de gobierno, no se refería a la edad factual de sus miembros (que no eran precisamente ancianos, sino más bien todo lo contrario), sino que con ella se pretendía anular, una vez más, todo rastro de narración social madurada por los propios miembros de la comunidad, para devolver todo movimiento progresivo vivido en el tiempo por los individuos concretos al carácter arcaico y tribal que, según los nazis, debía tener una congregación de judíos, sin otra historicidad que la de la raza a la que pertenecen. Entre las ta-

---

7. Leo Strauss, *Einladung,* en *Und die Musik spielt dazu. Chansons und Satiren aus dem KZ Theresienstadt,* op. cit., pág. 63.
8. Había un Departamento de Finanzas y otro de Salud y Bienestar, así como para los asuntos técnicos, comerciales y administrativos. El Departamento de Trabajo y el de Bienestar para la Juventud pasan a ser departamentos autónomos.

reas más ingratas que esperan al Consejo está la de confeccionar la lista para las deportaciones. Al igual que sucede en Westerbork, ese «elenco» lastra toda la vida cotidiana del gueto, pervirtiendo todas las dinámicas: las exenciones, concertadas a precios muy elevados, daban lugar a graves fenómenos de corrupción, también porque, como el número de deportados debía ser en todo caso el mismo, la salvación de un individuo suponía la condena de otro. El decano de los ancianos, designado por las SS (siendo el único interno, junto con el vicedecano, al que se permitía oficialmente comparecer ante su presencia), se presentaba todos los días en la *Kommandantur*, o sede del Estado Mayor nazi, que estaba en un edificio situado a una cuadra de distancia de la sede del Consejo, en la Hauptstrasse. Allí el decano recibía el orden del día, que gobernaba la vida de la comunidad. No cabía hacerse muchas ilusiones en cuanto al margen de autonomía de que disponía: «El decano tenía la posición de una marioneta, de una marioneta cómica», según afirma Benjamin Murmelstein, que fue el último en asumir este papel en Theresienstadt y el único en sobrevivir al cargo.[9] La presencia nazi, más sensible que visible, es suficiente por sí misma para vaciar de contenido

---

9. Benjamin Murmelstein, en Claude Lanzmann, *L'ultimo degli ingiusti*, Skira, Milán, 2014, pág. 35. Murmelstein, tercer y último decano de Theresienstadt, era vienés de nacimiento. A diferencia de lo que ocurre en Westerbork, donde el núcleo originario de internos era de nacionalidad alemana y sólo después se le añaden los holandeses, en Theresienstadt el núcleo originario es checo, y sólo en un momento posterior ingresan en él los habitantes del gran Reich, austriacos y alemanes (seguidos luego por los holandeses, daneses, polacos y húngaros), volviendo a su favor los equilibrios políticos de la gestión del campo. Aunque la ciudadela checa debía ser el lugar que otorgara una ciudadanía única a los judíos de Europa, las nacionalidades de los internos son motivo de negociaciones políticas internas. El primer decano del Consejo de Ancianos Judíos, Jakub Edelstein, era originario de Galitzia y trabajaba en Praga. El 9 de noviembre de 1943 es encarcelado; deportado a Auschwitz poco después, es fusilado junto con toda su familia. Le sucede el alemán Paul Eppstein, que dura en el cargo hasta septiembre de 1944, cuando es a su vez fusilado en el pequeño fortín de Theresienstadt destinado a la detención de los internos, y Benjamin Murmelstein le sucede en el cargo hasta la liberación. A partir de 1943, cuando es deportado de Berlín a Theresienstadt, el presidente honorario del Consejo es Leo Baeck, que ya había sido presidente honorario de la *Kulturbund*, y que sobrevivirá al internamiento.

los poderes nominales de las autoridades hebreas, en las que los nazis delegan sus propias funciones: la efectividad de la autoridad alemana implica la absoluta impotencia de los órganos de gobierno judíos, su reducción al vacío inerte de un mecanismo cómico. La compleja máquina burocrática que preside la vida del campo resulta así una parodia, en la cual el mando real se sirve de una marioneta. Tampoco el escritor Hans Günther Adler (internado en 1942 y posteriormente deportado a Auschwitz en el otoño de 1944, Adler se convertirá, después de su liberación, en uno de los primeros historiadores de la vida del gueto en todos sus aspectos) da pie a hacerse muchas ilusiones en lo tocante a la conformación del gobierno del asentamiento:

> El comandante de las SS, legitimado por el *Führer* para la construcción de su pirámide, opera de forma determinante para el *Lager*, pero rara vez interviene directamente. Las más de las veces se apoya en la pirámide en la cual se refleja y que debe obedecerlo, pues de otra manera el espejo se haría añicos y la pirámide con sus hombres desaparecería: los prisioneros se convertirían en sombras, y su orden, en una pirámide de espejos mágicos que se presentaría como lo que en realidad es, nada.[10]

Así como cualquier delegación en el Consejo de Ancianos Judíos es el reflejo de jerarquías que residen en otra parte, todo organismo organizativo, por mucho que asuma su propia denominación en base a un modelo estatal que designa sus funciones para la comunidad, en realidad reina sobre el caos. La coexistencia entre la eficacia inmediata del poder nazi, el simulacro de las sombras que la reflejan y las urgencias concretas de la vida del campo produce a un tiempo la envoltura de las reglas y los abismos del desorden.

Si Westerbork, en su conjunto, podría describirse como un campo gestionado por las SS siguiendo un modelo de espíritu feudal, con sus caballeros, corte y bufones, Theresienstadt, en los relatos de los supervivientes, está sin embargo dominado por el fantasma devastador de una autoridad transformada en un títe-

---

10. Hans Günther Adler, *Theresienstadt. 1941-1945. Das Antlitz einer Zwangsgemeinschaft*, Mohr, Tübingen, 1955, pág. 242. Adler es también el autor de un proyecto de archivo de la persecución en el museo judío de Praga.

re cómico, que a su vez convierte en caricatura el modelo de gestión que debería representar a los ojos del mundo. Se trata, en definitiva, de un doble paródico, que no obstante halla su razón de ser en otra tipología de doble: de hecho, el origen de la ciudadela hay que buscarlo en el marco de la premeditación de un delito para el cual Theresienstadt facilita la máscara y la coartada. En efecto, la idea de un asentamiento judío que exhibir ante la atención internacional es consustancial a la opción de una «solución final», después de que se demostraran impracticables las demás hipótesis para resolver la cuestión de la presencia judía en Europa, y que pasarían por concentrar a la población hebrea en un único lugar (primero se pensó en Madagascar y posteriormente en Nisko, en Polonia).[11] En su ficción de reserva judía protegida por los nazis, Theresienstadt, fingiendo ser una posible solución, en realidad encubría otra —demasiado delirante para ser tomada en consideración—, y la sombra de aquello que oculta acompaña al asentamiento en todas sus manifestaciones.[12] De este modo, la Solución final y el asentamiento modelo iban de la mano. El último decano del gueto, Benjamin Murmelstein, escribía:

> Allí, a la entrada del río Ohre en el Elba, se eligió una gigantesca arena para la representación de la «solución humana del problema judío», realizada según los planos esbozados para Madagascar. Esta vez parecía que todo saldría bien, porque ya no se estaba ante una realidad dura e impracticable; simplemente, se estaba representando una comedia.[13]

11. La hipótesis de instituir un Estado judío bajo protectorado alemán en Madagascar se desechó después de que los británicos se establecieran en los mares adyacentes, y seguidamente también se desechó, por impracticable, la hipótesis de que los judíos ocuparan un territorio en Polonia, cerca de Lublin.

12. Una sombra que, por otra parte, no adivina siquiera la población de la ciudadela, la cual, si nos guiamos por los testimonios, no sospechaba lo que sucedía en el Este. Las primeras noticias al respecto las reciben el 20 de abril de 1945, con la llegada a Theresienstadt de cerca de 15.000 personas desesperadas provenientes de las Marchas de la Muerte, a las que fueron obligados los prisioneros de los campos de exterminio evacuados.

13. Benjamin Murmelstein, *Terezin. Il ghetto-modello di Eichmann*, Cappelli, Bolonia, 1961, «Introducción», pág. X.

Después del fracaso de los proyectos para un asentamiento real, Theresienstadt —según Murmelstein— ofrece uno falso, «de cobertura» de la «solución inhumana»: la farsa mina de raíz todo el concepto del que surge el gueto, de modo que esta vez la comedia no se limita, como en Westerbork, a unas determinadas «noches coloridas» (gracias al número extraordinario de artistas e intelectuales presentes en el asentamiento, los encargados de gestionar el «tiempo libre» —con toda la ironía que implica esta expresión cuando hablamos de un *Lager*, pero éste y no otro [*Freizeitgestaltung*] era el nombre del departamento encargado de los eventos culturales— pueden programar todo tipo de actividades artísticas y teatrales), sino que la noción de comedia y de títere invade todo el relato de la ciudadela, copando los espacios donde habría podido tener carta de naturaleza un teatro verdadero, un protocolo teatral auténtico y capaz de regular las urgencias de un público legitimado para serlo. En otras palabras, si Theresienstadt se inscribe en el discurso de la comedia no es tanto por los espectáculos que acoge (los cuales, por otra parte, son similares a los que por entonces se representan en los guetos de los demás países ocupados por los nazis), sino por la farsa a la que se presta todo el proyecto desde sus orígenes.[14] Nacido bajo la bandera del engaño y alimentado a base de propaganda, Theresienstadt es una de las mayores ficciones que ha conocido la historia reciente. Dentro de la lógica del exterminio, el gueto parece concentrarse exclusivamente en un único tema: el del espectáculo. Es como si la misma idea de modelo o escaparate que Theresienstadt encarna contuviera el germen de una difusa vocación performativa que desbordara el cauce ordinario de la escena propiamente dicha.

Y llega de hecho un día en que la vocación debe cristalizar en un acontecimiento concreto, y la «suspensión» debe dar lugar al correspondiente «precipitado». Durante un puñado de horas, el modelo exhibe el ideal de una existencia urbana concreta: el 23 de junio de 1944, a instancias del gobierno de Dinamarca (que, habiendo tenido que entregar a sus conciudadanos judíos a los

---

14. Para un análisis de la vida teatral en los guetos nazis, véase la sección dedicada a este asunto en Paola Bertolone, Laura Quercioli Mincer, *Caffè Savoy. Teatro yiddish in Europa*, Bulzoni, Roma, 2006.

alemanes, se propone verificar su destino), se anuncia en Theresienstadt una visita de la Cruz Roja danesa. Sólo un espectáculo cuidadosamente preparado puede lograr el milagro de hacer pasar la provisionalidad por permanencia, y el acontecimiento de la visita, por un día ordinario cualquiera. La orquestación del simulacro —confiada a la denominada «Operación Embellecimiento»— se inicia con meses de antelación, y no escatima ni un solo detalle. Se entra así en una segunda fase de la vida del campo, en la cual el gueto debe coincidir con la imagen de su propaganda. La mentira debe ser configurada como una ficción estructurada para una mirada externa, a la cual se asigna un recorrido predeterminado. El «embellecimiento» afecta a calles y viviendas, a actividades productivas y de ocio: el mismo Consejo debe parecerse en la medida de lo posible al órgano administrativo de una ciudad-Estado, y una Casa de la Moneda imprime las coronas del gueto, una moneda propia con una apariencia de circulación económica que incluye la retribución por el trabajo y los comercios donde gastarla. ¿Con qué artículos se llenarán las tiendas? «Simplemente han requisado las maletas de todo un transporte y así han conseguido la mercancía. Hay una tienda de vajillas, una tienda de maletas, otra de ropa, otra de ropa de cama, una perfumería y una tienda de comestibles».[15] Por increíble que parezca, la puesta en escena de la ciudad ideal de los judíos surte el efecto deseado, aunque todos se refieran, con plena conciencia, al «papel en la comedia» —de actor o de asistente— que ha jugado cada uno. O tal vez sea precisamente esta conciencia lo que colabora con el resultado del evento y propicia su éxito.

Sin embargo, probablemente debido a este continuo juego de refracciones, Theresienstadt, encaramada en sus dos fortalezas —la Grande y la Pequeña para la detención—, sigue siendo, al menos para mí, fundamentalmente incomprensible. La abundancia de documentos, relatos testimoniales, diarios de reclusos, obras de arte que nacieron allí y se han conservado salvándose de manera audaz, multiplican las facetas, pero no aprehenden el fenómeno en toda su complejidad. Para tratar de imaginarlo tal

---

15. Helga Weiss, *Il diario di Helga. La testimonianza di una ragazza nei campi di Terezín e Auschwitz*, Einaudi, Turín, 2013, pág. 76.

vez sea necesario utilizar el paradigma de otras narrativas y atender al declive que van sufriendo en el campo los protagonistas. Por ejemplo, toda la «Operación Embellecimiento» no se puede explicar sólo en base a los protocolos teatrales, ni se puede leer únicamente a la luz de la comedia y de los géneros en que se declina, de la parodia a la farsa. Lo que se pone en escena con ocasión de la visita de la Cruz Roja no es sólo una comedia, con sus correspondientes actores y directores, sino que ésta participa a su vez de una Alegoría; bien mirado, tras la construcción de la ciudad ideal opera la Alegoría del Don. *Hitler dona una ciudad a los judíos* es el título con el que se conoce indebidamente el documental que se realiza en Theresienstadt entre agosto y septiembre de 1944, después de la primera visita de la Cruz Roja. Estudios recientes han demostrado que el título real de la película es (o hubiera tenido que ser si hubiera llegado a circular, que era lo que se pretendía) *Theresienstadt. Ein Dokumentarfilm aus dem Jüdischen Siedlungsgebiet* (Theresienstadt. Un documental desde el asentamiento judío). En cambio, el otro título, que se hizo popular después de la liberación, correspondería, más que a la arrogancia de los donantes, a la ironía de los supuestos agraciados, es decir, a la forma en que los internos se referían al territorio que se les había asignado.[16] Lo cierto es que un enunciado en el que cohabitaran «Hitler» y «los judíos», vinculados por una relación y en términos tan explícitos como impracticables, jamás habría obtenido el derecho de circulación. La figura del Don, por lo tanto, aparece en un momento posterior, y se nombra también en el relato de Murmelstein, que, muchos años después, en el curso de una larga entrevista con Claude Lanzmann, se referirá a ella no como el título de la película, sino como obra de la propaganda de prensa: «Del evento se hicieron eco todos los periódicos nazis, que lo titularon así: "El *Führer* dona una ciudad a los judíos"».[17] Explícita o implícitamente, directa o indirectamente la figura del Don se cierne sobre el evento. El sentido genérico de There-

---

16. Véase Karel Margry, *Das Konzentrationslager als Idylle*: «*Theresienstadt*» *– Ein Dokumentarfilm aus dem Jüdischen Siedlungsgebiet*.

17. Benjamin Murmelstein, en Claude Lanzmann, *L'ultimo degli ingiusti*, *op. cit.*, pág. 13.

sienstadt sigue siendo el de representar una donación, y no sólo de tierra, sino también de protección: además de permitir un asentamiento judío en un protectorado suyo, los nazis habrían asegurado su existencia, protegiéndolo de todos los impulsos antisemitas que abundan en Europa; una amenaza constante a la que la población judía de Theresienstadt habría estado sometida, de no haber contado con el cordón sanitario erigido por las SS alrededor de sus muros.

Pero el Don no es sólo una falsedad en sí mismo: a medida que la suerte de Alemania va empeorando, el Don constituye la forma simbólica de una hipoteca, tanto más coercitiva cuanto que se ejerce en la imposibilidad del intercambio. Situarse en la posición del receptor comporta ante el mundo entero una humillación pública y onerosa, «significa aceptar ser juzgado menor de edad, reconocer la autoridad del donante y reforzar su prestigio; no corresponder puede significar una ruptura, pero también puede implicar una confirmación de la sumisión».[18] Desde esta perspectiva, el burgomaestre judío, cuando abre las puertas de la ciudad a los visitantes, abre las puertas de una ciudad donada y, por lo tanto, se trata desde el principio de un burgomaestre disminuido, rebajado, que realiza una ceremonia de servidumbre. Se trata también de un poder simulado que gobierna una apariencia, pero que no será únicamente la viva encarnación de una burla. La relación de no reciprocidad entre el beneficiario y el donante, instituida en torno a un beneficio que no existe, es la manifestación de una ulterior variante de la relación entre la víctima y el verdugo. La Alegoría no sólo altera la forma de las relaciones, sino que invierte su significado en su opuesto contrario, convirtiendo los antónimos en sinónimos: la expulsión de los judíos y la persecución de los campos se convierten así en el relato del Don y de la Protección, y la puesta en escena la ofrece puntualmente toda la historia construida en torno a una ciudad ideal. Por otra parte, en su raíz germánica, la palabra «donación» —*gift*— comparte una misma área semántica con «veneno».

Si la Alegoría es instrumental en el despliegue de toda la ceremonia de las visitas internacionales —que se repetirán en

---

18. François Pouillon, voz «Dono» en *Enciclopedia*, vol. 5, Einaudi, Turín, 1978, pág. 120.

más de una ocasión en el periodo de tiempo que va desde junio de 1944 hasta el fin de la guerra—, en la existencia misma de Theresienstadt colaboran asimismo otras mitologías que no se relacionan en su totalidad con la propaganda alemana, y que contribuyen a la polisemia del asentamiento. Edelstein, el primer decano de la ciudadela, con la mente puesta en un asentamiento que pudiera evitar las deportaciones masivas,[19] en 1941 empieza a proyectar el organismo de gestión que habría de tener tal asentamiento, y el ingeniero Zucker aporta toda su pericia técnica para la edificación y el funcionamiento de la estructura que habría de servirle de sede. Tanto Edelstein como Zucker eran militantes del movimiento sionista. Desde diciembre de 1941 Edelstein está internado en Theresienstadt, donde desempeña el cargo de decano: había optado conscientemente por permanecer en el protectorado nazi, a pesar de ser un hombre bien relacionado a nivel internacional y que podía moverse por el mundo con cierta facilidad. En la primera etapa del internamiento, especialmente entre los jóvenes, la presencia sionista, así como la militancia en los partidos de izquierda, eran muy comunes, y con frecuencia ambas militancias coincidían en un mismo individuo.[20] En otras palabras, Theresienstadt no es un regalo ni una «donación», pero para muchos es un acto militante. Ante la perspectiva de obtener una «asignación» económica, y hallándose en la situación inédita de tener que pensar *ex novo* los organismos de gobierno de un territorio gestionado en su totalidad por judíos, el decano, y con él los primeros «edificadores», en un primer momento trabajan dentro del marco de un verdadero mito fundacional, en la idea de crear, a partir de las ruinas de la persecución, una nueva sociedad de carácter colectivista y comunitario, donde la capacidad laboral de la comunidad habría asegurado la salvación de todos. Cuando entre los judíos de Praga se plantea el traslado forzoso a la cercana

---

19. Edelstein ya había estado involucrado en la tentativa de asentamiento en Nisko, en Polonia, tras cuyo fracaso regresó a Praga para ocuparse de recaudar en el extranjero los fondos necesarios para la migración judía a Palestina.

20. Aparte de las de los sionistas, las tendencias presentes en el gueto eran las de los comunistas y las de los judíos checos.

ciudadela, los términos que dulcifican y vuelven algo más ligera la deportación giran en torno a la idea de un nuevo comienzo, tal y como se desprende claramente de los diarios de una joven interna: «Según dice nos disponemos a partir hacia una región nueva, para escapar de la opresión y comenzar una nueva vida». Y así:

> 28 de noviembre de 1942. Hemos empezado a construir como verdaderos pioneros: con las manos desnudas y desde la nada. Hoy, seis meses después, se ha dado un buen paso más hacia delante. Se empezó por fabricar las literas, y ahora están construyéndose teatros en los áticos. Ya he ido a varios espectáculos. Pronto será el estreno de *La novia vendida*.[21]

Entre el «poner fin» y el «dar comienzo» hay un momento de vacío, en el cual la voluntad de los nazis confluye con la esperanza de los sionistas. Esta confluencia nunca se da, obviamente, en el terreno de una colaboración; antes bien, es el espacio de una contienda o, cuando menos, de una superposición. Al igual que sucede en el caso evidente de la educación y, en general, del cuidado de la juventud (un ámbito que preocupa en particular al movimiento sionista), se trata de un terreno donde lo que está en juego, antes incluso que la inversión en el futuro, es el pensamiento mismo de un después. El estudio, el aprendizaje, el crecimiento y la formación forman parte de la edificación de un tiempo que no pertenece al proyecto nazi de un mundo occidental liberado de la presencia judía. De hecho, las disposiciones de las SS prohíben en el gueto cualquier forma de escolarización, conforme a un plan de progresiva extinción, material y cultural, de aquéllos a quienes están persiguiendo. Todo el futuro que los nazis llegan a concebir para sus víctimas/beneficiarios es su proyecto de erigir, al final de la partida, un memorial para una cultura judía extinta, de la que ellos mismos, los nazis —después de haber sido sus protectores—, serían sus custodios y narradores, haciéndose cargo del patrimonio de libros y objetos que, por el momento, se hallan depositados en una riquísima biblioteca, a la cual han contribuido todos los depor-

---

21. Helga Weiss, *Il diario di Helga. La testimonianza di una ragazza nei campi di Terezín e Auschwitz*, op. cit., págs. 42 y 66.

tados.[22] En sentido contrario, Edelstein, por su propia cuenta y riesgo, favorece en todos los sentidos (también eximiéndolos de las listas de deportación, a costa de las personas más ancianas) a esos jóvenes en los que ve a los futuros colonizadores de Palestina, y para los que considera que la experiencia actual puede constituir algo así como un gimnasio de entrenamiento. El Departamento para el Bienestar de la Juventud y la Infancia,[23] que tiene iniciativas de un coraje extraordinario (y en su mayoría clandestinas: por ejemplo, quien enseña lo hace a riesgo de la propia vida, debiendo disimular las actividades pedagógicas haciéndolas pasar por otra cosa), se ocupa activamente del cuerpo y la mente de los muchachos y los niños, que viven en edificios separados de los de sus padres y se hallan bajo la tutela de los educadores, que proceden en gran parte del movimiento sionista. Todo ello confiere al gueto un carácter colectivista, y esa impronta sigue siendo visible después de que Edelstein es sustituido por Eppstein, hasta el punto de que un observador de la Cruz Roja que acompaña a la primera visita del equipo danés, el francés Rossel, llega a ver en la comunidad de Theresienstadt «una sociedad comunista dirigida por un "estalinista" de gran valor: Eppstein»; y no será ésta, por cierto, la interpretación más arbitraria de su informe.

Para sus «edificadores», Theresienstadt era también el ejercicio de un futuro y la promesa de una tierra. La necesidad de recurrir a un engaño, al fin y al cabo, imponía una limitación a los nazis, y aprovechando esa doble vertiente o ambigüedad que caracterizaba al gueto (mostrar y ocultar) podía llegar a pensarse que, gracias a los propios esfuerzos sobrehumanos, era posible derribar el asentamiento modelo para construir el modelo de un asentamiento que fuera conjugable en un tiempo *otro*, más allá del escenario que se le había impuesto. En la medida en que los «pioneros» son bien conscientes de las trampas presentes en el

---

22. Existían cerca de 200.000 volúmenes secuestrados a los internos y recopilados en una biblioteca que, según lo planeado, habría de enriquecer un museo-memorial de las «civilizaciones perdidas».

23. A su cargo estaba Egon Redlich, de 28 años de edad, deportado a Auschwitz en octubre de 1944 junto con su mujer y su hijo de apenas seis meses. Todos perecieron asesinados en las cámaras de gas.

terreno en el que han de operar, tratan durante un largo tiempo de arrebatarle a la dirección el significado del asentamiento, a pesar del hecho de que la autonomía de la que goza su criatura tiene la solidez de un castillo de naipes levantado en el interior de una fortaleza de piedra firmemente controlada por el enemigo. La mayoría no escapará a la deportación a Auschwitz.

Pero Theresienstadt anima también mitologías de otra naturaleza, en virtud de las cualidades tan especiales de sus internos: como ya hemos dicho, la población del asentamiento incluye a «excelencias» de todos los ámbitos del conocimiento humano y de las diversas prácticas que lo aplican, en los campos del arte, la política, la economía, las ciencias y la tecnología. De Checoslovaquia, Alemania, Austria u Holanda llegan políticos, exploradores, músicos, filósofos, actores, directores, poetas, coreógrafos y cabaretistas conocidos en todo el mundo que centran la atención del gueto, encerrando también a los carceleros en una especie de escaparate que, lógicamente, constriñe su libertad de acción. Cuando no son directamente los nombres, es el eco de los apellidos lo que aún resuena en la historia internacional reciente: en el terreno artístico y literario, está presente una sobrina de Hauptmann, la hermana de Kafka, el hermano de Max Brod, las hermanas de Freud, Eduard Rosé, fundador del cuarteto Rosé y cuñado de Mahler; una nieta de Liszt; y concluye sus días en el manicomio del gueto incluso una hija de Herzl, el padre del sionismo. El elenco de los habitantes del asentamiento parece rimar con la cultura del siglo XX sólo para condenarla a la desolación de un doble suyo, degradado y paródico, que la hace retroceder a lo largo de los siglos, despojándola de todo el significado revolucionario que había anunciado en su advenimiento. La población de Theresienstadt se caracteriza por un alto nivel intelectual, al que da rienda suelta, con un desprecio de las circunstancias que bordea la paradoja. Cuenta un interno venido de Praga y que se encuentra en el *Schleuse*:

> Casi 400 hombres, montañas de equipaje, zumbido de voces, haces de luz que caen desde el techo sobre las cabezas rasuradas. El rabino Unger habla con un judío convertido al cristianismo sobre la cuestión del Mesías. En otro lugar tratan de explicar la genealogía de Jesús, el número 666 del *Apocalipsis* de San Juan y la influencia que tuvo

Schopenhauer en Nietzsche; tratan así de compensar los sufrimientos físicos con una intensa vida espiritual.[24]

Las discusiones, que no cesan ni siquiera en el momento durísimo de la llegada, prosiguen luego en los barracones y se vuelven conferencias, una manifestación constante de la vida de la comunidad que se corresponde idealmente con la transmisión del propio saber, con el testimonio que se da en un régimen de extrema precariedad y que, por lo tanto, es tanto más necesario: «La exigencia de conferencias era muy fuerte [...]. Los jóvenes, que llevaban años sin escolarizar, deseaban fervientemente una instrucción más amplia».[25] También el cabaret había sido, ya desde la época de la edificación del asentamiento, una de las primeras expresiones teatrales, gracias a Karel Švenk, un artista del cabaret de vanguardia de Praga que formaba parte del equipo enviado para organizar el asentamiento.[26] Quien tiene una pluma o un lápiz lleva un diario, y esboza las escenas que ve en hojas improvisadas. Luego se va abriendo paso una verdadera actividad de prensa, con gente jovencísima, otros menos jóvenes e intelectuales. Tampoco las manifestaciones culturales, como la educación escolar en los primerísimos días de existencia del *Lager*, estaban permitidas, así como estaba prohibido, bajo pena de muerte, poseer instrumentos musicales. En el umbral de los dormitorios, donde se improvisaban las tardes, vigilaban los centinelas para advertir a tiempo de la presencia enemiga. No se permitían los aplausos, y todo se desarrollaba en estado de sitio.

---

24. En Benjamin Murmelstein, *Terezin. Il ghetto-modello di Eichmann*, op. cit., pág. 22.
25. Hans Günther Adler, *Theresienstadt. 1941-1945. Das Antlitz einer Zwangsgemeinschaft*, op. cit., pág. 600.
26. «Justo después de la llegada del segundo *Aubaukommando* —del que formaban parte muchos músicos que, desafiando la prohibición de las SS, habían traído consigo sus propios instrumentos— fue posible crear un verdadero espectáculo de variedades con medios improvisados, en el que participaron una quincena de artistas [...] en el que el actor y director Karel Švenk interpretó por primera vez su famoso *Vsechno jde!* (¡Todo va bien!), una pequeña balada que termina con el verso "Y un día nos reiremos/ en las ruinas del gueto", que a partir de ese día se convertiría en la nota final de sus espectáculos». Dario Oliveri, *Hitler regala una città agli ebrei*, Epos, Palermo, 2008, pág. 115.

Más adelante, en los últimos días de 1941, se autorizan esas veladas, y en 1942 el tiempo libre se convierte en uno de los departamentos del gueto:

> En los años 1943/1944 se publica semanalmente el programa de actividades: conferencias de carácter general y de argumento judío en alemán, checo y otras lenguas; teatro en alemán, checo y yiddish; recitales (también en hebreo y en otras lenguas antiguas), conciertos, cabaret y deportes. A menudo los organizadores envían invitaciones privadas. En las casas o habitaciones hay funciones especiales y privadas, que en su mayoría se anuncian a viva voz. Los Departamentos de Salud y Juventud organizan ciertas actuaciones en los hospitales [...] A las SS les importaba poco lo que se hiciera o dijera. Había que observar algunas reglas: una conferencia no podía titularse «Los judíos en la literatura alemana», sino «Los escritores judíos en lengua alemana». En julio de 1944 había que presentar para su revisión a las SS los textos a recitar y representar [...] a veces parecía como si el pequeño mundo del gueto se licuara por entero en espectáculos y teatro. Los espacios demasiado pequeños obligaban a repetir varias veces las piezas, algunas de las cuales se representaban en serie, como en una gran metrópoli.[27]

La cultura manifiesta un carácter internacional, más que de estricta observancia hebrea: «no falta nada del repertorio que los judíos de la *Mitteleuropa* han aprendido, para bien y para mal, de las sociedades no judías en las que se habían integrado».[28] Pero aquella intensidad de la vida cultural se derivaba de alguna manera de las condiciones impuestas de restricción material frente a las cuales reaccionaba, y eso explica que la enumeración de actividades que hace Adler no exprese un especial entusiasmo ante un tiempo libre en el que, si tantas cosas se concedían, sólo era porque nada tendría circulación externa. Con todo, tanta profusión de eventos con ocasión de la visita de la Cruz Roja no deja de surtir su efecto, contribuyendo al plan de propaganda nazi:

> De esta forma, en el verano de 1944 Theresienstadt se antojaba como un perfecto El Dorado en Europa, donde no había incursiones

---

27. Hans Günther Adler, *Theresienstadt. 1941-1945. Das Antlitz einer Zwangsgemeinschaft*, op. cit., pág. 589.
28. *Ibíd.*

aéreas ni escenarios de guerra, sino nada más que entretenimiento, como si no hubiera peligro alguno. La Comisión vino y se quedó atónita.[29]

Paradójicamente, en la Ciudadela se refugia aquella experiencia urbana que había abandonado las metrópolis europeas, huyendo de la devastación de los bombardeos. Pero no es ésta la única narración inversa: también los testimonios de los protagonistas, obligados a actuar en circunstancias del todo excepcionales, captan esa singularidad, para bien y para mal. El compositor Viktor Ullmann, que ha producido en ella su ópera más célebre, *El emperador de la Atlántida, o el rechazo de la muerte*,[30] analiza la Ciudadela en términos de ética de la forma:

> Para mí Theresienstadt es la escuela de la forma. Al principio, cuando aún no se hacía sentir la violencia y la dureza de la vida material porque había un confort —esa magia de la civilización— que los eliminaba, era fácil crear formas hermosas. Aquí, donde incluso en la vida cotidiana es necesario tener razón sobre la materia a través de la forma, y donde el arte en su conjunto es la antítesis del medio circundante... aquí se halla el auténtico magisterio, para todo aquél que quiera mirar, con Schiller, el secreto de la obra de arte: borrar la materia con la forma, porque la misión más importante del ser humano no es el ser estético sino el ético. He escrito mucha música nueva en Theresienstadt, sobre todo para satisfacer las necesidades y de-

---

29. *Ibíd.*, pág. 593. Adler recoge la crónica de una cantante.
30. La ópera, compuesta con libreto de Peter Kien, nunca se representó en Theresienstadt por culpa de la censura, a pesar de que la había ensayado el maestro Schächter. La partitura, custodiada por Adler, llega a manos del director de orquesta Kerry Woodward, quien, en 1975, la propone por primera vez, con sus propios arreglos, al Bellevue Center de Ámsterdam. Desde entonces, la obra ha sido objeto de varias representaciones y revisiones que la han acercado a la versión original. Ullmann, director de orquesta y compositor de origen austriaco, fallece en Auschwitz en el otoño de 1944. En términos generales, la música de aquel periodo es un campo de investigación de gran importancia. A la música producida en los campos de concentración está dedicada la extraordinaria investigación de Francesco Lotoro, autor de la enciclopedia discográfica en 24 CD-volúmenes *KZ Musik*, que contiene 407 óperas escritas en los campos, de las cuales él mismo es el intérprete del repertorio pianístico y director de orquesta con su Orquesta Música Concentracionaria.

seos de directores, pianistas, cantantes y, más tarde, las necesidades del Departamento de Ocio del gueto.[31]

En relación con la comunidad que le da expresión, en el gueto se restablece un régimen de necesidad en materia de creación artística. La profusión de actuaciones y de actores, todos ellos reunidos en un mismo lugar y en un mismo periodo, con el trasfondo de las penalidades del día a día y la amenaza de deportación a Auschwitz que afectará a la mayoría de los artistas, no sólo genera eventos y obras numérica y cualitativamente relevantes, sino que también crea la trama de un tejido social que operará de manera distinta y singular. Las excepcionales condiciones de trabajo las recuerda, desde un punto de vista de nuevo diferente, otro músico presente en Theresienstadt, el violinista Karel Froelich, que sobrevivió a la deportación a Buchenwald y luego a Auschwitz:

> Para un artista, trabajar durante la guerra en el sector que había elegido, con excelentes compañeros y, en un cierto sentido, en un *milieu* ideal suponía una oportunidad formidable. Lo único que teníamos que hacer era tocar. Sin embargo, la filosofía de fondo era que no se tocaba realmente para un público, ya que éste desaparecía constantemente [...]. Siempre he pensado en el hecho de que, antes de la guerra, un violinista de la índole de Bronislaw Hubermann daba conciertos todos los años en Praga, y todos los años había el mismo público escuchándole en la sala «Lucerna». En cambio, nosotros teníamos cada vez un público diferente: llegaba un convoy con mil personas y partía un convoy con mil personas [...]. He tocado para un público de muertos.[32]

A la evanescencia fantasmática de la audiencia —destinada, a su pesar, a no ser más que un flujo— o a la virtualidad de las visitas internacionales, los actores de la escena de Theresiens-

---

31. Viktor Ullmann, en Hans Günther Adler, *Theresienstadt. 1941-1945. Das Antlitz einer Zwangsgemeinschaft*, op. cit., pág. 661.

32. Joža Karas, *La musica a Terezín*, Il melangolo, Génova, 2008, pág. 296. En realidad, la misma provisionalidad afectaba tanto al público como a los músicos en su conjunto; por ejemplo, el coro de la *Misa de Requiem* de Verdi fue diezmado en el curso de sus sucesivas representaciones a causa de las incesantes deportaciones.

tadt, ya fueran músicos o actores de teatro, contraponen la realidad de su propia actividad de interpretación: para estar vivos —y para seguir estándolo— era preciso seguir siendo actores en la medida de lo posible, permaneciendo firmemente en el foco de atención. Pero cuando habla de «oportunidad formidable», Froelich pone en marcha una narrativa ulterior que se enmarca dentro del área semántica común de *concentración* (en tanto que proximidad de las personas en el interior de un mismo espacio social) y *concentracionario* (como puro atributo de un dispositivo carcelario), transformando al primero en cualidad del segundo.

En este sentido, recuerdo mi primera publicación científica, dedicada a un episodio poco conocido de la cultura alemana, a saber, la fundación de una colonia de artistas en las colinas de Darmstadt. La iniciativa no nació espontáneamente, como otras en Europa, sino que fue producto de la firme voluntad del gran duque de Hesse, que había reunido en torno a sí a algunos artistas figurativos, pintores, arquitectos y diseñadores de artes aplicadas, a los que dio los medios económicos para construir sus propias casas. El año en que sucedía todo esto —1900—, la finalidad que lo inspiraba (una exposición prevista para 1901 cuyo objeto eran las casas de los artistas, sus interiores) y el mismo formato de la exposición (una representación teatral inauguraba, con personajes marcadamente sacros, cuando no esotéricos, la «visita a la casa» por parte del público, unificando así el espacio vivido y el espacio exhibido) hacían de este episodio, al menos a mis ojos, algo particularmente sintomático de la mitología del nuevo ciclo. Las viviendas individuales no mostraban tanto la arquitectura o los objetos concretos de diseño como el día a día del artista modernizado en los espacios donde se desarrollaba o, en otras palabras, el milagro de una existencia que el arte plasmaba y renovaba. Frente a la amenaza de un mundo cosificado por la industria, la exposición proponía una religión de la vida comunitaria en el espíritu de la cooperación de las artes, y la vida como única obra de arte total de la modernidad. Éste era el fruto más exclusivo del nuevo siglo, su «nunca antes se había visto»: el tiempo del advenimiento y la ceremonia depositaban un mandato en los espectadores, introduciéndolos en casas que no eran tanto un asentamiento urbano como la cristalización del mito de una refundación palingenésica.

En una versión degradada, burlesca y envilecida de todo aquello, Theresienstadt parece volver a proponer en el gueto una de las mitologías más persistentes que animaron las postrimerías del siglo XIX y los inicios del XX: la de las «colonias de artistas». En los campos nazis y en toda la maquinaria (conceptual, industrial, ficcional) en torno a ellos, cuarenta años después de su advenimiento, el siglo XX parece ejecutar con ferocidad y burla todas las narrativas que lo habían introducido con clamor en el curso de la historia; después de haber explorado todos sus lados, al final, con un abrazo suicida, el siglo se hunde en su reverso. De entre todos los mitos del siglo XX, los *Lager* proponen una nueva versión de la Marioneta y la Máquina célibe del aparato burocrático: Jarry más Kafka.

Reír y llorar, emociones para vivir

La comitiva espera en el patio para recibir la bienvenida del gueto. El decano, un hombre todavía joven, vestido con sobria elegancia, mira sonriendo a través de los lentes de tortuga. Su voz es agradable, la forma de hablar, persuasiva; es el profesor universitario que va impartiendo su clase: zona de residencia judía, administración autónoma, Consejo de Ancianos Judíos, banco, correos, paga mensual, tiendas, espectáculos... El discurso termina con una invitación dirigida a los nuevos habitantes del gueto, de quienes solicita su colaboración para contribuir al desarrollo de todas estas bellas cosas. Un holandés anciano responde en un precario alemán, se detiene y empieza de nuevo desde el principio, se traba y vuelve a empezar; sólo al tercer intento llega a buen puerto, ya que por fin se ha aclarado las ideas y ha dejado de sembrar confusión hablando del «campo» de Terezín. ¿Cómo se le ocurre confundir un área residencial con un campo de concentración? Ha sido bastante desagradable, sobre todo si tenemos en cuenta que toda la ceremonia estaba siendo grabada en película sonora por la agencia Aktualita de Praga. El pequeño incidente ha causado un leve retraso sobre el horario previsto; ahora comienzan los técnicos a desmontar la máquina, y los focos se apagan. Los holandeses pueden retirarse finalmente a descansar, ahora que han adquirido la ciudadanía de Terezín... Qué gente obtusa, estos holandeses. Primero se empeñan en aguarnos la fiesta, hablando de un campo de concentración en una zona residencial, y luego no quieren acusar recibo de que las tomas cinematográficas han terminado. ¡Malditos judíos, abrid los ojos, ya no están rodando!³³

En el libro que dedica al gueto del que él ha sido el último decano, Murmelstein relata cómo fue la llegada de los primeros convoyes procedentes de Westerbork, entre enero y febrero de 1944: los deportados holandeses, consternados por las esperas y entumecidos por el largo viaje, se encuentran con que tienen que desembarcar directamente en el plató de un documental (el segundo de un total de tres rodados en Theresienstadt entre 1942 y 1945), que Hans Günther, jefe de la oficina central para la inmigración judía en Praga, había encargado a la agencia praguense Aktualita. Ayudado por cuatro asistentes, Karel Pečený, el director de la agencia, filma el discurso de bienvenida del decano Eppstein a los recién llegados; según algunos testigos oculares, también filmaron al comandante del campo, Günther, ayudando personalmente a los pasajeros a bajar del tren. No obstante, el Ministro del Interior, Himmler, considera que el documental no es lo suficientemente convincente, de modo que las tomas son destruidas. Sin embargo, de aquel episodio se conservan las tomas fotográficas de uno de los operadores, Ivan Vojtech Frič, todas ellas dedicadas a la llegada procedente de Holanda. Entre estos fotogramas, hay una serie fechada en febrero de 1944 que sigue a los deportados desde la estación de Bohušovice hasta su llegada a la Gran fortaleza. Hay en la secuencia una cierta crudeza: después de haber arrastrado sus cosas por el barro, hombres y mujeres van fluyendo por los corredores entre los barracones como una gran corriente de carne, tela y fardos; un tropel de pasos que tropiezan, aturdidos por la desorientación que los frena y al mismo tiempo los empuja, confundiendo sus direcciones. Los vagones en los que han estado recluidos durante dos días los acaban de vomitar a la luz del día: algunos se adelantan, otros regresan dando la espalda al objetivo; las mochilas los hacen más pesados, y las cabezas cubiertas por las capuchas o los pañuelos dan a sus personas una curiosa silueta frailuna. Los disparos de cámara los atrapan en el momento en que entran por

---

33. Benjamin Murmelstein, *Terezin. Il ghetto-modello di Eichmann*, 1961, *op. cit.*, págs. 103-104.

la fuerza en la realidad de Theresienstadt, cuya evidencia, ya con los focos apagados, contrastaba irremediablemente con el cuento del gueto modelo: probablemente todavía no tienen claro adónde ir o qué les espera, pero ya se han dado cuenta de que no han llegado precisamente a la tierra prometida. Sin embargo, más allá de la confusión y la resignación colectivas que las imágenes trasladan podemos empezar a distinguir a los figurantes individuales que aparecen en ellas, y escuchar el principio de una historia individual a partir de algunos detalles: por ejemplo, entre las muchas capuchas, pañuelos anudados alrededor de la cabeza y gorras caladas destaca un sombrero de ala tiesa. En primer plano en el extremo derecho de la imagen, en la corriente que viene hacia delante, fluyendo al aire libre hacia los riachuelos donde finalmente habrá de dispersarse, puede verse a un caballero cuya indudable corpulencia, que concluye en la amplia circunferencia de la cabeza, se ve realzada por la elegancia de un abrigo y un sombrero bien puesto. La figura está ligeramente separada de las demás y esto le da un aire de dominio, una cierta seguridad que de alguna manera la dispensa de las incógnitas de la situación que tiene ante sí y del gesto que tendrá que dedicar al asunto. En el atuendo, en la forma de andar, en la determinación obstinada, transpira «excelencia». La imagen no ofrece una identidad precisa, pero si la fecha de febrero fuera correcta,[34] aquel enorme corpachón podría ser precisamente el que encarnó con arte la fuerza de Tiger Brown en *La ópera de los tres centavos*, el despotismo patronal del mago Kiepert en *El ángel azul*, la rencorosa ligereza del fantasma de la casa solariega Kitay en la revista *Spuk auf Schloss Kitay* y tantos otros personajes «entrados en carnes» del espectáculo alemán previo a la llegada de Hitler al poder. Del convoy procedente de Holanda, anticipándose en gran medida a los demás componentes del *Gruppe Bühne* de Westerbork, sabemos a ciencia cierta que el 26 de febrero llegó a Theresienstadt Kurt Gerron, y para los que nos imaginamos que lo sorprendimos de incógnito, en la masa en la que todavía

---

34. Varias publicaciones muestran las fotografías con fecha de febrero. Por otro lado, la filmación de la película se produjo principalmente en enero, cuando los dos primeros convoyes llegan de Westerbork, seguidos de los que llegarían en febrero.

nadie había ido a buscarlo, la suya sigue siendo una entrada de actor principal, a pesar de que los signos de la deportación están bien presentes en el relato de la imagen y en la desesperada estrechez de la escena a la que el personaje se aproxima. De Holanda viene también otra excelencia del espectáculo alemán, el pianista Martin Roman, que estaba detenido en el campo de prisioneros de Vught. En Theresienstadt, Roman y Gerron retoman su asociación profesional:

> [...] Entonces Gerron me dijo: «Martin, el comandante Rahm se ha enterado de que estoy aquí. Me conoció en una de mis películas y me ha dicho hasta qué punto se sentía honrado por conocerme personalmente; me ha pedido que organice un espectáculo y que escriba la música. Le respondí que tengo aquí a mi arreglista favorito y me ha dicho: "¿Dónde está? Entonces, ¿dónde está?". Me dio una referencia y desde entonces he sido dispensado de mis obligaciones laborales».[35]

Si bien es cierto que, a su llegada a Theresienstadt, en el campo había ya numerosas formaciones de teatro y cabaret en funcionamiento, para el cabaret en alemán (desde julio de 1944, por añadidura, el alemán pasó a ser la lengua oficial del gueto, al menos hasta la segunda visita de la Cruz Roja, que tuvo lugar al año siguiente) ambos formaban una pareja estelar, así como lo fueron Max Ehrlich y Willy Rosen en los escenarios de Westerbork.

Si la imagen del desembarco en la gran fortaleza de Theresienstadt nos traslada la hipótesis de un nuevo comienzo, los siguientes pasos de Gerron los conocemos por los testimonios de aquéllos que habían compartido el mismo transporte con él:

> Pasábamos por la *Schleuse*, que era donde se llevaban la mayor parte de las cosas que habíamos traído de casa. Objetos robados ante la

---

35. Martin Roman en Joža Karas, *La musica a Terezín, 1941-1945*, op. cit., pág. 243 (extracto de una entrevista que el autor grabó el 8 de septiembre de 1978 en Emerson, Nueva Jersey). En otras entrevistas Roman cambia la versión de los hechos y atribuye directamente al comandante de las SS Karl Rahm la iniciativa de la formación artística: «[Rahm] me dijo: "Tengo otra tarea para ti. Haré un nuevo cabaret que habrá de llamarse *Karussell*. La dirección es de Gerron, a quien conoces de Holanda. Tú harás la música"». Martin Roman en Volker Kühn, *Kabarett im Angesichts des Todes*, op. cit., pág. 26.

mirada cautelosa del Scharführer Haindl, un austriaco particularmente sádico. De alguna manera reconoció a Gerron sin darse cuenta de quién era realmente. Estaba cerca y vi la expresión de satisfacción en la cara de Gerron porque uno de sus *fans* lo había reconocido. Pero la expresión no duró mucho porque Haindl lo golpeó tan fuerte como pudo, y cuando Gerron cayó lo pateó varias veces en las caderas como una bestia... Ser famoso no le había servido de mucho.[36]

Porque, si bien es cierto que Gerron es una «excelencia»[37] y que su interpretación en *El ángel azul*, si él lo hubiera querido, habría podido abrirle las puertas de Hollywood,[38] su única aparición reciente en una producción cinematográfica alemana había consistido en una referencia en *Ewige Jude*, que lo convirtió en campeón de la obscenidad judía. No en vano, una de las primeras disposiciones de los nazis en la Holanda ocupada fue imponer la proyección de dicho filme en las salas cinematográficas «entre el 29 de agosto de 1941 y el 30 de abril de 1942».[39]

Coincidiendo con la llegada de los convoyes de Holanda a Theresienstadt, las riendas del comando del campo habían pasado al oficial de las SS Karl Rahm, tercer y último comandante de las SS, después de Siegfried Seidl y Anton Burger. Con el gobierno de Rahm da comienzo la segunda fase de la existencia del gueto, cuando, una vez desengañados los judíos allí internados, ahora se trata de embaucar al equipo de la Cruz Roja danesa. Es así como la «Operación Embellecimiento» se apodera del campo, absorbiendo sus mejores energías: a su pesar, los estafa-

---

36. Peter E. Spier en Barbara Felsmann, Karl Prümm, *Kurt Gerron, 1897-1944. Gefeiert und gejagt*, op. cit., pág. 99. Peter era hijo del dibujante holandés Jo Spier, internado con mujer e hijos por sus dibujos satíricos contra Hitler, primero en Westerbork y luego en Theresienstadt, donde colaborará con Gerron en la película de propaganda que se le encargará a este último.

37. El estatus de *Prominent* de Gerron, que lo clasificaba como ciudadano de Theresienstadt de «serie A» (con derecho a la asignación de un alojamiento individual y a la exención de los transportes), respondía a una doble razón: la Cruz de Hierro que había ganado en la Primera Guerra Mundial y el haber sido director de cine de la UFA.

38. Cuando estaba en Holanda, Gerron había rechazado, por motivos fútiles, un guión de Hollywood para Peter Lorre. Luego, cuando estuvo dispuesto a marcharse bajo cualquier condición, la oferta se pospuso hasta tiempos mejores, y al final quedó en nada.

39. *De Telegraaf*, 26 de agosto de 1941.

dos han sido promovidos a estafadores. Para Rahm, que estaba inmerso en los preparativos para el próximo truco, la llegada de Gerron y Roman supone un verdadero «regalo». El comandante observa con interés más que partícipe su «estreno en el campo», que para ambos pasa por la revista de Hans y Lisl Hofer, *Lach dich Gesund* (Ríe y te pondrás bien), donde Gerron, como ya sucediera en Westerbork, figura como estrella invitada. Rahm no es quizá un espectador tan ferviente como Gemmeker, y el interés que cultiva por los espectáculos de los presos, más que reflejar pasiones personales, responden al plan de Eichmann de establecer una ciudad modelo. En cualquier caso, Rahm es un hombre práctico y conoce bien el peso específico de los recién llegados, así como la oportunidad que brindan de tener «voces alemanas» en un campo checo. La propuesta de Gerron de organizar un verdadero espectáculo de cabaret, *Karussell*, cumple plenamente con sus expectativas. También participan Martin Roman y Anny Frey, que desertaron de Hofer para la ocasión, a los que, entre otros, se añadieron Leo Strauss y el artista de cabaret berlinés Manfred Greiffenhagen, que componen los textos. El proyecto encuentra en el comandante, más que un apoyo para encontrar el espacio y las materias primas que necesitaba, un verdadero *sponsor*. Rahm se da cuenta de que la voz de Tiger Brown es todo lo que necesita para superar a los cabarets de Praga, menos controlables en razón del idioma y del olor a militancia política.[40] *Karussell* debutó el 18 de abril de 1944 en el barracón de Hamburgo.[41] El dibujo que le dedica a Bedrich Fritta, uno de los grandes artistas visuales de Theresienstadt, tiene su centro de gravedad en la circunferencia del vientre de Gerron, a quien corresponde hacer el movimiento del tiovivo, con el mismo gesto imperioso con el que el actor, en el papel del mago Kiepert, enviaba a Lola-Lola al escenario en *El ángel azul*. Para dar la bienvenida al *show* estaban las palabras de Leo Strauss, que habló de recuerdos de infancia; por su parte, la música de Martin Roman daba al conjunto un ritmo de opereta,

---

40. Como ya hemos tenido ocasión de recordar, entre los internos checos había también militantes socialistas y comunistas, como era el caso del propio Karel Švenk.

41. Según Roman fue el 3 de mayo.

mientras la voz de Gerron se elevaba, sólida y plena, con la precisión sonora del chasquido de un látigo:

> Hace ya muchos años
> Cuando éramos niños
> Teníamos un ideal.
> Si en casa se quería tranquilidad
> O si se quería dar un premio
> Una recompensa de nuestra elección
> Había un coro infantil que gritaba:
> ¡¡¡Oh, por favor, una vuelta en carrusel,
> un paseo en tiovivo, por favor!!!

Con la estrofa siguiente, sin embargo, el juego infantil entronca con el momento presente. No puede haber duda acerca de cuál de los dos sentidos que las palabras apuntan alude a la situación actual:

> Éste es un viaje muy extraño.
> Un andar sin final
> E incluso si el círculo no tiene salida
> La experiencia te deja aniquilado.[42]

Pero para Gerron hay un gesto ineludible en la amplia partitura que le proporciona su voluminoso corpachón; por agitadas que hubieran sido sus relaciones con Brecht,[43] las estrofas y los ritmos de *La ópera de los tres centavos* están bien inscritas en la mole redonda de su físico, así como en el timbre de la voz con la que se presenta en escena. Expulsados de todos los escenarios de la Europa continental invadida por los alemanes, los versos de Brecht y la música de Weill se pasean ahora por el gueto judío gracias a uno de sus intérpretes originales, como si fueran

---

42. Leo Strauss, *Karussel*, en *Und die Musik spielt dazu. Chansons und Satiren aus dem KZ Theresienstadt*, a cargo de Ulriche Migdal, *op. cit.*, pág. 59.

43. Brecht y Gerron discutieron profusamente durante los ensayos del espectáculo que siguió a *La ópera de los tres centavos*, *Happy End*, que se suponía iba a tener tanto éxito como la anterior. Brecht y Weill escriben las canciones para un texto firmado con seudónimo, Dorothy Lane. Las tensiones afloran entre Brecht y el director, Erich Engel, y entre Brecht y la compañía. A Gerron, que se quejó de su papel en el tercer acto, Brecht, entre insultos, le espetó que, de no haber sido tan gordo, habría seguido en el paro.

bombas de las que se hubiera desactivado toda la carga subversiva, bombas detonadas en medio de la nada. Sin embargo, los «dientes del tiburón» todavía suenan secos en el número de «erres» que Gerron hace estallar, afilándolas dentro de la rotundidad de sus cajas armónicas; la voz amplia es un paisaje en blanco y negro donde nacen, sin saltos repentinos, formas sólidas y bien sustentadas, y *Die Moritat von Mackie Messer* surte, a pesar de todo, su efecto amenazador: «Era maravilloso, con todas aquellas "erres". Daba miedo. Volvía todo real, todo verdadero. Era un gran artista, un magnífico cantante, un actor excelente».[44] Devolver una imagen amenazante cuando se está amenazado en primera persona no es una hazaña pequeña; y la historia de las «erres» que rotan dentro de la rotundidad de su figura evoca a otras «erres», aquéllas con las que el títere por excelencia del siglo XX, Ubu, juraba y perjuraba ante su «molleja», mientras bailaba dando saltos en el escenario, que mataría a reyes, a reinas y a ejércitos enteros de polacos.

El espectáculo es un gran éxito, tanto entre los internos como entre los que custodian a los internos, los cuales habían visto ya un primer ensayo:[45]

> [...] presentamos un espectáculo al que asistieron Rahm y todo el Estado Mayor de las SS; también se invitó a algunos judíos, y todos los músicos estaban al corriente. El comandante Rahm dijo a los músicos: «Ahora os voy a enseñar lo que es el *Kunst* (arte). Tengo aquí a algunos alemanes. No checos, sino alemanes: ¿entendéis?». Y Kurt cantó. Así como Hermann Feiner, gran especialista de cabaret y actor de gran nivel.[46]

---

44. Entrevista a Margit Silberfeld en *Kurt Gerron – Prisoner of Paradise*, de Malcom Clarke, Stuart Sender, *op. cit.*
45. Se dice que Gerron gustaba también a los carceleros, porque era menos áspero que Švenk. Véase Dario Oliveri, *Hitler regala una città agli ebrei*, *op. cit.* El juicio, recurrente en muchos textos dedicados a Theresienstadt, refleja las primeras consideraciones de Adler, que acusaba al cabaret alemán de estar demasiado domesticado en comparación con el checo, más experimental y más político.
46. Martin Roman en Joža Karas, *La musica a Terezín, 1941-1945*, *op. cit.*, pág. 243 (extraído de una entrevista que el autor graba el 8 de septiembre de 1978 en Emerson, Nueva Jersey).

Rahm, con «sus» alemanes, siente que ha ganado la partida a los checos, mientras que Gerron se ha reapropiado del escenario y del público. Cuando Rahm no encuentra a Gerron en *su* cabaret, va en su busca; desciende a los abismos infernales del gueto, por donde lleva su espectáculo como un viático en dormitorios de enfermos terminales, donde los ancianos aparcados esperan la descomposición entre sacos de paja. En Theresienstadt el actor está de nuevo en el centro de una intensa vida teatral de relaciones e intercambios, tal y como lo exigían la tradición y su estatura artística. Si como interno judío está sujeto a la operación de aniquilación sistemática puesta en marcha por los nazis, la posibilidad de ejercer su profesión lo reintegra en su propio yo y le brinda la ocasión de jugárselo todo aquí y ahora, en el espacio que dura su actuación: como actor (él es el encargado del cabaret alemán en la *Freizeitgestaltung*) y como director teatral (le espera la dirección de *Carmen* a cargo de Franz Eugen Klein), pero también, más adelante, como encargado de dirigir una película. Por lo tanto, todo parece corroborar, siempre dentro de los límites de una circunstancia odiosa y de la ferocidad con la que se infligía, aquellos pasos que la fotografía inicial nos permite imaginar. Una situación mejor, en cualquier caso, que la de Westerbork, donde no dejaba de ser una estrella invitada de la Gruppe Bühne o un pasatiempo para los invitados de Gemmeker. Aquí, el repertorio, la competencia (estaban los otros cabarets con los que medirse, al menos cinco formaciones reconocidas más las improvisadas) e incluso los celos tenían los ecos de la comunidad de antaño, arrojada en otro giro del mismo infierno.[47] El tiovivo era una metáfora apropiada para Theresienstadt, donde todo vuelve, fingiéndose igual a sí mismo. Estamos en la ciudad del «como si» (según los célebres versos que le dedica Leo Strauss), donde «la vida se vive "como si" fuese vida»; donde «los hombres van corriendo por la calle y, aunque no tienen nada que hacer, se comportan "como si" lo tuvieran»; «donde hay incluso un café

---

47. Spanier y Hofer, con un público de alrededor de 4.000 personas, habían montado *Una farsa en el castillo*, que formaba parte del repertorio de Gerron en Ámsterdam y había sido el último espectáculo de la *Kulturbund* berlinesa. Pero también era posible encontrar, montada por ellos, *Nathan el sabio* de Lessing, que en cambio había inaugurado la *Kulturbund*.

como el Café de Europa, donde con el acompañamiento musical la gente se siente "como si"»; donde «mañana y tarde se bebe un café "como si"»; donde «se soporta el propio destino como si no fuera una carga tan pesada, y se habla de un futuro mejor "como si" ya fuera mañana».[48]

La burla, en la que todo el mundo se ve obligado a vivir, encuentra su verdad en el cabaret: aunque no se pueda atacar directamente a las autoridades alemanas, algunos de los supervivientes recuerdan la audacia de sus parodias y las verdades que rondaban entre aires de opereta.[49] Los muchos cabarets de Theresienstadt no son sólo el signo de una inconsciencia con respecto al futuro inmediato, sino que representan también una conciencia del presente y prosperan junto con el *humus* que les es propio: no resulta difícil establecer con el público una cercanía que se da de hecho, simular una lejanía que está en los deseos de todos, o conquistar la complicidad de los espectadores atacando una vida cotidiana cuyas paradojas son evidentes; una vez escenificados, los detalles de la vida del gueto explotan por cualquier sitio que los toques. Y no importa la tradición de la que cada uno provenga:

> En más de una ocasión la crítica fue particularmente malévola con el cabaret alemán, al que se acusaba de querer sólo divertir y entretener, sin mensajes clave; de recurrir a las idioteces sobre suegras, infidelidades matrimoniales y discapacidades físicas, y de ser superficial y sentimental. Pero la auténtica capacidad de reír era ya una energía liberadora.[50]

Favorecido también por el uso de una lengua por lo general desconocida entre las SS, los cabarets checos lograban ser más directos, hasta el punto de sufrir la censura por parte de la sección del Consejo de Ancianos Judíos que supervisaba las actividades de ocio. Švenk, el más famoso y corrosivo de los cabareteros

---

48. Leo Strauss, *Als ob, Und die Musik spielt dazu. Chansons und Satiren aus dem KZ Theresienstadt*, op. cit., págs. 106-108, *passim*.

49. Entrevista a Paul Sandfort en *Kurt Gerron – Prisoner of Paradise*, de Malcom Clarke, Stuart Sender, *op. cit.*

50. Ruth Bondy, *Trapped. Essays on the History of the Czech Jews*, Yad Vashem, Jerusalén, 2008, págs. 79-80.

checos,[51] la sufre en su obra *El último ciclista*, en la que interpreta a un dictador que, en tierras lejanas, deporta a todos los ciclistas a la isla del horror, excepto a aquéllos que puedan probar que han tenido antepasados peatones por más de seis generaciones. Un eslogan atribuye a los ciclistas todos los males que asolan al mundo, y de ahí la necesidad de eliminarlos: «Los judíos y los ciclistas son los culpables de todo». El otro replica: «Perdón, pero, ¿por qué precisamente los ciclistas?». Y el primero zanja: «¿Y por qué los judíos?». La pieza, inspirada en una antigua historieta hebrea, cortocircuita el humor con el corazón del pensamiento trágico, en lo que respecta a la urgencia antropológica que tiene cada sociedad de producir el chivo expiatorio que mejor se adapte a la situación de peligro de cada momento. «Todo es culpa de los judíos», cantaba Holländer antes de ser obligado a abandonar Berlín, y la frase iba seguida de una retahíla de acusaciones, a cuál más absurda, sin orden ni concierto. En cambio, Švenk utiliza un procedimiento más sofisticado; al aproximar arbitrariamente un término a otro hace que su significado implosione, reduciéndolo a la misma arbitrariedad con la que el idioma pone en relación las palabras y las cosas. Greiffenhagen, por otro lado, pone brutalmente en escena la noción de la víctima en el matadero y, tras enumerar las diferentes lenguas y nacionalidades que viven en el gueto, homologa todas las diferencias en nombre de un destino común: «Especialmente en este caso, no hay diferencia alguna entre hombres y bueyes. Porque todos nosotros somos única y exclusivamente judíos, al igual que los bueyes son sólo única y exclusivamente bueyes».[52] «Theresienstadt es el gueto más antisemita del mundo», rezaba uno de los estribillos de las *Preguntas de Theresienstadt*: a las diferentes comunidades internadas, que se aferraban meticulosamente a sus propias disparidades de procedencia, Greiffenhagen les recuerda el común denominador de origen, al que todos deben su estancia en la ciudadela.

---

51. Švenk era activo en los grupos de vanguardia praguenses. Deportado de Theresienstadt a Auschwitz, muere en 1945 en el curso de un ulterior transporte a Mauthausen. Švenk era conocido como el «Aristófanes del *Lager*».

52. Manfred Greiffenhagen, *Die Ochsen*, en *Und die Musik spielt dazu. Chansons und Satiren aus dem KZ Theresienstadt*, op. cit., pág. 106.

Al menos hasta el momento en que la «Operación Embellecimiento» termina por pervertir cada dinámica del campo, los artistas de cabaret no se ven obligados a imaginar en el *ilustre espectador* de sus funciones la figura del verdugo; antes bien, para ellos el público es el público con el que interactúan, compartiendo lo grotesco de la vida cotidiana. El *humour*, de hecho, es algo más que una *performance* de autor; posee el anonimato del sentido común, el gesto de solidaridad de una disposición de la mente que se infiltra en los periódicos que se imprimen, en las canciones que circulan, en los chistes que se cuentan y que alguien tiene luego la idea de compendiar: «una de las tareas más extrañas, asumida por el decano, consistía en la recopilación de chistes para uso de las SS».[53] Los chistes, en relación con los muchos cabarets activos en el campo, tienen la cualidad de presentarse como lemas de espíritu que, en su anonimato, son la carcajada misma de la *vox populi*.

La escena ligera, tan extendida y amada en todas sus formas y manifestaciones —«Sí, en Terezín/ nos tomamos la vida a la ligera/ porque si no/ menudo problemita (en la melodía de *Ven conmigo a Varasdin*, de la *Condesita Maritza* de Kálmán)»—, vive su temporada entre incontables manifestaciones teatrales y artísticas del más diverso tipo, y de esta forma evita caer en aquella llamativa antítesis, entre la risa y el luto, que tanto escándalo había causado en Westerbork. Aquí la risa y el luto no se enfrentan, sino que se acompañan mutuamente y fluyen por un mismo circuito emocional:

> Comen, lavan sus cuencos, cuando de repente un movimiento febril los rodea por todas partes. Se arrastran algunos bancos, se construye una plataforma, se coloca un letrero en la puerta: ¡Entretenimiento cada noche! ¡Cabaret! ¡Lectura con música! En menos de media hora, la plazuela está a reventar. Las personas mayores se sientan en los bancos delanteros, cabeza con cabeza, hombro con hombro. Cientos de personas de estratos altos y bajos, jóvenes y ancianos, hombres y mujeres. Y a continuación se desata el infierno. Una persona toca el acordeón, mueve las caderas, hace muecas. Una bella mujer grita melancólicas canciones orientales en la noche. Un joven cuenta histo-

---

53. Benjamin Murmelstein, *Terezin. Il ghetto modello di Eichmann*, op. cit., pág. 114.

rias. Un hombre mayor da un discurso que hace reír a todos. Una pareja —ambos encarnados por el maquillaje— se adelanta; el joven canta como soprano, la mujer como tenor; todos gritan de placer. Y en medio de todo esto, un silencio pesimista. Un anciano sale jadeando al exterior, rasga los ojos y cae al suelo. Se lo llevan. «Esto no es para viejos. No pueden soportar el hambre», dice alguien. Y el espectáculo se reanuda.[54]

El teatro —todo él, en cualquiera de sus formas—,[55] brota de repente como una fiebre y los actores no se detienen ante nada, ni siquiera cuando se produce una muerte que, lejos de quedar confinada al palco, ocupa el escenario y sustrae a los actores un espacio que éstos se resisten a abandonar. Es necesario ceder la escena a los impulsos que todavía ayudan a los vivos, pero las actuaciones se ven afectadas por lo extremo de la situación. Ante ella, el escenario responde de una forma compulsiva y cuando menos perturbadora:[56] cualquiera que sea el registro utilizado, se trata siempre de una danza grotesca de la vida en el horizonte de la muerte. Nunca el escenario y el más allá del escenario han coincidido de una manera tan precisa con «ser todavía» y «ya no ser»:

> Ensayábamos en el ático de un edificio donde vivían ciegos. El día en que se suponía que era el «estreno» descubrimos allí montones de cadáveres, cuarenta, cincuenta, cien, no lo sé. Pero nosotros estábamos decididos a hacer el *show*, era vital para nosotros salir al escenario. Además, se había invitado a muchísima gente. Y de repente un

---

54. Gerty Spies, *My Years in Theresienstad. How One Woman Survived the Holocaust*, Prometheus Book, Nueva York, 1997, pág. 173.

55. Gerty Spies relata a su vez haber asistido en Theresienstadt a la representación de un *Cyrano* inolvidable, con los actores que actuaban alrededor de una mesa donde estaban sentados con los espectadores, sin poder disponer de nada más que de sus propias voces. *Ibíd.*, pág. 82.

56. Tiene razón Francesca Recchia Luciani cuando afirma la necesidad de renunciar «a priori a una lectura tranquilizadora y, en definitiva, indolora de aquellos acontecimientos extraordinarios; se puede intentar rasgar el velo sutilmente hipócrita del llamamiento al amor incondicional por el arte bajo el cual se esconde la naturaleza ambigua y dolorosa de aquella increíble producción cultural, desarrollada en condiciones de cautiverio y, en todos los aspectos, *extremas*». Ead, Prefacio a Joža Karas, *La musica a Terezín, 1941-1945, op. cit.*, pág. 12.

actor tiene una idea. Dejamos salir a todos los ciegos de las habitaciones y los situamos en las escaleras, como guardias de honor, con los brazos extendidos. Luego fuimos pasando los cadáveres de un ciego a otro escaleras abajo, y cuando todos estuvieron en el sótano el espectáculo pudo comenzar puntualmente.[57]

Si en el gueto modelo se vislumbra un «como si» que desestabiliza la existencia en la virtualidad de un subjuntivo, el espectáculo, en cambio, reestablece de alguna manera un principio de realidad, un aquí y ahora que tiene la consistencia ineludible de la vida contra la muerte que la asedia por todas partes. La acción de la una *in presentia* de la otra, la evidencia concreta de la lucha que libran bajo el régimen de la adicción mutua, es también el signo de un desorden, desconcertante como una visión infernal que ha renunciado a toda forma simbólica.[58] Frente a esta lucha, la risa y el llanto son antes que nada la señal de que el circuito de las emociones ha sido reactivado. Ya no está Camilla Spira, con su aura invasiva de estrella de cine rubia, para hablarnos de lo asombroso que era lograr provocar con sus actuaciones de puro entretenimiento la risa de un público abrumado afectiva y personalmente por la inminencia de la deportación, sino una actriz de teatro que ahora nos habla de lo increíble que era, al interpretar un drama, provocar un llanto apasionado en un público afligido por análogos temores que el de Westerbork:

---

57. Nava Shan, en Volker Kühn, *Kabarett im Angesichts des Todes*, op. cit., pág. 27.

58. Se trata de un sentido que traslada muy bien el filme *Daleká Cesta* (*Alles kaputt*, Alfréd Radok, Checoslovaquia, 1950) rodado tres años después del fin de la guerra y ambientado en Theresienstadt, cuando, en una escena, entre el humo de las incineradoras aparece una orquesta que toca a pleno ritmo. Muy bien podría inspirarse en el episodio relatado por Adler: «La tarde antes de la convocatoria para el gran transporte de 1944, cuando la gente estaba concentrada en la *Schleuse*, Eppstein tuvo la desventurada idea de mandarles una orquesta, que tocó musiquilla alegre y temas bailables. Cuando alguien le señaló lo inoportuno de la iniciativa, Eppstein rechazó la objeción y observó cínicamente: «Ésos son prejuicios burgueses. ¡La gente tiene que divertirse!». Dos días después la mayor parte de aquellas personas habían muerto en las cámaras de gas, y al propio Eppstein lo habían matado a tiros». Id., *Theresienstadt. 1941-1945. Das Antlitz einer Zwangsgemeinschaft*, op. cit., pág. 594.

En retrospectiva, ahora puedo ver lo absurdo de mi actuación en *La voz humana*, de Jean Cocteau. En la obra hay en el escenario —un dormitorio— una sola intérprete. La mujer se dirige a su amante a través del teléfono [...] El amante la ha abandonado y ésta es la última oportunidad que tiene de hablar con él. Se despide de él en un monólogo que dura una hora y media. Y yo, con el entusiasmo encantador de una joven actriz, estaba de pie ante una audiencia de personas que habían sido separadas de aquéllos que amaban sin que se les hubiera concedido siquiera la posibilidad de un adiós, y que habrían podido partir al día siguiente mismo hacia el Este, una vez más sin una palabra de despedida. ¡Milagro! Me escuchan, me aplauden; el público está agradecido por aquello que les he dado: porque es un «algo» que les trae a la memoria un teatro que frecuentaban antes de Theresienstadt.[59]

El espectáculo ofrecía, ante la tremenda carga de sufrimiento que atenazaba a las personas, mundos simulados donde encauzar la corriente de sus expresiones, cualesquiera que fueran; sólo un personaje ausente —una pura evocación de su voz, tal y como la había pensado Cocteau en 1930— podía catalizar todas las ausencias «humanas» que de repente poblaban la esfera emocional de todo el palco. En aquella voz que llamaba en vano desde el escenario al amor perdido afloraban las innumerables voces que llamaban a las innumerables desapariciones que a ellos les cortaban el aliento. En realidad, Theresienstadt —con sus condiciones extremas— resignifica cada obra que allí se representa, incluso las clásicas, con un poder tal que supone una reescritura *ex novo* de las mismas, que hace estallar en mil pedazos el sentido entumecido que hubieran podido adquirir a lo largo de sus representaciones. Así, *Brundibar*, de Hans Krása, ya no puede ignorar la representación de los niños de Theresienstadt,[60] e

---

59. Nava Shan, *To be an actress,* Hamilton Books, 2010.
60. La ópera para niños en dos actos, escrita en 1938, narra las aventuras de dos niños que convencen a los demás niños del país en el que viven para que se rebelen contra la prepotencia del organillero Brundibar, al que logran poner a la fuga imponiéndose con sus voces a su organillo. *Brundibar* se lleva a escena por primera vez en Theresienstadt el 23 de septiembre de 1943. Hans Krása, internado a su vez en Theresienstadt, y los jovencísimos intérpretes de su ópera son deportados a Auschwitz en octubre de 1944, después de haber interpretado la ópera ante la delegación de la Cruz Roja y posteriormente, ante la cámara para el documental dirigido por Gerron.

incluso la *Misa de Réquiem* de Verdi se convierte en el transcurso de sus representaciones en la novela épica de un martirio.[61] *La voz humana* continuó siendo uno de los mayores éxitos de la temporada teatral del asentamiento judío.

Nava Shan explicaba su éxito por el hecho de que el espectáculo reactivaba la dimensión de la memoria: durante su desarrollo restauraba una situación de normalidad en un estado de excepción, legitimando una función de espectador que formaba parte de una vida anterior. El ejercicio del recuerdo activa una narración cuyo mandato consiste en profanar la línea del tiempo y el flujo de la historia, de tal forma que el presente sea el momento que proyecta el pasado en el futuro, cuando los internos sólo sabían de la imposibilidad de alargar el momento en el que aún estaban vivos.[62] Enfrentarse a los verdugos a través de la ficción, la humana *poiesis* de la experiencia temporal, es luchar por la propia vida: el rabino Weiner, responsable del tiempo libre, había descubierto que la vitalidad de los internos y su voluntad de sobrevivir aumentaban después de cada representación de cabaret, que, a todas luces, «remendaba» un tejido temporal densamente acribillado restaurando las costumbres de un pasado reciente.[63] Es lo que cuenta, en calidad de espectadora,

---

[61]. «Música italiana, texto latino medieval, antiquísima música sacra católica, cantantes y orquestas judías de Bohemia, Austria y Alemania, Países Bajos y Dinamarca; muchos también de Polonia y Hungría. El *Réquiem*, estudiado y dirigido por un ateo en un campo de concentración: ésta sí que era una idea». Josef Bor, *Il «Requiem» di Terezín*, Longanesi, Milán, 1963, pág. 14. La interpretación de la *Misa* de Verdi, a cargo del maestro Rafik Schächter, sacudió a toda la comunidad de músicos, levantando una fuerte oposición. Kurt Singer (que aterrizó en Theresienstadt procedente de los Países Bajos) propone en su lugar *El Mesías* de Haendel, que considera una opción más apropiada para una comunidad judía. Al mismo tiempo, sin embargo, la *Misa* también parece ser una forma de autodeclarar el propio estado y de anunciar, junto con la muerte que se cierne sobre todos, el advenimiento de un Juicio Final que espera a los asesinos. El coro, compuesto por más de ciento cincuenta personas, es diezmado por las deportaciones, de modo que hay que empezar de nuevo una y otra vez. Además de en numerosos testimonios históricos, el acontecimiento se relata en la novela de Josef Bor citada al comienzo de esta nota.

[62]. Véase también Bruno Bettelheim, *Il limite ultimo*, en *ibíd*., *Sopravvivere*, Feltrinelli, Milán, 1981.

[63]. Esto era así especialmente en el caso de los ancianos. Abandonados en sus azarosos catres, eran a ojos de los nazis «vidas desechables» que había

Frieda Rosenthal, cuando da las gracias a los artistas de *Karussell* y, en especial, a Leo Strauss:

> Sentada y hambrienta en la escalera
> Oigo de repente, alto y claro
> Valses vieneses, praderas de Praga.
> Y mi corazón comienza a viajar.
> El dolor del hambre desaparece
> Gracias al querido cabaret
>
> Cansada y triste, vuelvo
> Por la tarde de trabajar
> Atravieso la puerta entreabierta
> Una música maravillosa resuena
> Melodía sobre melodía
> El dolor del día desaparece
> Gracias al querido cabaret
>
> Son nuestras mejores tropas
> Nuestro buen grupo de artistas
> A través del tormento de los tiempos difíciles
> Su canción hace resonar el «érase una vez»
> Y los corazones dicen
> «Habrá de nuevo otro día».
> El dolor de la nostalgia desaparece
> Gracias al querido cabaret.[64]

El don de un «tiempo recuperado» es el don de un tiempo en el futuro. Más allá de los acontecimientos teatrales, Viktor Frankl basa algunos protocolos terapéuticos en la práctica —cotidiana e individual— del humor. Frankl es un psicoanalista vienés y el

---

que eliminar lo antes posible para dejar sitio a los recién llegados. En la primera etapa, los ancianos tampoco recibieron atención del decano Edelstein, que prefería invertir en los jóvenes los pocos recursos que tenía a su disposición. Weiner, por su parte, los enviaba a los hospitales y a los áticos, donde eran abandonados a su suerte. Allí coincidían a menudo con compañías artísticas, que les recitaban poesías, les leían libros y escenificaban para ellos coplas de las ciudades —Berlín, Viena, Praga— en las que los ancianos habían vivido y que acababan de dejar.

64. Frieda Rosenthal, *Dank dem lieben Cabaret*, en Ulriche Migdal, *Und die Musik spielt dazu. Chansons und Satiren aus dem KZ Theresienstadt*, *op. cit.*, págs. 70-71.

fundador de la logoterapia.⁶⁵ Estuvo internado en Theresienstadt y luego fue deportado a Auschwitz (en el otoño de 1944) y a Dachau. Con anterioridad a su reclusión se había dedicado a estudiar los estados de fragilidad emocional. Principalmente en el Steinhof, el hospital psiquiátrico de Viena, había trabajado en una terapia para tratar las tendencias suicidas femeninas. Al llegar a Theresienstadt en 1942, el joven médico encuentra abundante material para su investigación. Decide fundar un centro de salud mental en el hospital psiquiátrico del gueto para tratar los traumas de los reclusos, especialmente de los que acaban de llegar, estableciendo también un cuerpo de prevención del suicidio. Trabajando en circunstancias desesperadas, Frankl intenta denodadamente inseminar en sus pacientes el germen de un pensamiento que sea capaz de conjugar en el futuro la experiencia del presente. Una de las «técnicas» con las que experimenta consiste en los «ejercicios» de humor, que luego utiliza también en Auschwitz con sus compañeros de infortunio:

> Todo el mundo sabe que el humor es de las pocas cosas de la existencia humana capaces de crear una distancia y de situar a los hombres por encima de una situación concreta, aunque sólo sea, como hemos dicho, durante algunos segundos. Con el paso del tiempo fui educando en el humor a un amigo y a un colega que trabajaron conmigo en aquel lugar durante semanas. Una vez les sugerí que nos propusiéramos inventar al menos una historia alegre cada día, es decir, que hablase de algo que pudiera suceder en el futuro, después de nuestra liberación y de nuestro regreso a casa [...].⁶⁶

La propuesta consistía en imaginarse a uno mismo en una recuperada cotidianeidad de buena burguesía austríaca, pero introduciendo en sus protocolos esas conductas adquiridas en el campo, de modo que, por ejemplo, uno se encontraba rogándole a la dueña de la casa donde uno estaba invitado a cenar que pescara bien en el fondo de la sopera mientras llenaba los platos de los

---

65. El método de Frankl sigue como en una «tercera oleada» a los de Freud y Adler. Después de haberlo frecuentado, Freud y Adler terminan distanciándose de Frankl.
66. Viktor Frankl, *Uno psicologo nei lager*, Edizioni Ares, Milán, 1998, págs. 83-84, *passim*.

comensales, que era el ruego que, en los campos, acompañaba normalmente cada distribución de las más que exiguas raciones. Era necesario crear un cortocircuito entre la normalidad conocida y la excepcionalidad vivida, forzando a la mente a moverse entre la una y la otra, a fin de reducir el presente a una desafortunada —y ridícula— eventualidad de la existencia, un tropiezo en la línea de la vida, tan cómico como lo son todas las caídas cuando se observan desde el otro lado de la calle. Era como inducir un sueño y encaminarlo; por otro lado, la risa es un cortocircuito, del mismo modo en que lo son los sueños.

> Si el propósito del humor y el intento de ver las cosas desde una cierta perspectiva cómica son trucos, se trata en todo caso de trucos que instruyen en el arte de vivir. Sin embargo, la posibilidad de ejercitar el arte de vivir, incluso en medio de la vida del *Lager*, es el resultado de los contrastes en los que esta vida es rica; y los efectos del contraste, a su vez, confieren una cierta relatividad a cada sufrimiento.[67]

«Si insertamos una idea absurda en una frase estereotipada obtendremos una expresión cómica. [...] lo absurdo no es la fuente de lo cómico, sino un medio eficaz para revelárnoslo»,[68] recalcaba en su día Bergson. Ahora sucede lo contrario: es la realidad la que es absurda, y para acceder a la revelación de su absurdo hay que imaginar el estereotipo de una normalidad desde la que poder mirarla.

Cuando la existencia del gueto se ve afectada por las diversas «Operaciones de Embellecimiento», la vitalidad que se dedica a la propia supervivencia mental de alguna manera se pervierte; termina por quedar despojada de la intimidad de la persona que la expresa, para servir a otros fines: entra dentro del régimen de intercambio, al que contribuye con la cantidad de ficción que es capaz de exhibir. La violencia que la obligación de subir al escenario ejerce sobre los internos es la última de una larga serie, pero es quizá más radical que las otras (empezando por la primera de las medidas que se toman, cuando, para alcanzar un cierto estándar de «decencia» —que había sido sistemáticamente de-

---

67. *Ibíd.*
68. Henry Bergson, *Il riso. Saggio sul significato del comico, op. cit.*, pág. 101.

construido hasta aquel momento con privaciones de todo tipo—, fueron deportadas al Este todas las personas que lo habían perdido en el curso de los abusos a los que habían sido sometidas). La falsa libertad, que llega para ocupar el lugar de las anteriores represiones, se convierte ahora en el soporte recitativo de una narración que pertenece enteramente a los carceleros. Ya no se trata de interpretar los propios espectáculos sino de espectacularizar la propia vida cotidiana, reduciendo toda su carga de sufrimiento y condena al guión de comedia que se le ha asignado. Las manifestaciones culturales propiamente dichas, al tener que negar la condición «trágica» a la que todas ellas responden en primera instancia (cualquiera que sea el tipo y el género), se alejan de sus razones de existencia y tienen que luchar para no perderlas dentro de la *mise en abyme* a la que se ven abocadas: tienen que luchar para perforar el telón que las envuelve y poder volver a decir, a pesar de todo, su verdad. Espectáculos dentro de un espectáculo que no les pertenece, ganan un exponente al cuadrado que las expropia de la relación originaria, la cual se va perdiendo en una espectacularidad en la que captores, invitados e internos «en el papel» de público escamotean su naturaleza y anulan su potencia. Para expresar la confusión generada por este fenómeno me vienen a la mente las palabras con que Primo Levi, en *La tregua*, describe la locura de Ambrogio Trovati, conocido como «Crepúsculo», que creció entre la penitenciaría y el escenario:

> En sus discursos, lo real, lo posible y lo fantástico estaban entrelazados en una maraña variada e inextricable. Hablaba de la prisión y del tribunal como de un teatro donde nadie es realmente él mismo, sino que actúa, muestra su habilidad, entra en la piel de otro, juega un papel; y el teatro, a su vez, era un gran símbolo oscuro, un instrumento tenebroso de perdición, la manifestación externa de una secta subterránea, malvada y omnipresente que gobierna en detrimento de todos, y que viene a tu casa, te lleva, te pone una máscara, te hace ser quien no eres y hacer lo que no quieres [...].[69]

Para los espectáculos que inundan repetidamente el asentamiento ya no bastan las metáforas del teatro, del circo o del uni-

---

69. Primo Levi, *La tregua*, Einaudi, Turín, 2014, pág. 89 (trad. cast.: Primo Levi, *La tregua*, Península, Madrid, 2014).

verso carnavalesco; necesitamos recurrir a la definición de Adler, cuando habla de «máscara de una máscara en un espejo distorsionado».[70] En la perspectiva de la *mise en abyme*, el gesto con el que Gerron, en el pequeño manifiesto de su programa de cabaret, dirigía el tiovivo festivo que giraba detrás de él ya no recuerda a sus habilidades de cautivador, sino que alude muy claramente al gesto del decano de los judíos Eppstein, cuando invita a los visitantes extranjeros de Theresienstadt a «entrar» en el carrusel que se despliega ante ellos, pero teniendo mucho cuidado de que los huéspedes se mantengan siempre en el lado bueno de la visión. Más que máscara de una máscara, la figura, a su pesar, parece ser el títere de un títere. Y la parodia de un elemento ya de por sí cómico es grotesca. Gemmeker, en su pequeña corte de Westerbork, nunca podría haber competido con el refinamiento barroco de este fenomenal juego de espejos, donde la realidad concentracionaria se dispersa en los reflejos que embaucan a los espectadores.

> En una ciudad cerrada al mundo
> En una tierra que para muchos sigue siendo extranjera
> En un mundo donde muchas lágrimas fluyen
> En una época que mortifica todo cuanto hay dentro de nosotros
> Hagamos nuestra aparición en un espacio luminoso y festivo
> Ante ustedes, mis estimadas damas y caballeros...
>
> [...]
>
> Ahora es de noche, ya brillan las estrellas,
> la ciudad duerme, los trabajos callan,
> sólo una broma, un fantasma en el cuartel,
> penetra en el silencio, osado.
> El centinela se va a hacer la ronda, como de costumbre.
> ¡Comienza el espectáculo, ha llegado la hora de los fantasmas![71]

---

70. Hans G. Adler, *Theresienstadt. 1941-1945. Das Antlitz einer Zwangsgemeinschaft*, op. cit., pág. 157.
71. Manfred Greiffenhagen, *Spuk in der Kaserne*, en Ulriche Migdal, *Und die Musik spielt dazu. Chansons und Satiren aus dem KZ Theresienstadt*, op. cit., págs. 63-64.

La visita de la Cruz Roja: «Los ojos que podían ver»

Es difícil imaginar en toda su profundidad las dinámicas que hicieron posible el éxito del engaño perpetrado por las SS contra la Cruz Roja, y cómo Theresienstadt fue capaz de hacer el truco, en repetidas ocasiones, sin desvelar, al menos aparentemente, la mentira que estaba escenificando. También esta historia, como todo lo relacionado con los campos y los comportamientos que inducen, pertenece por derecho propio a quienes la vivieron, y que se ganaron en su propia piel las palabras con las que lo articulan. De acuerdo con este principio, reivindicado por todos los grandes testigos, desde Adler hasta Murmelstein, tratemos de rescatar nuestro relato comparando las interpretaciones de los eventos que tuvieron lugar entre 1944 y 1945, a la luz de los diferentes puntos de vista de quienes estuvieron directamente involucrados: los actores, los espectadores y los observadores críticos. Nos referimos a los momentos en que la atención internacional, por un lado, y la voluntad propagandística de los nazis, por el otro, ponen al *Lager* en una situación de continua tensión, por así decirlo, performativa, que implica el empleo de recursos económicos y profesionales de todo tipo. Los episodios específicos en los que se desarrolla la secuencia, como es sabido, son: la visita de la Cruz Roja danesa, representada por Henningsen y Hvass, cuyo equipo incluye a un representante de la Cruz Roja Internacional, Rossel, el 23 de junio de 1944; y el rodaje, en agosto y septiembre de aquel mismo año, de la película *Theresienstadt. Un documental sobre el asentamiento judío* (conocido también con el título *El Führer dona una ciudad a los judíos*) —que fue el tercer y último intento de dotar al gueto con un material de propaganda cinematográfica que difundiera por todo el mundo una imagen «benévola» del mismo—. Finalmente, durante el mes de abril de 1945 las visitas de la Cruz Roja, esta vez internacional, se repiten: la guerra está llegando a su fin y la presencia extranjera en Theresienstadt se ha vuelto más y más frecuente, hasta convertirse en permanente al término del conflicto. Sin embargo, antes de entrar en los episodios individuales, guiados por los testimonios que hemos recibido, es oportuno recordar que el marco de referencia en el que éstos se desenvuelven es el de la desmovilización general. El *crescendo* de los acontecimientos en los que en la ciudadela se ofrece al público espectáculo, dando libre curso al desarrollo del guión que le ha sido impuesto, se corresponde de hecho con un contexto en el que se va desvaneciendo cualquier esperanza de victoria de la coalición nipoitaloalemana ante el avance aliado; mientras las tropas alemanas se retiran, a lo largo de 1943 la situación explota en los guetos de Varsovia y Bialystock, así como en los campos de exterminio de Treblinka y Sobibor, donde los presos se vuelven contra sus torturadores. Himmler ordena liquidar los guetos establecidos en los territorios de Rusia y Polonia ocupados por los alemanes, así como proceder a la incineración de los cadáveres de las víctimas para ocultar los rastros del exterminio masivo perpetrado. El último en ser desmantelado, en agosto de 1944, fue el gueto de Lodtz. Cuando el Ejército Rojo entra en Auschwitz, el 27 de enero de 1945, las cámaras de gas del campo ya habían sido desmanteladas por orden de Himmler el 2 de noviembre del año anterior. Con las últimas deportaciones, los campos de tránsito de Westerbork y Drancy quedaron reducidos a su mero núcleo operativo. De esta forma, Theresienstadt terminó siendo la única entidad de este universo que se mantenía aún con vida, básicamente con el propósito de seguir prestándose a la ceremonia de las máscaras. El gueto vive el último año de su existencia obligado a mostrar un espectáculo para ocultar un crimen. Si no se lograba transmitir de manera convincente la fábula del modelo, la dimensión criminal de la narración saldría a la superficie. Por tanto, se hizo necesario eliminar esta última, exactamente como se había hecho en los otros guetos. Se procedió así a ocultar el cuerpo del delito: se manipularon las pruebas y se suprimió a los testigos. Después de la euforia que siguió a la primera visita de la Cruz Roja, mientras la fase final del rodaje de la película todavía estaba en curso, en el otoño de 1944 se reanudaron inesperadamente los transportes a Auschwitz, diezmando el Consejo de Ancianos Judíos[72] y decapitando de repente la ciuda-

---

72. A finales de septiembre el decano Eppstein fue ajusticiado, con el pretexto de un incidente banal; incluso el grupo que había dado origen al asentamiento sufre una drástica reducción, y Terezín queda huérfana de su mentor, el ingeniero Zucker.

dela, que quedó despojada de las personas más activas —que a ojos de los nazis se habían vuelto una amenaza potencial, en forma de testigos incómodos o temibles antagonistas—.[73] En la mayoría de los casos, las SS no perdonan ni siquiera a los artistas que habían colaborado en la «Operación Embellecimiento»; el mismo Gerron, después de dos meses sufriendo alternativamente perdones y humillaciones, abandona definitivamente el equipo de rodaje antes de que «su» película esté terminada, y sube con su esposa al tren que los conducirá a las cámaras de gas de Auschwitz. En abril de 1945, cuando se preparan los últimos eventos, es decir, la segunda y la tercera visita de la Cruz Roja Internacional —las últimas antes de su instalación estable en el campo—, Theresienstadt es completamente despojada de las competencias técnicas, científicas y artísticas que habían hecho de ella una excelencia o la copia de una excelencia, y de la colonia inicial de artistas sólo queda poco más que la colonia penitenciaria. El fin está cerca, pero éste es también el momento más delicado en lo que respecta al destino del asentamiento: la escena del espectáculo y el escenario del crimen pugnan entre sí por hacerse con el espacio narrativo; en juego está la vida, la propia y la de toda la comunidad que ha sobrevivido al desmantelamiento.

Si este doble plano donde se desarrollan los acontecimientos es relevante para comprender los movimientos de víctimas y verdugos, desde el punto de vista de los visitantes debemos tener en cuenta que no sólo es Alemania la que está al límite, sino toda Europa. Los países de los que proceden los miembros de la comisión de investigación no son capaces, durante algún tiempo, de asegurar a sus ciudadanos, expuestos al fuego de los bombardeos, esa vida «normal» que los investigadores encuentran en la *performance* de Theresienstadt. Su dramaturgia descansa en la antítesis entre la feliz existencia cotidiana de la ciudadela y el estado de guerra que, en cambio, asedia a Europa. «Es curioso pensar que estos días los alemanes están perdiendo guerra

---

73. Las deportaciones habían funcionado a pleno rendimiento incluso durante los preparativos para la visita de la Cruz Roja, cuando se envía a Auschwitz a multitud de enfermos y ancianos, que suponen un obstáculo insalvable para alcanzar la densidad óptima de población y los estándares de embellecimiento perseguidos.

tras guerra mientras aquí los judíos son obligados a bailar el *swing* para la cámara», anota el 3 de septiembre en su diario un interno, Willy Mahler, cuando la ciudad todavía está movilizada para filmar propaganda. Unos veinte días más tarde sería a su vez deportado a Auschwitz con los transportes de otoño.[74]

La puesta en escena del «espectáculo» al que se presta la ciudadela encuentra su propio paradigma en las modalidades de «visita al domicilio» —la cual contaba, por otra parte, con precedentes históricos (el príncipe Potemkin, con ocasión de una visita de la emperatriz Catalina, dispuso a lo largo del recorrido preestablecido todo un hábitat edificado exclusivamente para la ocasión) y teatrales (*El inspector general*, de Gogol)—, en el curso de la cual se prevé que el anfitrión mantenga con el visitante una relación cara a cara y una interlocución directa. Sin embargo, el hecho de transformar todo un *Lager*, con sus miles de habitantes, en la escenificación de una solución «humana» al problema de los asentamientos judíos participa de algún modo de esta idea decimonónica del teatro y el cine de masas en tanto que procedimientos estéticos plegados a fines políticos, y anticipa los futuros *reality show*. Los presos de Theresienstadt se ven obligados a moverse dentro de una edición burguesa y burlesca de otros ceremoniales populares de carácter épico: interpretan en su conjunto una civilización urbana y no el espíritu de una nación. Los desfiles de Núremberg —al igual que las manifestaciones de *Thingspiele*, o teatro *Thing*, por lo demás de escaso éxito—[75] eran alegorías de héroes y dioses, la actualización del

---

74. Willy Otto Mahler es hijo de un primo de Gustav Mahler. Internado en 1942, entra a formar parte del aparato administrativo de Theresienstadt, gozando de varios privilegios. De Auschwitz es luego trasferido a Dachau, donde muere a comienzos de 1945. Las anotaciones de su diario se refieren principalmente a los acontecimientos culturales. La cita se incluye en *Truth and Lies. Filming in the Terezín Ghetto, 1942-1945*, Jewish Museum in Prague, National Film Archive, 2013.

75. El teatro *Thing* era una forma teatral arcaica, cuyo nombre se relaciona con el de los antiguos lugares de conferencias germánicas, concebidas para grandes masas de espectadores, que exhumó, para gran deleite de Goebbels, Rainer Schlösser, jefe (durante algún tiempo) del sector teatral del Ministerio para la Cultura y la Propaganda. Se trataba de un ritual de autorrepresentación nacional que necesitaba de su propio espacio al aire libre y de dramas escritos exprofeso para la ocasión, y a cuya representación el público

mito arcaico de una sociedad precapitalista y, sin embargo, dueña de la tecnología y de su potencial de futuro: su carácter religioso, dedicado por completo a una producción simbólica, había encontrado años antes una expresión adecuada en las imágenes de las películas de Riefenstahl. Por el contrario, la alegoría del «don» y la figura de la «protección», que en Theresienstadt se ensayan de forma recurrente (modelizaciones a su vez de una economía precapitalista del derroche), cuando se hace cada vez más evidente que los donantes y los protectores serán los perdedores y los beneficiarios los vencedores, da un cierto brillo a la acción de los unos y disminuye a los otros, que recogen los resultados. El perdedor ofrece protección y quien —gracias a esa protección— ha sido eximido del combate, la recibe. Theresienstadt no es sólo un mundo al revés, sino que vuelve del revés el mundo y todo lo que está sucediendo realmente en él. Y los visitantes extranjeros del asentamiento, o los futuros espectadores de la película que lo describe al detalle, no pueden sino constatar, en la existencia cotidiana de sus moradores, la celebración de los rituales de la buena burguesía, ambientados por una escenografía que se había apropiado del imaginario *fin de siècle*. Un «pueblo reconstruido», en definitiva, con los procedimientos dictados por la noción de visita (procedimientos que, *mutatis mutandis*, se incorporarían luego a las estrategias comerciales del turismo de masas). En la fortaleza chica, que autogestiona sus propios recursos, el tiempo de la vida se ha traducido en un tiempo vacante que sólo se administra a sí mismo. La edición mediática de esta historia —el documental que sigue al *show* de la visita— reintroduce parcialmente la documentación del trabajo y de sus formas de producción y administración, para restaurar el orden correcto del tiempo social sin perder por ello el carácter de un idilio ajeno a cualquier mitología épica. A diferencia de lo que

---

se unía, recitando un credo y cantando en las partes para los coros. «Se esperaba que cada pueblo que tuviera iglesia tuviera también un *Thing*, y en 1934 se inauguró la *Thingplatz* cerca de la ciudad de Halle frente a 5.000 o 6.000 espectadores. [...] Sin embargo, sucedió que terminaron representándose dramas convencionales dentro de un entorno *Thing*, con lo que se desperdiciaba el efecto producido por el nuevo teatro. Finalmente, en 1937 Goebbels se rindió, y el movimiento *Thing* murió de muerte súbita». George L. Mosse, *La nazionalizzazione delle masse, op. cit.*, págs. 131-132.

sucede en los ejemplos precedentes, inscritos en la esfera de lo simbólico, los espectadores de Theresienstadt, con su participación coral, aunque sean falsos, terminan todos ellos empleados en el orden de lo real y de su relato de una *medietas* sin héroes. Los intentos de la propaganda buscan proyectar de la población judía del gueto una imagen realizada de «civilización» burguesa —incluso cuando aparece el trabajo de los campos—, cuyos ceremoniales son los propios de la cultura del salón. Sin embargo, en el interior de Theresienstadt, tanto el recorrido vivo como el mediatizado nos hablan en realidad de los únicos sujetos que no llegan a exponerse nunca, es decir, los donantes y protectores. La cualidad de la donación que se exhibe es una prerrogativa que recae enteramente sobre ellos, espectro a todos los efectos de una imagen que no los muestra. La invisibilidad de los directores con respecto a la presencia puntual de los intérpretes es uno de los rasgos más sorprendentes de toda la estrategia comunicativa de los eventos realizados en Theresienstadt, y es el mismo ejercicio de sustracción practicado durante todo el exterminio. Desde lejos, los dioses observan el mundo al que han dado existencia y se ríen del mecanismo que han ideado.

El dispositivo había tenido una larga gestación en la infame «Operación Embellecimiento», que involucra de lleno a los diferentes niveles de autogestión, a muchos artistas y a la mayoría de los internos.[76] Como en cualquier comedia que se precie, la trama de la historia de una aldea perfecta se complementa con la búsqueda de los nombres con los que interpretar de la mejor manera posible la partitura preparada. Tras cada palabra pronunciada por los reclusos o mostrada en los letreros de la calle o

---

76. Se acondicionan calles, edificios y jardines. Se preparan señales y esculturas de madera para indicar los edificios. De los apartamentos de los ciudadanos judíos de Praga se sustraen los cuadros con que adornar las paredes de las habitaciones. El banco está amueblado con un lujo ridículo. Hay un cine, un teatro y una sala de conciertos. También hay una sala reservada a la oración. Es la Sala de Lectura. Las SS no se olvidan ni siquiera de los muertos, pues hay dispositivos para las ceremonias fúnebres. Frente al Kaffehaus se levanta el pabellón para la música, al igual que sucede en los establecimientos termales. Se instituyen comisiones para vigilar los progresos hechos en los trabajos de embellecimiento. Véase Hans G. Adler, *Theresienstadt 1941-1945: Das Antlitz einer Zwangsgemeinschaft, op. cit.*, págs. 168 y sigs.

en las estructuras *ad hoc* se deja entrever el cuidado atento de un *script*. Si el término «gueto» está descartado en favor del de «asentamiento judío», los «centinelas del gueto» se convierten en «centinelas de la comunidad», mientras que el decano mejora significativamente su estatus al asumir el apelativo de «burgomaestre».[77] Tanta obra de promoción social debe corresponderse con los gestos propios de la escena que se va a interpretar: está prohibido, por ejemplo, bajo pena de deportación, el saludo a las SS, que antes era obligatorio. En contrapartida, está por completo ausente la partitura que correspondería al personal de ocupación, y que, de hecho, podría leerse como la partitura de una ausencia. Incluso en los datos del asentamiento que Eppstein proporciona en su discurso, la existencia de los nazis dentro de la ciudadela se califica simplemente como presencia «ario-alemana», como si la «diversidad» fuera la de ellos, y no existiera una situación de presidio, con guardianes/protectores (muy pocos, quince, lo estrictamente necesario para mantener las relaciones con el mundo exterior) y presidiarios/protegidos (un gran número). En esta comedia las SS tienen un papel sólo de «consumación», como sucede en las improvisaciones, y sólo se entrevé de forma testimonial: el comandante Rahm, por ejemplo, se entretiene con los niños, que lo llaman «tío», dándose a entender un hábito benevolente o una costumbre púdica. Los internos judíos que han sido seleccionados para hacer el papel de judíos no deben estar demasiado desnutridos ni tener un aspecto fantasmal; sobre todo, en los eventos planeados no deben verse presencias rubias: si, por un lado, es cierto que la del judío rubio sigue siendo esa imagen obsesiva que confunde el día con la noche, o bien las razas dominantes con las razas dominadas, en este caso además se corre el riesgo de que los rubios parezcan falsos, con lo que se perdería toda la verosimilitud de la puesta en escena. Deben vestirse lo mejor que puedan, y manifestar ante el observador —visitante y/o cámara— una distancia hecha

---

77. Y así también la moneda, el *ghettogeld* —el «dinero del gueto»—, pasa a ser la «corona de Theresienstadt». El «número de transporte» se convierte en el «número identificativo», y los internos son promovidos a «habitantes». También la orden del día pierde su carácter impositivo para adquirir uno más interlocutivo: «comunicaciones de la autogestión».

de seguridad y concentración que ocupa el primer plano con ostentosa indiferencia. Las SS, por su parte, se despojan de los uniformes de servicio y adoptan los gestos anónimos de los vigilantes, confundiéndose entre el público.[78]

Finalmente llega el día designado para la visita de los comisarios, el 23 de junio de 1944. El nerviosismo es grande, a pesar de que los preparativos han previsto todos los detalles:

> La ridiculez de los últimos preparativos era insuperable. La dirección judía trabajó días y días en el plan del recorrido de los visitantes, haciendo una y otra vez cambios y correcciones. La comedia fue organizada al detalle para evitar cualquier error. La comisión judía inspeccionó todas las calles y espacios, pero todavía en el último momento surgían nuevas disposiciones y mejoras. Se trabajaba día y noche, como si estuviera en juego la felicidad del mundo. Siempre había algo que mejorar. Habían lavado el pavimento de las calles con jabón, como si se tratara de un parquet. Desde Rahm hasta los hombres de las SS, todos se habían quitado el uniforme. [...] Eppstein era el único judío que los acompañaba y al único al que se le permitía dirigirse a los invitados, pero siempre en presencia de un acompañante alemán. Sin embargo, los extranjeros podían dirigirles preguntas a los internos daneses o a los funcionarios judíos, pero en cambio a los reclusos se les prohibía hablar con los visitantes. Hubo un intercambio de frases con algunos judíos daneses, que incluso se las arreglaron para hacer algunas observaciones, pero por lo general los prisioneros se sentían intimidados y cohibidos; se limitaron a asegurar que en los últimos seis años las condiciones de vida habían mejorado. De esta manera, la verdad sobre Theresienstadt no fue revelada. No es de extrañar que los visitantes hablaran de un «estado de compresión física» de los internos, pero tampoco llegaron a hacerse una idea clara al respecto.[79]

Un umbral invisible —pero absolutamente infranqueable— regula las relaciones entre actores y espectadores, disponiendo los espacios y los turnos de conversación. El recorrido que, según Eppstein, habría tenido que convencer hasta al espectador más

---

78. Por parte alemana están presentes el comandante Günther y su hermano, su lugarteniente y un funcionario de la brigada criminal que hablaba danés y estaba siempre al lado de Hvass, Rahm y su vice Günel y Bergel.

79. Hans G. Adler, *Theresienstadt 1941-1945: Das Antlitz einer Zwangsgemeinschaf, op. cit.*, pág. 173.

astuto, comienza en el lugar donde se halla la sede del órgano de autogestión, donde el decano, con el cilindro en la cabeza y un moratón en el ojo causado por un brote anterior de la ira de Rahm, proporciona a los invitados los datos y explica cómo los esfuerzos del gobierno se centran en integrar a cada habitante en el espíritu de la colectividad.

A continuación, la comitiva se detiene en los juzgados, donde «se halla en curso» un proceso por robo celebrado según la ley judía y en presencia de policías judíos. También en este caso la ruta muestra más bien el respeto por una antropología «otra» y, sobre todo, es llamativa la ausencia de nazis en cualquier lugar del aparato de vigilancia y de poder de las instituciones judías. Se procede luego al examen de los servicios: las lavanderías, el comedor —donde camareros con delantal blanco van sirviendo las mesas—, la panadería, el *Kinderheim* (el centro de menores, edificado para la ocasión) y las áreas residenciales, primero las de los obreros y a continuación las de los judíos daneses. Ofrecer una visión de los interiores (la visita de la vivienda, según el modelo de principios del siglo XX, como recordábamos, se corresponde con la noción de una modernidad que se instala en la vida cotidiana, manifestando el espíritu que la irradia) equivale a introducir de nuevo en el espectáculo general los detalles y los cuidados del día a día; sin embargo, las casas que no están en el circuito de la visita se tienen que conformar con quedarse como estaban, con sus suelos de tierra. El partido de fútbol enfervoriza a una impresionante masa de espectadores. A continuación, en el espacio común, está «en curso» la representación de la ópera para niños *Brundibar*, de Hans Krása. Después de echar un rápido vistazo a la escena teatral, siempre como por casualidad, los visitantes se topan con una agradable escena pastoril: el regreso de los campos de las jóvenes bien bronceadas por el Sol, que pasan por allí cantando y riendo. La «escuela» resulta estar cerrada por vacaciones de verano, pero en realidad se trata de un edificio que de escuela sólo tiene el letrero y las decoraciones, ya que jamás ha funcionado como tal (habida cuenta de que toda forma de educación está prohibida: «Henningsen escribirá en su informe que no había visto una auténtica escuela, sino sólo un *Kinderheim*»).[80]

---

80. *Ibíd.* pág. 177.

Después de la visita a la farmacia hay un receso para el almuerzo, que no incluye a Eppstein. Luego se reanuda el recorrido, que pasa por el banco, amueblado con pompa, la oficina de Correos, la estación de bomberos y el hospital, para terminar en el espacio «dedicado» a los niños (al menos, durante 24 horas). La interpretación de la *Misa de Réquiem* de Verdi sonaba como una tormenta que golpeaba a la audiencia con su *Libera me, Domine*: está en su decimoquinta edición, que será ya la última, con un coro que, si en las primeras ediciones llegó a tener 150 personas, ha quedado diezmado por los transportes. El maestro Schaechter, que había puesto todo su empeño en esta obra y la había montado con esfuerzos sobrehumanos —después de desfilar junto con el coro ante las SS y Eichmann, para mostrar el extraordinario número de intérpretes de gran nivel presentes en el gueto—, será deportado junto a gran parte de sus músicos en el mes de octubre siguiente, y morirá en el curso de las Marchas de la Muerte que evacúan Auschwitz de los últimos supervivientes.[81]

La visita, sin contar la pausa del almuerzo, ha durado cinco horas, y la estancia en Theresienstadt, un total de ocho. Durante este lapso de tiempo la vida de toda la comunidad judía se ha convertido en la *performance* de una ciudad que se ha reconstruido al paso de los observadores, para mostrarles el relato de una tierra prometida convertida en tierra protegida. La actuación de los numerosos figurantes comienza pocos segundos antes de la entrada de los visitantes extranjeros y termina unos segundos después, como si hubieran sido sorprendidos en el transcurso de su actividad normal y diaria, o en el curso de una interpretación teatral normal.[82] La «normalidad» se ha transformado en un *tableaux vivant*, una pose simulada durante los pocos minutos en que capta la atención del espectador. Ay de quien se eche atrás. Al final, el modelo teatral se parece más al de las representaciones medievales (aunque,

---

81. Adler, gracias a cuyo testimonio de superviviente y erudito conocemos el recorrido preciso de la visita, omite mencionar la interpretación de la *Misa de Réquiem* de Verdi, de la que en cambio sí habla en su informe Rossel. Véase Dario Oliveri, *Hitler regala una città agli ebrei*, op. cit., pág. 136.

82. Sin embargo, por bueno que pudiera ser el relato, Henningsen le hace notar a Eppstein que «todo parecía forzado, muchos rostros estaban marcados por la desesperación». *Ibíd.*

también en este caso, sin la sacralidad y sin la cooperación del mundo simbólico):

> En el teatro los actores estaban preparados y, apenas se acercaba la comitiva, empezaban a interpretar a mitad de una ópera o de un drama. Cinco minutos después de que saliera la comitiva el espectáculo se interrumpía y la gente regresaba a sus casas.[83]

El papel de la dirección del evento (en la que participan los organismos de gestión judíos), más que en las obras que se llevan a escena, se manifiesta en la elección de éste o aquel fragmento, en apariencia casual pero en realidad significativo, que se topa con la mirada de aquél al que debe su existencia y para el cual se finge parte de un todo: apartada la mirada, los actores vuelven a sus casas o se enmascaran para interpretar otros fragmentos de la gran obra general, que dura un total de ocho horas y recibe el nombre de «visita». Sin embargo, no es posible pensar que la poesía de *Brundibar* o el poder de la *Misa de Réquiem* no supusieran a su vez un cuestionamiento del sentido del marco dentro del cual se trataba de encerrarlas; no es posible pensar, en definitiva, que ese marco no estallara en pedazos, cuando los actores lograban restablecer el discurso directo de la práctica teatral auténtica en aquella jaula narrativa en tercera persona que se les había impuesto.

En lo que respecta a la primera visita, disponemos de testimonios que responden a distintos puntos de vista: el testimonio de un espectador privilegiado, uno de los funcionarios de la Cruz Roja, Rossel, para quien se organiza formalmente ese espectáculo peculiar —un espectáculo que reniega de sí mismo—; el de Adler, presente en el campo hasta el otoño de 1944; y el de uno de los responsables de la «Operación Embellecimiento», Benjamin Murmelstein, que, después de la eliminación de Eppstein, de quien había sido subordinado, asume el cargo de decano y acompañará al *Lager* hasta la liberación.

Quizá el dato más sorprendente que comparten los relatos testimoniales —publicados a una gran distancia temporal los unos de los otros (de Rossel en particular utilizamos la entrevis-

---

83. *Ibíd*, pág. 593. Adler hace referencia al testimonio de una cantante.

ta concedida a Lanzmann en 1979, más que el informe redactado para la Cruz Roja)— es la conciencia del papel que cada uno de ellos interpreta en la comedia, así como el hecho de que se trata de eso, de una comedia. Y cada uno, de modo distinto, juzga el valor pragmático del espectáculo en el que ha de actuar, atribuyéndole un sentido:

> Se puede pensar que los funcionarios daneses, que habían sido suficientemente informados acerca de las condiciones de los campos de concentración y sobre la tragedia judía en los países del Este no se hacían ilusiones ni se llamaban a engaño [...] sabían que mucho de lo que veían estaba preparado de antemano, pero pensaron que su visita se podía transformar en una ventaja para los internos, que las mejoras serían definitivas y que podrían seguir disfrutándolas después de su partida. Los informes de Hvass y Henningsen están escritos con prudencia y simpatía por los judíos, pero reflejan el hecho de que sólo podían juzgar sobre lo que veían, que no ofrecía motivos fundados para la duda, mientras que lo que sentían no lo podían controlar ni era un elemento de juicio, por lo que tampoco ofrecía un fuerte respaldo para las dudas.[84]

Por el contrario, el informe de Rossel, que iba acompañado de una serie de fotografías de Theresienstadt tomadas personalmente por él mismo, ofrecía una relación muy favorable sobre aquello que había tenido ocasión de ver.[85] La historia posterior asigna a Rossel el papel de testigo ciego y sordo, precisamente porque, ya sea por un exceso de confianza o por una falta de interpretación, su testimonio se detiene en el umbral de lo visible y de lo audible, y se limita a certificar dicho umbral sin aludir a la barrera que le impone.

Muchos años más tarde, en 1979, en una entrevista que concede a Lanzmann, un ya octogenario Rossel, puesto clamorosamente en evidencia por los acontecimientos («Sea compasivo, no

---

84. *Ibíd*, pág. 178.
85. Hasta el punto de que «suscita la indignación en el Congreso de la Cruz Roja Internacional reunido en Ginebra, donde el Congreso Judío Mundial lo juzga demasiado optimista y expresa su protesta, solicitando una ulterior visita a Theresienstadt» (que debía realizarse el 6 de abril de 1945). *Ibíd*, pág. 179.

me haga parecer demasiado ridículo», le pide a su entrevistador),[86] cuenta cómo tenía muy claro, a su vez, que estaba en una comedia. Sin embargo, el papel, por así decirlo, de «sujeto cómico», de verse obligado a interpretar públicamente el papel de alguien que mira sin ver, le pesa no tanto en su visita a Theresienstadt, sino a Auschwitz. Con no poco coraje, de hecho, y sin que mediara un anuncio formal, había ido allí por su cuenta, antes de su incorporación al comité establecido para la ciudadela checa. Como delegado de la Cruz Roja Internacional en Alemania, su cometido era visitar los campos de prisioneros de guerra, para vigilar el cumplimiento de la Convención de Ginebra. Sin embargo, en el caso de los prisioneros civiles, como era el caso de los de Auschwitz, los controles eran mucho más complejos y las iniciativas no podían tener ninguna cobertura oficial; de ahí que, cuando varias organizaciones, en particular la Organización Judía Americana de Ayuda y Socorro Mutuo, le solicitan una indagación sobre el terreno, Rossel se presenta en Auschwitz con la excusa de llevar medicinas, y allí es recibido directamente por «un joven muy elegante, de ojos azules, distinguido y cordial», que confunde —o bien el joven se hace pasar por él— con el comandante Höss. De la entrevista se desprende la completa inutilidad, no sólo desde el punto de vista operativo, sino también cognitivo, de esta valiente iniciativa. Por supuesto, ha pasado mucho tiempo, el suficiente para que en la memoria se formen lagunas, pero lo cierto es que el antiguo funcionario de la Cruz Roja pasó por Auschwitz como «un vivo que pasa», sin sorprenderse de nada: es decir, de mucho menos de lo que sabe. De la absurda conversación con el hombre que se hace pasar por el comandante del campo le queda la constatación de que éste creía firmemente que allí, en aquel lugar de barracones y de hombres esqueléticos con la chaqueta a rayas, cuya vida se había refugiado en el contorno de los ojos, Alemania estaba realizando una gran obra por el bien de Europa entera:

---

86. Maurice Rossel, en Claude Lanzmann, *Shoah*, Einaudi, Turín, 2007, pág. 221. Lanzmann entrevista a Rossel durante el rodaje de *Shoah*, pero la conversación, publicada como apéndice del libro que acompaña los dvd del filme, no forma parte, sin embargo, de la película propiamente dicha.

C. LANZMANN: Sí. Sin embargo, no deja de ser asombroso, hablar en una especie de conversación íntima con aquellas personas que ciertamente eran maestros en el arte de mentir, por lo menos, sobre el...
DR. ROSSEL: Definitivamente...
C. LANZMANN: Usted le prestaba oídos, le daba crédito, o...
DR. ROSSEL: Oh, querido doctor Lanzmann, prestar oídos, dar crédito... lo que usted quiera... ¡No! Era una comedia que se ponía en escena. Eso es todo. Nada más.[87]

El elemento singular de su afirmación es que, en rigor, «comedia» no existe en Auschwitz, porque allí a Rossel se le ocultan cosas pero no se «escenifica» nada; en cambio, donde sí existe es en Theresienstadt, donde Rossel, al menos en su informe, no da ninguna muestra de haberla percibido.[88] La conversación con el (supuesto) comandante se desarrolla con arreglo al código del recíproco *fair play*, de acuerdo con las convenciones de salón, y no añade nada a lo que ya se conocía.[89] En los primeros momentos de aquel diálogo encontramos, sin embargo, un dato que nos permite entender mejor no aquello que Rossel ha efectivamente visto, sino aquello que no logrará ver en Theresienstadt, aquello que lastra sus capacidades como espectador, impidiéndole elaborar correctamente la información que capta con los ojos. Cuando Rossel le revela al joven elegante que tiene enfrente su nacionalidad suiza, éste, buscando un elemento común con el interlocutor sobre el que establecer alguna eventual complicidad, le dice que solía viajar al cantón de los Grisones con fines deportivos:

DR. ROSSEL: [...] Me responde: «Ah, ¿pero usted viene de Suiza? ¡Qué coincidencia! Suiza me gusta mucho. He hecho algunos grandes descensos de bob en Suiza, en Arosa» —o en otro lugar que no recuerdo—.
C. LANZMANN: ¿Saint-Moritz?

---

87. *Ibíd.*, pág. 235.
88. En la conversación con Lanzmann, con la distancia de los años, declara en todo caso haber tenido una conciencia precisa de la puesta en escena: «Se trataba de una visita bien preparada, como una comedia». *Ibíd*, pág. 240.
89. Rossel argumenta que la fila interminable de personas reducidas a los huesos no añadía nada a lo que ya sabía todo el mundo, y que precisamente su existencia era el dato de partida de su misión, y no el de llegada. Véase *ibíd.*, págs. 236-237.

DR. ROSSEL: Davos, creo que era Davos, o Saint-Moritz.
C. LANZMANN: ¿Bobsleigh?
DR. ROSSEL: No sé. Se dedicaba al «bob». En cualquier caso, quería darme a entender que él pertenecía a ese estrato social que puede permitirse divertirse en las pistas de bob. Yo, que era hijo de un obrero, había visto las pistas de bob, pero nunca me había podido permitir unas vacaciones en los Grisones para hacer bob.[90]

Cuando acompaña a los dos funcionarios daneses a Theresienstadt, uno de los elementos que más llama la atención de Rossel es el origen social de los internos, que le deja una fuerte impronta:

DR. ROSSEL: Era un campo reservado para los privilegiados. Es horrible decirlo porque, Dios mío, no quiero acusar a nadie, no quiero herir a gente que ha sufrido terriblemente. Pero desafortunadamente eran *Prominenten*, es decir, privilegiados, y el campo daba la impresión de que habían encerrado allí a israelitas muy ricos, o importantes en sus ciudades de origen, que no se podía hacer desaparecer de manera demasiado repentina. Allí dentro había una cantidad de eminencias que era en todo caso anormal, si se comparaba con la situación de los demás campos, incluso para prisioneros, ¿no es así? No estoy seguro de cuántos médicos había allí, ni de cuánta gente notable de todas partes, pero su actitud era bastante curiosa. Un hombre que de oficio visita campos de prisioneros todo el tiempo y durante meses, está acostumbrando a que un tipo le guiñe el ojo y atraiga su atención sobre algún particular. Era un comportamiento habitual. Pues bien: en Theresienstadt, nada de nada. Una docilidad y una pasividad que para mí eran... me provocaban un gran malestar.[91]

Ante un espectáculo organizado para uso y consumo de la comitiva, Rossel se lamenta de que nada haya traspasado el umbral, ni tan siquiera una mirada en busca de una comprensión diferente de aquélla que transmitía aquel *frame* del que todos parecían ser conscientes. Los actores siguieron siendo actores, y la comitiva, sin puntos de apoyo de ningún tipo, no pudo hacer otra cosa que permanecer en el lugar y en el papel de espectador: nadie extendió la mano para inducir a la comitiva a atravesar la cuarta pared, ni mucho menos para denunciar el efecto Potem-

---

90. *Ibíd.*, págs. 231-232.
91. *Ibíd.*, pág. 240.

kin, que al parecer era muy ostensible. Casi se diría que todo el aparato que se puso en marcha no habría podido convencer a nadie de no haber sido por el comportamiento impecable de los intérpretes para hacerlo creíble, exactamente como sucede en todo espectáculo donde los actores funcionan. Pero si Rossel quedó ciertamente desarmado ante la escenificación, probablemente no fuera por estas razones: detrás de la ostentosa indiferencia de los ciudadanos de Theresienstadt (que habían aprendido a comportarse *como si* no estuvieran bajo observación, tras un largo ejercicio existencial en el arte del engaño) Rossel no percibe tanto el régimen de terror al que están sometidos, sino más bien arrogancia; es decir, lo que le golpea y le llama la atención es la actitud «distinguida» que cree percibir entre los internos. Así es como termina confundiendo el espacio que separa un escenario de su público con la distancia que una «clase acomodada» pone entre ella y el resto de la población, mientras se dedica a sus ociosas ocupaciones. Es bastante probable que sea esto lo que le lleva a emparejar, en su informe, lo que ve con lo que cree: «Yo era los ojos que podían ver más allá, de haber habido cosas que ver más allá».[92] Sin embargo, lo que sucede en realidad es que los ojos que debía personificar evalúan la distancia, pero no la recorren: en último término, un testigo/observador es aquello que ve, mientras que un espectador es aquello que interpreta.

Adler, por otro lado, conocido por una intransigencia que se ha ganado en el campo, *sobre el terreno*, se queja sobre todo de la progresiva «pérdida de lo real» a la que se ve abocada la sociedad de Theresienstadt, y que es la consecuencia directa del crecimiento exponencial del espectáculo. Auschwitz, adonde llega con los «transportes de otoño», de tan triste memoria, comparado con las tantas escenificaciones que acaba de abandonar, le parece incluso que tiene la ventaja de que se presenta tal y como es, con la verdad desnuda. Por otro lado, antes aún de la gran mascarada organizada con participación masiva al servicio de la propaganda nazi, Adler ya mostraba su perplejidad ante la vida artística en general, aquélla que con su profusión compensaba la miseria de la vida cotidiana, pero que, al mismo tiempo, en la medida en que la decoraba, impedía reconocerla por lo que era.

92. *Ibíd*., pág. 239.

La irresistible urgencia de refugiarse en las expresiones de la cultura se agudiza con cada transporte hacia la muerte, pero, según su análisis, esto es antes un síntoma que un signo; ante una experiencia protegida por su misma impotencia, que está viva porque respira en un intersticio de tiempo que es como una grieta en la nada, el diagnóstico es claro:

> De repente, uno podía sentirse impulsado a realizar una obra de carácter cultural, aunque nunca lo hubiera hecho antes ni tuviera un talento especial [...] Actividades o intereses en los que nunca se había pensado, o en los que ya no se pensaba desde los años de la adolescencia, se volvían repentinamente importantes y ocupaban el centro de los problemas. La dura realidad ha obligado a muchos hombres a buscar refugio en la fantasía y en la ilusión —algo que podía también llamarse regresión a la infancia—.[93]

El análisis de Adler identifica a continuación los dos posibles comportamientos, que también contemplan su propia negación: colaborar u observar (no colaborar, no observar) o, en otras palabras, ser un actor o un simple espectador de las situaciones que se viven. Considerando que en los hechos no había un «espectador puro», ya que nadie, bajo pena de muerte, podía desentenderse completamente del papel asignado, Adler argumenta que la mejor actitud que se podía adoptar en Theresienstadt era la de abrazar una y otra alternativa, porque todo aquél que se olvidara de verse a sí mismo actuar y diera por bueno, por veraz, el papel que debía interpretar, se condenaba inexorablemente al ridículo. Entre estar ahí o no estar, estar demasiado entraba dentro del ámbito de la elección cómica. En este sentido Adler aludía especialmente a las autoridades judías, creadas por los nazis para instituir un gobierno títere, que a veces, en lugar de sentirse como uno de los muchos «reyes por un día» que reinaban en las fiestas de carnaval, se tomaban demasiado en serio el poder que les había sido conferido:

> Le diré algo fundamental sobre el decano del Consejo de Ancianos Judíos. El decano estaba en la posición de un títere, una marioneta

---

93. Hans G. Adler, *Theresienstadt 1941-1945: Das Antlitz einer Zwangsgemeinschaft*, op. cit., págs. 285-286.

cómica. Pero esa marioneta tenía que actuar de tal manera que su naturaleza cómica pudiera alterar el curso de los acontecimientos. Nadie podía ni tenía que entender eso. De lo contrario, nos habrían masacrado. Él tenía que actuar para cambiar las cosas en tanto que marioneta. Por lo general, a las marionetas se les tira de los hilos. Aquella marioneta se tenía que tirar de sus propios hilos. Ahí estaba la dificultad del papel del decano. Los otros no entienden nada. Aquella marioneta tenía que tirar de sus propios hilos. Y los demás tenían que bailar.[94]

Esto es lo que declara, por su parte, el último decano de Theresienstadt en el curso de la entrevista que le hace Claude Lanzmann en 1975, dejando claro que, desde su perspectiva, la «condición cómica» era la única condición operativa en la cual era posible revertir aquella misma estrategia que se le había impuesto. De esta imposición había hablado también en el libro anterior que dedicó al asentamiento checo;[95] los episodios de que trata no se refieren sólo a las operaciones de mejora estética de la ciudadela —la arquitectura del engaño—, sino también a la dirección del registro emocional al que toda la masa de comparsas habría tenido que dar expresión sensible, es decir, a lo que vendría a ser la verdadera puesta en escena de un paisaje de felicidad inscrito en los mismos rostros de los internos:

> [...] Al regresar a caballo de uno de estos paseos por los alrededores, el comandante se encuentra con un ingeniero judío que se dirige a la lavandería central: «¿Cómo está? Bien, ¿no es cierto? Todo va bien ahora en Terezín. ¿Por qué pones cara de estar preocupado? Vamos, empecemos a sonreír. ¿No quieres? ¡Cerdo, perro! ¡Ríe, judío!». Todo ello subrayado por un golpe de látigo.[96]

Asumiendo para sí la condición cómica cuando participa en la «Operación Embellecimiento» como subordinado de Eppstein y luego como decano él mismo, Murmelstein tiene bien claro el hecho de que se trata de una condición salvífica para la comuni-

---

94. Benjamin Murmelstein en Claude Lanzmann, *L'ultimo degli ingiusti*, op. cit., pág. 34.
95. Benjamin Murmelstein, *Terezin. Il ghetto modello di Eichmann*, op. cit.
96. *Ibíd.*, pág. 113.

dad que representa y para sí mismo; es necesario, sin embargo, poner sobre aviso simultáneamente a todos los paradigmas de la *performance*. Él debe representar el papel de bufón para que los nazis puedan seguir haciendo de Gran Donante. Sólo de esta manera puede hacerse más difícil el crimen que están tramando —la destrucción final de Theresienstadt, de la cual Murmelstein, como un investigador, captura y secuencializa todos los elementos sintomáticos—: mientras pueda permanecer bajo los focos, Theresienstadt vivirá; pero cuando éstos se apaguen, quedará patente que ella es el verdadero crimen, la víctima vestida de regalo; entonces los asesinos procederán simplemente a hacer desaparecer los cadáveres, como ya han comenzado a hacer con las deportaciones de otoño. La auténtica trama sigue siendo la propia de una novela policiaca, donde los protagonistas son básicamente los asesinos; hasta cierto punto también lo son los bufones, pero éstos sólo están disfrazados de bufones. Cantaba Willy Rosen en el tren que lo llevaba de Theresienstadt a Auschwitz: «En todas partes hay siempre alguien de quien reírse/ En todas partes hay alguien que se burla/ Y alguien destinado a hacer el papel de tonto [...]/ Los hombres se ríen con gusto a costa de otro».[97]

El documental sobre Theresienstadt: sinfonía de una pequeña ciudad

«Si Alemania hubiera de sucumbir, nuestros adversarios, los traidores a la gran idea alemana que están actualmente recluidos en los campos de concentración, morirán con nosotros. Se trata de una orden clara y lógica impartida por el *Führer*, y yo me encargaré de hacerla cumplir en todos sus términos y hasta el final».[98] Himmler recibe la orden de Hitler cuando éste se

97. Willy Rosen en Volker Kühn, «*Zores haben wir genug...*», op. cit., pág. 112.
98. Heinrich Himmler, en Achim Besgen, *Der stille Befehl, Medizinalrat Kersten, Himmler und das Dritte Reich*, Nymphenburger, Múnich, 1960, pág. 39, *op. cit.* en Benjamin Murmelstein, *Terezin. Il ghetto modello di Eichmann*, op. cit., pág. 197.

había ya transferido, desde mediados de enero de 1945, al búnker de Berlín, junto con lo que quedaba de su Estado Mayor, a meditar sobre cómo podría hacer coincidir su propio fin con el fin del mundo, al que tanto había enfurecido. Después de la clausura de los demás guetos y del desmantelamiento de las cámaras de gas, Theresienstadt seguía existiendo gracias a su naturaleza dual, porque, según Murmelstein, «vivía entre la voluntad de exterminar y la necesidad de engañar»,[99] pero las dos alternativas coexistían y no eran excluyentes.

Las deportaciones que tuvieron lugar allí en el otoño de 1944 habían arrebatado a la comunidad casi la mitad de su población activa, y podían considerarse como una evidencia del desmantelamiento general. Sin embargo, los prisioneros constituían uno de los últimos recursos de los nazis, en parte porque su presencia física contenía los bombardeos y en parte por la posibilidad de negociar su liberación a cambio de mercancías y dinero; no obstante, para ello era necesario que las organizaciones concernidas pudieran controlar la existencia física de las personas a rescatar. En marzo de 1945, cuando Eichmann da la señal para una nueva «Operación Embellecimiento», estamos ante los últimos estertores de la guerra: viendo el panorama, Himmler ha ordenado suspender toda atrocidad en los campos de concentración, y a finales de aquel mes las conversaciones internacionales para la liberación de los internos imponen la presencia de la Cruz Roja en cada campo. Eichmann se declara dispuesto a aceptar la presencia de comisarios de la Cruz Roja única y exclusivamente en «su» gueto modelo, negándoles el acceso a los *Lager*. Es entonces cuando se hace preciso reactivar la vieja historia del «modelo» a exhibir, a fin de ocultar el exterminio perpetrado en los campos. Después de una inspección en las viviendas, se procede a eliminar de las mismas todas las imágenes comprometedoras,[100] incluidas las fotografías de los parientes deportados, y así arden

---

99. *Ibíd.*, pág. 160.
100. «El miedo a los "documentos atroces" lleva, el 28 de marzo de 1945, a un control de los cuadros presentes en las casas del gueto. Ya en julio de 1944 habían sido encarcelados cinco pintores con sus familias a causa de las imágenes perturbadoras que habían pintado». Hans G. Adler, *Theresienstadt 1941-1945: Das Antlitz einer Zwangsgemeinschaft, op. cit.*, pág. 199.

en la hoguera cartas y archivos. A las aguas del Elba, para que se dispersen, se confían en cambio las cenizas de los muertos, toda vez que las urnas que las contenían habrían permitido hacer un recuento de los difuntos.[101] Para dejar abierta la vía del exterminio total, en el gueto se levantan instalaciones que se asemejan a las de las cámaras de gas, aunque Rahm asegura al Consejo de Ancianos que se trata de dispositivos para proteger los suministros de alimentos de los bombardeos; lo que es seguro es que los dispositivos ciertamente no son parte del embellecimiento. Por un lado, se produce el colapso, mientras que, por el otro, después de la desertificación producida por los transportes de otoño, se hace lo posible por adecentar el escenario y restablecerlo de alguna manera, a fin de preparar la puesta en escena con la que recibir, el 6 de abril de 1945, la segunda visita de la Cruz Roja, capitaneada por Paul Dunant y escoltada por el propio Eichmann y su representante en Praga, Hans Günther, en sustitución de Karl Rahm, que estaba enfermo:

> También en esta ocasión el embellecimiento se llevó a cabo con un esfuerzo considerable, pero esta vez la comedia no es comparable a la del año anterior. Se renuncia por completo a levantar nuevas fachadas, pero se adecentan todas las instalaciones previas. [...] Cuando se anuncia la visita, Günther y Möhs van a ver, «a modo de prueba», los alojamientos que deben ser mostrados. Se pregunta con jovialidad a las personas ancianas acerca del destino de sus familiares, y éstas, aterradas ante las SS, responden con llantos y otras preguntas. Así las cosas, se recomienda que la visita se lleve a cabo únicamente en alojamientos vacíos, sin inquilinos. Se estudian nuevas formas de entretenimiento, como si las SS y los judíos no tuvieran en aquel momento otra cosa en qué pensar aparte de la música y el teatro. Se organiza una costosa representación de una obra de teatro para niños, *Glühwürmchen*, extraída de un conocido libro infantil. Para la ocasión se recupera el checo, que desde julio de 1944 había

---

101. «Los antiguos romanos decían: "Mientras exista el Coliseo, existirá Roma". Lo mismo valía para Theresienstadt y el columbario (el lugar donde eran depositadas las urnas con las cenizas). Es lógico: si se quería liquidar Theresienstadt, había que liquidar el columbario gracias al cual se podían contar los muertos. [...] En suma, los nazis querían primero... desembarazarse de las cenizas, y después, del gueto». Benjamin Murmelstein en Claude Lanzmann, *L'ultimo degli ingiusti, op. cit.*, págs. 120-121.

sido prohibido para los eventos del tiempo libre [...]. Lo que se iba a mostrar al jefe de la delegación, Dunant, debía parecer una locura: habitaciones vacías y conciertos y teatros a plena luz del día. Realmente era demasiado.[102]

Si en condiciones «ordinarias» los eventos culturales y los espectáculos habían sido la señal de una búsqueda, si bien compulsiva, de una normalidad imposible, ahora se transforman en el gesto de una desmesura proyectada en el vacío. Incluso el público es reclutado y vigilado en todo momento: «Los espectadores que abarrotan la sala de teatro llevan detenidos desde las siete horas de esta mañana. Los bomberos vigilan la salida para impedirles escapar antes de la llegada de la segunda visita».[103] A pesar de todas las prevenciones y cautelas adoptadas, Günther provoca al nuevo decano, al lamentar que el año precedente el «embellecimiento» había dado mejor resultado: «Aquellos excelentes cantantes de los que se podía disponer entonces ya no se encuentran en el gueto, porque debieron partir en octubre. "Deme los nombres; los traeremos de vuelta a Theresienstadt". Una payasada gratuita».[104] Los nazis siempre se preocuparon por dotar a cada estación terminal de las indicaciones propias del tráfico y los viajes ordinarios, con sus trayectos de ida y vuelta, pero ni siquiera ellos eran ya capaces de revertir el camino del exterminio: «Los nazis habían enviado a buscar a un cantante de ópera holandés, protagonista de los *Cuentos* de Hoffmann. Trataban de traerlo de vuelta porque hacía falta repetir la ópera para la Cruz Roja Internacional».[105] Las visitas de abril de 1945 deberán recurrir a otros actores, e incluso importar a niños semi-arios, a fin de colmar un vacío que las autoridades no habrían sabido explicar a sus huéspedes. Y, sin embargo, aun disponiendo de una menor dotación de medios y de actores, también esta puesta en escena —que se lleva a cabo en varias réplicas sucesi-

---

102. Hans G. Adler, *Theresienstadt 1941-1945: Das Antlitz einer Zwangsgemeinschaft*, op. cit., págs. 202-203.
103. Benjamin Murmelstein, *Terezin. Il ghetto modello di Eichmann*, op. cit., pág. 214.
104. *Ibíd.*, pág. 197.
105. Benjamin Murmelstein, informe recogido en *Truth and Lies. Filming in the Terezín Ghetto, 1942-1945*, op. cit.

vas— obtiene los resultados esperados. Según Adler, Paul Dunant, con motivo de la visita del 21 de abril, confirma la impresión ya reportada en la visita precedente (del 6 de abril), que se reafirmaba en «la convicción de que no se había realizado ninguna puesta en escena especial para recibirnos», y de que «los habitantes de Theresienstadt viven todos los días como nosotros los vimos vivir la primera vez. Este extremo lo pudimos constatar en tres ocasiones».[106] La comitiva considera que la *performance* puesta en marcha por su propia observación tenía una duración que la excedía, y que se asemejaba al «tiempo real»; que las actividades nocturnas, representadas todas juntas en la misma mañana, eran la vida misma del campo, la cotidianidad que ellos presenciaron, y que no se trata de ninguna representación. Por lo tanto, él cree lo que ve. Sin embargo, es lo que no ve (pero que sí está presente en el documental que se proyecta durante la visita) lo que le pone en guardia: «La ciudad era así, pero la gente había desaparecido: artistas, músicos, gente en la calle... de todos ellos no quedaba ni rastro».[107] Los observadores tampoco traspasan esta vez el *frame* predispuesto, pero en cambio sí procesan y elaboran la suma de presencias y desapariciones que en él se encuadran; y el resultado de la operación matemática les basta para dictaminar la conveniencia de un control constante que acompañe al campo hasta su definitivo desmantelamiento.[108] Exhibición y ocultación, adición y sustracción: ambas surtieron su propio efecto.

Entre las visitas de la Cruz Roja del 6 y del 21 de abril, el 16 de abril tiene lugar la visita autorizada a Budapest de Rezső Kasztner, representante en Budapest del «Comité de ayuda a la

---

106. En Hans G. Adler, *Theresienstadt 1941-1945: Das Antlitz einer Zwangsgemeinschaft*, op. cit., pág. 207.

107. Benjamin Murmelstein, información extraída de *Truth and Lies. Filming in the Terezín Ghetto, 1942-1945*, op. cit.

108. Dunant regresa al campo el 30 de abril y permanecerá en él hasta el 10 de mayo. Se instala en Theresienstadt el 2 de mayo, cuando los comandantes dejan el mando. Rahm, todavía por unos días, detenta la pequeña fortaleza, hasta que el 5 de mayo abandona el campo. Dunant toma el mando y Murmelstein es cesado de sus funciones. El 7 de mayo de 1945, Dunant anuncia en alemán y francés las condiciones de la capitulación de Alemania.

población judía»,[109] que estaba embarcado en una operación de salvamento a gran escala. También con motivo de su visita, como ya se hizo en el caso de las visitas de la Cruz Roja, el gueto ofrece un nuevo tipo de espectáculo, y se proyecta en sesión privada (ya se había proyectado de forma oficial a finales de marzo en Praga para los altos cargos del gobierno nazi) la película *Theresienstadt. Un documental sobre el asentamiento judío*, que estaba recién salida de la postproducción en los estudios de la agencia praguense «Aktualita». Esta vez en la sala está presente Murmelstein, a quien Günther pide su opinión:

> Después de unos minutos de silencio, [Günther] volvió al ataque: «Me gustaría saber su opinión sobre la película». También esta vez hice todo lo posible por evitar el tema, pero él insistió y me vi obligado a decir: «La película es una exageración tan mal hecha que ni siquiera servirá como propaganda». En este punto el mayor cortó la conversación [...]. «Ayer hiciste enojar a Günther, toda la noche estuvo como envenenado. ¿Qué le dijiste?». «Hablamos de la película realizada en Theresienstadt». «Lo entiendo. Incluso algunos de nosotros hemos hablado mal del filme. Por eso Günther estaba furioso, fue él quien dirigió las labores de montaje y se siente responsable de que no tenga éxito».[110]

En su conversación con Lanzmann, Murmelstein afirma luego que, como el decano había tenido que asumir el papel de bufón, al menos había conseguido conferir a la parte cómica que le había tocado en suerte la sólida consistencia de un Sancho Panza.[111] En este intercambio de roles el decano asume el papel de

---

109. Rezső Kasztner, que llevaba ya tiempo negociando con Eichmann para comprar la libertad de un millón de prisioneros —cifra que luego se reduciría a 1.684—, estaba allí para organizar el transporte de Theresienstadt a Suiza. En abril de 1945, su presencia como observador «legítimo» en el gueto provocó la desconcertada observación de Rahm: «Ya no entiendo este mundo. Me obligan a ser el guía de un judío». *Ibíd.*, pág. 216.

110. Benjamin Murmelstein, *Terezin. Il ghetto modello di Eichmann*, op. cit., págs. 215-216.

111. «Usted me ha leído un pasaje de Adler refiriéndose al Falstaff. Me compararía con otro personaje de la literatura clásica, Sancho Panza, que es pragmático y calculador, cuando otros luchan con molinos de viento. Eichmann tenía un interés en Theresienstadt. Si lográbamos hacer que la exhibiera ante el mundo, para nosotros eso significaba la salvación: Theresiens-

un actor secundario, por la carga de realismo que pone brutalmente sobre la mesa en un mundo poblado de fantasmas y animado por la locura.

Y es así, con realismo, como juzga el filme: «No digo que debiéramos mostrar al espectador a ancianos moribundos, pero era absurdo presentar un campo donde la gente no hacía otra cosa que cantar. ¿Quién se lo iba a creer?».[112] Son los actores secundarios los que muestran el mundo por lo que es, según afirmó en su día Rudolph Arnheim, como ya hemos tenido ocasión de recordar. ¿Quién se iba a fijar en el amo, cuando el siervo lo interpretaba un actor de la potencia de Félix Bressart? Y quizá el decano pensaba también en lo que le habría sucedido a Theresienstadt, con Rahm y sus modélicos castillos en el aire, si el papel del siervo no lo hubiera interpretado él y su *Realpolitik*. El discurso de Arnheim desembocaba luego en un elogio de las dotes de Gerron, que entre los actores era el líder indiscutible.[113] Sin embargo, ahora es la película de Gerron lo que frustra la urgencia de realismo de Murmelstein: la estrategia de supervivencia que ha puesto en marcha contempla la ficción sólo en la medida en que sea lo suficientemente ambigua como para permitir más de un juego, pero el cuento de hadas de «una ciudad que canta y baila» en plena tragedia mundial carece de ambigüedad, es increíble sin más. El decano llega incluso a sospechar que la película forma parte de una campaña de propaganda dirigida a los propios alemanes, para justificar la próxima destrucción de un asentamiento que, librado al autogobierno judío, disipa vergonzosamente en diversiones los propios recursos de tiempo y energía:

> En el otoño de 1944 apareció una secuencia del filme en un noticiario alemán: se podía ver una escena en un *Kaffehaus* mientras se oía música de fondo; de pronto, cambio de escena: disparos, asaltos, ex-

---

tadt ya no podría desaparecer. Esto implicaba que teníamos que prostituirnos y actuar en aquella farsa hasta que Theresienstadt fuera exhibida. Luego ya no podríamos desaparecer». Benjamin Murmelstein, en Claude Lanzmann, *L'ultimo degli ingiusti, op. cit.*, pág. 112.

112. *Ibíd.*, pág. 114.

113. Rudolph Arnheim, *Lob der Charge* (1931) *op. cit.* en Karl Prümm, *Von der komischen Charge zum eigenwilligen Erzäler*, en Barbara Felsmann, Id., *Kurt Gerron – Gefeiert und gejagt, op. cit.*, pág. 165.

plosiones de granadas, soldados heridos... En el estruendo se podía distinguir apenas el comentario sonoro: «Mientras en Theresienstadt los judíos se sientan en el café y bailan, nuestros soldados cargan con todo el peso de una guerra terrible, soportando las dificultades y privaciones necesarias para defender la patria».[114]

Pero el filme no es exactamente *de* Gerron, por mucho que se le hubiera encomendado a él la dirección. Y, sobre todo, en este caso el actor ha abandonado al personaje secundario (en las tomas sólo le reservaron una actuación, en la escena dedicada al cabaret) para asumir el papel de protagonista: no tanto en lo que concierne a su responsabilidad como autor (que, a la luz de las investigaciones más recientes, fue muy reducida, debido a la obvia intrusión, corroborada por múltiples testimonios, de las autoridades nazis)[115] como por el hecho de que la película misma (las pocas secuencias que sobreviven y todo el material documental complementario)[116] se vio afectada por la historia delirante a la que el actor/director se entrega, una historia que ha inspirado, y sigue inspirando, adaptaciones en todo tipo de formatos.[117] Víctima y/o culpable de una colaboración infame, el destino de Gerron se vuelve sintomático de una situación que se hace extensiva a todo el exterminio llevado a cabo por los nazis, cuya ejecución material se delega, en su mayor parte, en las propias víctimas: sustraerse u obedecer —o, tal vez, como sugería

---

114. Hans G. Adler, *Theresienstadt 1941-1945: Das Antlitz einer Zwangsgemeinschaft*, op. cit., pág. 184.

115. En particular, el análisis de Karel Margry, además de refutar el título generalmente atribuido al documental, nos muestra, a partir del análisis de los guiones de la película, cómo el de Gerron, que venía después de varios otros, no es respetado en la última versión del documental. Véase Karel Margry, *Das Konzentrationslager als Idylle: «Theresienstadt» – Ein Dokumentarfilm aus dem Jüdischen Siedlungsgebiet*, op. cit.

116. De las 38 secuencias originales sobreviven 12, que corresponden a la parte final de la película. En los archivos del Yad Vashem se han recuperado otros 24 fragmentos de la parte central.

117. Véase, por ejemplo, la película de Ilona Ziok, *Kurt Gerrons Karussell*, 1999, el documental de Malcolm Clarke, *Kurt Gerron – Prisoner of Paradise*, op. cit., y la novela de Charles Lewinsky, *Un regalo del* Führer, Einaudi, Turín, 2014. Gerron aparece también como personaje en la comedia de Arnošt Goldflam, *Sladký Theresienstad* (Dulce Theresienstadt), llevada a escena en Praga en noviembre de 1996.

Adler ante una elección que en realidad no se daba, sustraerse y obedecer, *mirarse obedecer*—.

En ocasiones, sin embargo, es necesario sustraerse a la mitopoiesis de los protagonistas para recuperar la amplitud del relato que polarizan, y para restituir en él la especificidad de una historia artística que es independiente de las vicisitudes de sus existencias. En el momento en que Rahm lo intercepta, Gerron era un actor que pasaba por allí, probablemente con un sombrero en la cabeza, como hemos imaginado al sorprenderlo en la fotografía de Frič durante su llegada procedente de Westerbork. Su lugar como director era, si acaso, el escenario; pero pronto se vio involucrado en una película que no era la suya ni podía serlo, por más que —algunos meses más tarde— le encargasen dirigirla. La decisión de involucrarlo, si acaso, marca un punto de inflexión en el sentido mismo del proyecto cinematográfico, pero la película, al menos en sus intenciones, estaba allí antes y seguiría estando allí después de él —aunque luego no llegue a ver la luz—. La idea nació junto con la propia Theresienstadt y reaparece varias veces durante el transcurso de su historia, dado que el gueto nació para la propaganda y debe proporcionar el material adecuado a Himmler, que es directamente responsable de su modelo. El primer intento de atribuir un relato cinematográfico a este modelo se remonta a 1942, y nace en la Oficina Central de Seguridad del Reich por intercesión directa del Ministro del Interior. Entre finales de agosto y principios de septiembre la tarea se le asigna a una directora checa próxima al cine de vanguardia experimental, Irena Dodalová,[118] recientemente internada en el gueto, donde estaba preparando una obra de teatro sobre Villon. Ni Dodalová ni sus colaboradores —el camarógrafo Jindrich Weil y su ayudante de teatro Adolf Aussenberg— se muestran demasiado solícitos en relación con el encargo:

> [...] El grupo hacía cuanto podía por sabotear el propósito de la película. Uno de sus planes era prolongar los trabajos preparativos. Irena Dodalová convenció a los alemanes de que el equipo de ilumi-

---

118. Irena Dodalová provenía de los círculos más avanzados del cine de animación checo, donde, junto a su marido, experimentaba con el uso de geometrías completamente abstractas.

nación para la película tenía que venir de Barrandov y el maquillaje, de Düsseldorf. Y obtuvo todo. Trataron de cambiar el contenido de la película, cuyo guión lo habían escrito los nazis [...]. Al final del rodaje Dodalová enfermó de erisipela, y su condición se usó como pretexto para posponer la finalización de la película —aún había que hacer el montaje—. En cualquier caso, los alemanes tenían prisa. Llamaron desde Berlín y Hanus Král habló con ellos para explicarles por qué no se podía terminar la película. Les dieron un ultimátum, y se suponía que el montaje empezaría a la mañana siguiente. Pasaron toda la noche manos a la obra en las oficinas del comandante, prepararon una copia de trabajo y cortaron dos encuadres de las escenas más significativas para conservarlos y sacarlos del campo de forma clandestina, cosa que lograron. Después, Irene Dodalová trató de enviarlos a Suiza —ya no recuerda a quién—. La película nunca se terminó.[119]

El *script* inicial,[120] junto con las tomas, están en manos de una compañía alemana, y las SS cooperan asiduamente con ellos, dejando en manos de Dodalová la coordinación artística. La narración (en la que Petr Kien, un jovencísimo artista, dramaturgo y escritor plenamente integrado en la vida cultural de Theresienstadt, ha introducido un elemento de ficción, al imaginar la historia del «asentamiento» en el gueto de la familia Holländer) comienza en el interior de la comunidad judía de Praga, para a continuación trasladarse a Theresienstadt junto con los protagonistas. Es la historia ideal de un viaje que termina en una ciudad recién construida, y que narra la fase inicial de su fundación. Los carteles con la inscripción «asentamiento judío» que aparecen plantados a la entrada del gueto, probablemente con motivo de la película, hacen explícito el mandato narrativo, que consiste en mostrar un lugar de constricción como si fuera un lugar de elección. La misma leyenda reaparecerá luego en el documental en el que está involucrado

---

119. Hanus Král, Museo judío de Praga, Inv. núm. 80. Entrevista recogida en *Truth and Lies. Filming in the Terezín Ghetto, 1942-1945*, op. cit.

120. Luego se escribió otro y después otro, en el cual interviene Petr Kien. Sobre la personalidad de Dodalová y de su marido, véase en particular Eva Strusková, *The Dodals. Pioneers of Czech Animated Film* (NFA, 2013). Sobre la reconstrucción histórica de esta película, véase Ead., *Ghetto Theresienstadt 1942, The message of the film fragments*.

Gerron, pero en esta ocasión está sobreimpresa en las imágenes del coro dirigido por Karel Fischer, como recalcando la visión de una gran comunidad orquestada en el canto.[121] En el camino que va desde el vacío de los trabajos previos a la plenitud de la orquesta en escena, la leyenda parece enfatizar la existencia de un único texto en varias tomas y de una narración *in crescendo*, pero esencialmente fiel a la propia trama. Incluso los lugares que van conformando el relato de Theresienstadt en la película de Dodalová coinciden con las «estaciones» del recorrido que, con ulteriores añadidos, servirán luego para la «puesta en escena» con motivo de la visita de la Cruz Roja. Sin embargo, en esta primera tentativa cinematográfica es ostensible (incluso en el escasísimo metraje que queda) la presencia nazi, y no sólo la que se produce fuera de cámara: en más de una escena aparece Herbert Otto, el comandante de las SS en Praga y el jefe de la Oficina para la Emigración Judía en la capital checa anterior a Günther. En un cierto momento Otto aparece observando desde su coche, como zanjando cuál es el ojo que determina los confines de lo visible, proporcionando la imagen de la historia en la que el *spectrum* deja en evidencia al *operator*.[122] A pesar del ejercicio de control constante, esta primera edición resultó a la postre demasiado realista, por lo que fue en gran parte destruida. Dodalová se inclinaba por las sugerencias de una realidad desarraigada, por el relato de la pérdida de lugar, más que de la adquisición de uno: los pesados pasos en el barro, la desorientación en la *Schleuse*, son gestos en los que la verdad se infiltra sin que sea posible ocul-

---

121. Se trata de la interpretación de *Elías*, de Mendelssohn.
122. La película muestra a Hebert Otto supervisando la dirección de una escena en la pequeña cocina donde se reúnen varias familias, y dando órdenes al arquitecto Zelenka; en otra escena, Seidl, comandante del gueto hasta julio de 1943, recibe el informe del primer decano, Edelstein. En los ocho minutos restantes del filme pueden verse los alrededores de Theresienstadt, la llegada a la estación de Bohušovice, la *Schleuse*, escenas de trabajo, una reunión del Consejo de Ancianos, el hospital y la organización sanitaria. En lo que respecta al sector del «entretenimiento», se encuentra la apertura del Café; después del trabajo, los prisioneros organizan teatros y *shows* musicales (se ve un ilusionista). No falta tampoco el tribunal, donde hay un proceso en curso.

tarla.[123] Las imágenes, incluso las pocas que han sobrevivido hasta nuestros días, cuentan la historia de un viaje y denuncian un viacrucis; la representación celebra, más que un rito fundacional, un *Stationendrama*. En el espacio dedicado al entretenimiento resalta la presencia de Švenk, y los gestos amplios y mudos de un número de magia: y se diría que todo Theresienstadt hubiera nacido de ese hechizo.

Fracasado el primer intento, el segundo se llevó a cabo a finales de 1943, cuando Hans Günther, el sucesor de Herbert Otto, se hizo cargo de la tarea. Elige para la ocasión a la agencia «Aktualita», que se ocupa principalmente de los noticieros y que, por lo tanto, debe saber desenvolverse en el tráfico entre la realidad y la crónica que la manipula. Tras la cámara nos encontramos a Iván Frič, que también será el operador de Gerron.[124] La ocasión para el primer golpe de manivela es la llegada inminente desde Westerbork, a principios de 1944, de los convoyes de deportados de Holanda, para los cuales, como ya hemos dicho, Eppstein dará un discurso de bienvenida. Por su parte, Rahm prestará apoyo a los recién llegados, a los que ayudará a bajar de los vagones.[125] En la película que Gemmeker había querido para Westerbork la salida de los trenes jugaba un papel importante, y el ferrocarril era un gólem que subyacía en todas las imágenes del *Lager* de tránsito. En cambio, en las películas que tratan de

---

123. El guión de Dodalová enfatizaba sobradamente la locura que serpenteaba por el gueto como resultado de la deportación que habían sufrido los internos. Había una escena en la que una persona anciana pregunta repetidamente dónde puede encontrar una tienda de cerveza y nadie le responde. En otra escena una mujer pregunta dónde está su casa mientras da su dirección en Viena. Parece que ha perdido el juicio. En otras secuencias hay hombres que no saben quiénes son. Véase Irena Dodalová, *Ghetto Theresienstadt*. Borrador de un informe aparecido en *Truth and Lies. Filming in the Terezín Ghetto, 1942-1945, op. cit.*

124. Frič relata cómo fue la entrada de las SS en las oficinas de la agencia para encargar la película y el absoluto secreto impuesto a los operadores, bajo pena de represalias contra los individuos y sus familias.

125. Entretanto, el decano que aparecía en la película anterior, Edelstein, fue deportado a Auschwitz y fusilado a los seis meses junto a su familia por un problema relacionado con un desfase en el recuento de las listas de deportados: la película es la misma pero los actores, como decíamos, cambian a menudo.

llevar Theresienstadt a la pantalla la ciudadela sólo conoce el tráfico de llegadas: nunca hay en ellas el menor rastro de una salida ni de cualquier otro signo que dé una idea de provisionalidad, nada que pueda socavar la imagen de asentamiento estable, de acogida definitiva, de administración y entretenimiento ni, en definitiva, que contradiga la historia de largo recorrido que todas estas palabras sugieren. Si desde el punto de vista cinematográfico Westerbork evoca un desplazamiento, Theresienstadt es un lugar de aterrizaje.[126]

Tampoco esta segunda tentativa satisface a Berlín, que procede a la destrucción de las tomas de «Aktualita», culpable también de un exceso de realismo: sólo se salvarán las fotografías tomadas por Frič y conservadas en su archivo. Probablemente fuera la realidad de Theresienstadt la que era todavía demasiado «realista», y las imágenes no lograban borrar la huella de la violencia originaria sobre la que descansaba, ni siquiera cuando los que filmaban eran los propios operadores alemanes, o los checos de la agencia de noticieros, que estaban acostumbrados a trabajar en un régimen de «semificcionalidad». Entretanto, sin embargo, está comenzando la «Operación Embellecimiento», que absorbe toda la energía del campo y modificará sustancialmente la calidad del espacio profílmico, lo que permitirá un cambio radical en la imagen que lo retrata. No sólo montar una ficción a partir de lo «verdadero» parece más emocionante que realizar un documental, sino que al final se está construyendo un decorado que se puede emplear de diversas formas: por ejemplo, para la puesta en escena de un cuento de hadas coral en forma cinematográfica. La última versión de la película, que comienza seis semanas después de la inspección de la delegación internacional, está ya toda prefigurada en las operaciones de adecentamiento urbano: la escenografía está preparada y el guión probado. Ivan Frič, que se ha reincorporado al trabajo en la ciudadela allí donde lo había dejado seis meses antes, se encuentra con que

---

126. Probablemente esto sea un signo de los dos destinos diferentes que tenían las películas en el momento de la decadencia germánica: por un lado, demostrar la utilidad de Westerbork en una lógica interna al poder nazi y, por el otro, demostrar la corrección nazi hacia los judíos en una lógica internacional.

la situación ha cambiado de forma radical, e inmediatamente comprende la naturaleza de las novedades sobre el terreno:

> El primer día nos encontramos en una ciudad irreal que era básicamente un decorado. La Cruz Roja Internacional había picado el anzuelo allí, pero nosotros no, porque todo estaba dispuesto como en un teatro. Debía ser la puesta en escena de un documental que captara por sorpresa un momento de la vida en la bella ciudad ideal que Hitler había donado a los judíos.[127]

De la visita de la Cruz Roja el nuevo proyecto no hereda únicamente un decorado que reemplaza una realidad difícilmente disimulable, sino un recurso más: la simulación de una autogestión enteramente judía debe ahora corresponderse también con la simulación de una autorrepresentación enteramente judía, donde los nazis no deben aparecer, ni siquiera en el papel de «buenos». Pero, aunque se mantienen al margen de toda la operación, en los hechos vigilan cada fase del proceso: ausentes en efigie de las imágenes producidas, son las sombras presentes en cada figura que dirige su producción, son los operadores y los espectadores, el *operator* y el *spectator*, y si no constituyen el contenido visible de los mismos, inspiran el contenido ideal que surge de ellos.

Con un estricto cordón de vigilancia, las posibilidades de que la película eluda la vocación decorativa y de cuento de hadas del decorado en que se realiza son, en la práctica, nulas.[128] Abandonada la historia de un éxodo y descartada la crónica de un aterrizaje alegre, el «embellecimiento» favorece fatalmente un registro cómico y de fábula. Y es en este punto —en lugar de la «persona interpuesta»— donde interviene Gerron. En la que sería la última prueba de su carrera, Gerron fue convocado directamente por Rahm por la misma razón por la que, diez años antes, lo habían echado de la oficina de la UFA, es decir, por su condición de

---

127. Ivan Frič, entrevista recogida en *Truth and Lies. Filming in the Terezín Ghetto, 1942-1945*, op. cit.

128. «Era una película de cuento de hadas tal y como podría haberla hecho uno que odiara a los judíos de la forma más estúpida». Hans G. Adler, *Theresienstadt 1941-1945: Das Antlitz einer Zwangsgemeinschaft*, op. cit., pág. 183.

judío. En este caso, siendo judío y con la notoriedad que lo acompaña, se estima que puede rubricar la historia de un asentamiento judío modélico y a la altura del «don» otorgado. Estamos a años luz de la imagen de repulsión con la que, sólo cuatro años antes, el documental de Hippler, *Der ewige Jude*, revestía a los judíos, también a los asimilados (y Kurt Gerron servía de ejemplo de estos últimos), difundiéndola por el mundo. La razón no era sólo que el contexto histórico hubiera cambiado, ni que uno y otro documental entraran dentro de las competencias, respectivamente, de Goebbels y Himmler, que eran de diferente naturaleza: sino que, concebida y rodada por un director judío célebre, la película de Theresienstadt tenía que ser un producto enteramente judío, incluso en la elección de las músicas, a imagen y semejanza del asentamiento que describe. A diferencia de lo que ocurría en *Der ewige Jude*, la identidad racial de los sujetos, de la que ahora se hablaba en primera persona, no está visiblemente marcada en el cuerpo al que están «encadenados» ni en el carácter fisonómico que late en su interior (aunque se necesite aludir a ella, no tanto por cuestiones identitarias como a efectos de identificación), sino que se expone con discreción, como en una antropología del espíritu, en los tantos acontecimientos culturales y laborales en los que transcurre la vida de la comunidad, indiferente a la guerra y a los desastres del mundo. La imagen que devuelve se asemeja al constructo identitario en el que se reconocían a sí mismos los judíos integrados, y reivindicaba ese carácter cosmopolita y supranacional de la cultura que la ideología nazi identificaba con la patología de lo modernidad. Introducida en el interior de un registro de fábula que la aísla del tiempo real y le impide escuchar el ruido de la historia que corre en torno suyo, también esta imagen termina, sin embargo, por alimentar una gramática del desprecio, y la semejanza de uno consigo mismo —producida en estas condiciones— es, una vez más, inevitablemente, una autoparodia.

Las «visitas» de las delegaciones habían dado lugar a un teatro de masas, con movimientos estudiados y reglas dialógicas férreas; la película es a su vez *kolossal*, e involucra a una cantidad ingente de personas. A fin de «garantizar un reportaje cinematográfico internacional de primera clase», Gerron exige un número abundante de extras —en sus solicitudes habla de 3.000 personas—.[129] En la parte artística (la técnica se sigue confiando a «Aktualita») cuenta con la asistencia de Hofer y Greiffenhagen —además de otros colegas recién llegados—, así como de artistas figurativos, como el arquitecto Zelenka y el amigo que lo acompaña desde Westerbork, Jo Spier, que sigue el rodaje dibujando una especie de *storyboard*.[130] El operador, Ivan Frič, explica cuáles fueron, desde el primer día, los puntos destacados del proceso:

> Así fue como el trabajo se reanudó bajo la dirección de Gerron, que preparó dos o tres guiones que tenían que ser aprobados por Himmler antes de que la película pudiera seguir adelante. El primer día nos presentamos a la puerta, donde se comprobaron nuestros documentos, y un hombre de las SS saltó el escalón y nos llevó directamente a la plaza donde miles de personas estaban ya preparadas y reunidas desde la mañana.[131]

Si la maquinación es infernal, la máquina es delirante en cada uno de sus componentes, empezando por los «comparsas», masa disponible en función de las necesidades de cada *set*, pero que en este caso responden absolutamente a la etimología que los define: la aparición (o «comparecencia») del comparsa no es ya una función, sino una orden taxativa que gobierna todo el plan de rodaje:

> Lo que más le importaba [a Karl Rahm] era mostrar en la película a los *Prominenten* de renombre internacional. Las notas de Gerron contienen órdenes escritas acerca de cuántos planos incluir de estos prisioneros, así como los informes de Gerron sobre qué *Prominenten* salían en las tomas.[132]

Los primeros planos muestran a ex-ministros de Estados europeos, ex-diplomáticos, ex-generales e ilustres hombres de cien-

---

129. Barbara Felsmann, Karl Prümm, *Kurt Gerron 1897-1944. Gefeiert und gejagdt*, op. cit., pág. 150.
130. El *storyboard* de Spier, sin embargo, no precede el proyecto, sino que más bien lo acompaña durante su ejecución. Nos ofrece, en todo caso, un resumen completo del rodaje. Los dibujos de Jo Spier se incluyen en *Truth and Lies. Filming in the Terezín Ghetto, 1942-1945*, op. cit.
131. *Ibíd.*
132. Karel Margry, *Das Konzentrationslager als Idylle*: «*Theresienstadt*» *– Ein Dokumentarfilm aus dem Jüdischen Siedlungsgebiet*, op. cit., pág. 7.

cias y de letras mientras asisten a conferencias, teatros o conciertos: sus retratos, nítidos y bien grabados, destacan sobre el fondo del paisaje fisionómico donde aparecen alegres y sanos los rostros de los extras, compartiendo una vida comunitaria alegre y coral. De su presencia depende el éxito de la película, y el director es consciente de que ninguna arquitectura, ninguna dramaturgia, compensa la evidencia de los rostros: «Los relatos de los supervivientes describen a Gerron caminando en torno a los comparsas mientras les exhortaba a mostrar más animación, al tiempo que obligaba a los jóvenes a reír ante la cámara mientras él dirigía las escenas de multitudes».[133] Negarse a participar o dar muestras de estar obligado a ello constituye una culpa punible;[134] de esta forma, el ojo de la cámara se convierte en otra forma de vigilancia, preparada para sorprender a todo el que se olvide por un momento de ser feliz. A fin de garantizar el respeto del guión, en las escenas al aire libre (el baño en el río, o bien un espectáculo de cabaret extramuros de la fortaleza, lugares todos ellos en los que los internos nunca habrían podido aventurarse de ordinario), a lo largo de las gradas, dirigidas a las masas de bañistas y espectadores, junto a las cámaras de los operadores, están las armas de los centinelas.

El realizador de la película no disfruta de mejores condiciones que los sujetos que aparecen en ella; entre otras cosas, hay que tener en cuenta las diferentes experiencias profesionales de los componentes del equipo: el elemento artístico proviene en gran medida de las tablas de los pequeños escenarios, y Gerron, entre todos ellos, conoce bien también el oficio cinematográfico. A decir de Frič, «[...] su método de trabajo era el mismo que el utilizado para películas de confección en serie: toma, guión, disposición de la cámara, etc.».[135] El equipo técnico de Praga, por otro lado, pro-

---

133. *Ibíd.*, págs. 6-7.

134. Adler denuncia la constricción a la que están sometidos los extras: «[...] en su honor hay que decir que se resistieron como pudieron, tuvieron que advertirles de que los habrían filmado a escondidas y de que habría castigos para los que no aparecieran [...] Además, los extras fueron advertidos e instruidos para que no parecieran forzados». Hans G. Adler, *Theresienstadt 1941-1945: Das Antlitz einer Zwangsgemeinschaft, op. cit.*, pág. 183.

135. Ivan Frič, entrevista recogida en *Truth and Lies. Filming in the Terezín Ghetto, 1942-1945, op. cit.*

viene de una forma de periodismo visual que, al tener que convivir con la censura nazi, configura sus tomas en imágenes ciegas que funcionan gracias a la guía del comentario y que, probablemente, encuentran su propio relato general, más que en la producción, durante la postproducción. Gerron afronta el trabajo construyendo la imagen antes de verla, a través de la definición de los puntos de vista y de los movimientos de cámara, y no se deja sorprender, como sí puede suceder en el trabajo de tipo más periodístico.[136] Ha encarrilado cada detalle de «su» película sobre raíles bien trazados, a fin de controlar todos los detalles, incluyendo el comentario y el montaje, y para que luego sea controlable a su vez por la dirección nazi, a la que envía los planes de dirección; pero si un obstáculo cualquiera le hiciera descarrilar, estará perdido. Y en unas condiciones donde el reparto actúa entre la vida y la muerte, obstáculos no faltan.

El primer golpe le será infligido precisamente el primer día de rodaje, una jornada que para él era un triunfo personal, el momento en el que iba a poder demostrar su valía: «Había preparado la procesión de mayo como una escena alegre de recogida del heno [...] La procesión se veía bonita desde la tribuna, pero cuando la enfocaba más de cerca con la cámara se podía ver que las personas que parecían moverse y cantar alegremente tenían los ojos desorbitados por el miedo, y ningún director podría haber hecho nada al respecto. Puedes dirigir cualquier cosa, pero no los ojos».[137]

Para los espectadores que hoy contemplan lo que sobrevive de aquellas imágenes es inevitable tratar de descubrir en aquello que se ve todo lo que se esconde, a saber, la presencia de los ver-

---

136. Entre los papeles de Gerron se conserva «un boceto de la película, tal y como ésta fue planeada por Gerron, dos versiones de un guión, una nota sobre las labores de filmación previstas para cada uno de los primeros once días de trabajo, uno (a veces dos) informes diarios a la *Kommandantur* de las SS con listas detalladas de las posiciones específicas de la cámara, un borrador del texto del comentario, una propuesta de montaje, las comunicaciones de Gerron y las órdenes del comandante del *Lager* Karl Rahm a Gerron». Karel Margry, *Das Konzentrationslager als Idylle: «Theresienstadt» – Ein Dokumentarfilm aus dem Jüdischen Siedlungsgebiet*, op. cit., pág. 6.

137. Ivan Frič, entrevista recogida en *Truth and Lies. Filming in the Terezín Ghetto, 1942-1945*, op. cit.

dugos, cuidadosamente borrada de la filmación pero reflejada en los rostros de las personas, donde la sonrisa se esfuerza por abrirse paso y el dolor se refugia en la refracción de los ojos. La risa y la mirada denuncian a un tiempo a quien los filma y a quien los amenaza; aunque no coincidan físicamente, uno y otro ocupan el mismo lugar: el operador es una figura doble y se sirve de un dispositivo dual. Uno de los efectos más chocantes del metraje que sobrevive de la película es que las personas nunca miran a la cámara, sino que apartan la mirada porque tienen miedo de aquél que los está observando:

> Gerron trabajaba directamente bajo el estricto control de las SS: los testigos oculares aseguran que Gerron estaba constantemente bajo observación de los guardianes de las SS, que lo perseguían por todas partes, lo vigilaban desde arriba y se empeñaban en controlar dónde y cómo posicionaba la cámara. En algunas ocasiones era el propio Rahm y en otras incluso Günther, especialmente llegado desde Praga, los que indicaban el punto desde donde rodar y controlaban las escenas que debían filmarse. A través de los informes diarios de Gerron y de los detallados protocolos de rodaje, Rahm estaba constantemente informado de cada detalle.[138]

Todo el equipo de rodaje está duplicado por hombres de las SS, que controlan los encuadres y también bloquean la relación dialógica entre los internos y los externos, obligando a las palabras de unos y de otros a que pasen a través de ellos. Su presencia «tercera» trueca las frases intercambiadas entre un operador y un director —según una lógica profesional— en las intercambiadas entre un ario y un judío —según la lógica de la ideología nazi—:

> Estaba terminantemente prohibido hablar en el plató con los actores, o con el director, o con cualquier otra persona que no fuera un SS. Obviamente, esto en la práctica era absurdo, así que presionamos para que hubiera contacto directo. Por supuesto, las SS continuaron interviniendo. Así que cuando decíamos: «Disculpe, señor Gerron, necesito que esto se haga así», el hombre de las SS gritaba: «Nada de señor Gerron. ¡Es un cerdo judío!». Éstos fueron los problemas iniciales,

---

138. Karel Margry, *Das Konzentrationslager als Idylle*: «*Theresienstadt*» *– Ein Dokumentarfilm aus dem Jüdischen Siedlungsgebiet*, op. cit., pág. 7.

antes de que encontráramos una forma de comportarnos y antes de que, de hecho, nos pusiéramos a trabajar duro para cansar a las SS y que estuvieran menos alerta.[139]

Pero Gerron no sólo está separado del equipo que debía obedecerle, sino que también lo está de «su» película: hasta el punto de que se le prohíbe el acceso a las proyecciones de las tomas del día, a las que sí asisten, en cambio, los técnicos y las SS. Reducido su papel como *operator*, nunca tiene la oportunidad de aportar la experiencia del *spectator*, pues «sus» imágenes le están vedadas. La falta de control sobre los resultados del rodaje y sobre las reacciones de sus clientes le hace sentirse definitivamente desposeído de un rol que se ha vuelto ciego: la dirección, humillada por las palabras y los hechos, se le escurre de las manos, y sobre el guión ya no manda él; gradualmente, Gerron se va convirtiendo en un obstáculo técnico que tendrá que solventar Frič, que lo reemplaza en la finalización de las tomas, siguiendo las directrices de las SS. Gerron no sobrevive mucho tiempo a esa dirección que le fue arrebatada. Parte hacia Auschwitz junto a los artistas, extras, figurantes y una parte sustancial de los habitantes del gueto, que dejaron abandonadas en el plató sus sonrisas cansadas. Parten también muchos de los artistas que habían llegado hacía poco desde Westerbork. La edición mediática de Theresienstadt había dado una imagen y un registro a cuerpos que, una vez abandonada su identidad al relato, podían volver a ser cuerpos a destruir. No era oportuno, por otra parte, que sobrevivieran a su «papel en la comedia»: no podrían sino desmentirlo.

Probablemente, como afirman algunos supervivientes, Gerron no estaba en posición de eludir un patrón tan perverso, y los testimonios hablan claramente de los márgenes de autonomía de los que realmente disponía. Un proceso tan fragmentado en parcelas y segmentos de competencia se corresponde también con la lógica que rige toda la burocracia del exterminio, y refleja esa especie de taylorismo del horror que inspira al nazismo cuando se pone en marcha, manifestando, en esto, su naturaleza propia del siglo XX. Actos sin principio ni fin que no conocen res-

---

139. Ivan Frič, entrevista recogida en *Truth and Lies. Filming in the Terezín Ghetto, 1942-1945*, op. cit.

ponsabilidad alguna porque no comportan conocimiento: si en uno de ellos el artista ha puesto en juego una carrera como celebridad y una historia de largo recorrido (más largo de cuanto prevé el segmento por el que momentáneamente transita), no por ello se le puede endosar la responsabilidad de una película para la que Günther y Rahm plantan la cámara, organizan las últimas secuencias y el primero dirige el montaje y la sincronización. La mentira no es aquélla que su dirección contribuye a hacer creer, sino, si acaso, aquélla en la que él mismo ha creído: «Gerron era desdeñoso con nosotros fuera del plató porque estaba convencido de ser un genio que estaba trabajando en su obra maestra. Tal vez pensaba que asistiría al estreno y que sería aclamado como un gran director».[140] El actor fue, durante unos pocos días, un *operator* desposeído, que trataba de ver la imagen que sus torturadores querían ver; era como el decano de la autorrepresentación, a su vez una marioneta en manos de los nazis. Al igual que el del Consejo de Ancianos, el suyo era un papel cómico que se tomó a sí mismo en serio, olvidando que la interpretación debía hacerse en favor de la propia comunidad, como sugería Murmelstein, o que debía recurrir de tanto en tanto a la inteligencia del espectador, como sugería Adler. Esta vez hubo más de Don Quijote que de Sancho Panza. Para un pensamiento inflexible resulta imperdonable, tanto en su caso como en el de las autoridades de cartón piedra, el haberse dejado reducir a la figura de «rey por un día», chivo expiatorio cómico junto al pueblo al que representa, y al que hace «cantar y bailar».

Tras su partida el 23 de octubre, los operadores de «Aktualita» siguen rodando la historia del asentamiento judío, que luego se terminará en fase de postproducción durante el mes de marzo y quedará lista para su proyección en el lugar donde encontramos su rastro, en las sucesivas ferias internacionales a las que Theresienstadt es invitada a presentarse. Si en un principio la película había sido la construcción ficcional de un imaginario llamamiento de los vivos (y los informes los contaban día tras día), que de alguna manera continuaba la trama de la historia que había comenzado con la visita de la Cruz Roja y que conservaba (o más bien, mantenía con vida) a los mismos personajes, desde

---

140. *Ibíd.*

abril del año siguiente pasó a ser un llamamiento de los difuntos, ante el cual la Comisión no podía sino alarmarse: las imágenes de los comparsas eran ya imágenes de desaparecidos. De los difuntos, cuyos retratos habían sido descolgados de las paredes de las casas y sus cenizas dispersadas en el Elba para hacer imposible su recuento, se tuvo noticia, en parte, gracias a la película de Gerron, convertida ya en un relato de fantasmas. Y algunas fotografías de un público que asiste a un espectáculo (tomadas en octubre, durante los últimos días de rodaje, durante o inmediatamente después de las deportaciones de otoño, que vieron partir, sólo entre el 28 de septiembre y el 18 de octubre, a 18.402 personas), de forma similar a lo que sucede con escenas análogas rodadas por Gerron durante el verano, parecen poner en marcha un proceso de fantasmización: el *spectrum* se ha vuelto espectral y, más que mostrar a la muerte trabajando, lo que exhibe es el trabajo de la muerte. La imagen no devuelve un rostro a las personas, sino que se lo arrebata: como si estuvieran próximas a volver a ser materia carnal, pero encadenadas aún, única y exclusivamente, a su propio terror. Una vez más, Ivan Frič relata cómo el rodaje tenía su bajo continuo en la muerte, cuando afirma que la realización de la película, con los transportes hacia el Este como telón de fondo, ponía en marcha un procedimiento salvífico:

> Cuando vimos claramente cuál era el panorama, preparamos algunas solicitudes en las que, entre otras cosas, especificábamos las personas que aún necesitábamos y las que podían marcharse. De esta forma salvamos a un cierto número de personas, que se mantuvieron con nosotros hasta 1945.[141]

De aquéllas «que podían marcharse» había bastado con conservar la imagen. De hecho, ni tan siquiera eso: a la película le falta, esta vez, el tempo histórico en el que hubiera podido tener derecho de circulación, y la copia completa se pierde en el caos de los últimos días de la guerra.[142] Theresienstadt está emergiendo

---

141. *Ibíd.*
142. Sin embargo, los dibujos de Spier y las notas de Gerron hicieron posible la reconstrucción de las secuencias. Véase: http://www.ghetto-theresienstadt.de/pages/d/dokumentarfilm.htm.

de sus engaños: en manos ya de la Cruz Roja Internacional, el 9 de mayo recibe al Ejército Rojo, después de que Paul Dunant anunciara la rendición de Alemania el 7 de mayo. Westerbork ya había sido liberado el 12 de abril por el ejército canadiense, y los que quedaban de la antigua comunidad —Ziegler, por ejemplo— lo celebran con un espectáculo,[143] tal y como habían aprendido a hacer a lo largo de su existencia. El teatro, en definitiva, vuelve a ser una fiesta, y los «bufones» vuelven a ser actores.

Entretanto, la mayoría de los comediantes, ilusionistas, bailarines y músicos de los que hemos estado hablando habían perdido la vida, ya fuera a causa de las penurias, en las cámaras de gas o en las Marchas de la Muerte. Gerron fue uno de los últimos: apenas unos días después de su muerte se clausuraron en Auschwitz las cámaras de gas. Quedan los testimonios, a partir de los cuales hemos construido nuestros relatos, pero son pocos los testigos que sobreviven. Por ejemplo, sobrevive Viktor Frankl, quizá también gracias a los ejercicios de humor, cuyo valor salvífico, por otro lado, confirman muchísimos relatos sobre los campos.[144] Quién sabe, sin embargo, si una vez de vuelta a esa vida civil que intentaban imaginar para alejarse del horror cotidiano, los «salvados» no incurrieron en el pensamiento contrario, que es el que acusa Primo Levi en *La tregua*, a saber: que una vez mudada la propia existencia a una normalidad que en tiempos de encarcelamiento sólo era un ejercicio de la imaginación, el pensamiento descubría de repente que la única realidad era precisamente la pesadilla que pretendía conjurar.[145] «Una pesadilla, y

---

143. Benny Behr, violinista de jazz holandés internado en Westerbork, según nos cuenta, actuó e interpretó piezas musicales durante dos horas en la tarde en que los canadienses entraron en el campo, *op. cit.* en AA.VV., *Lachen im Dunkeln. Amüsement im Lager Westerbork*, a cargo de Dirk Mulder, Ben Prinsen, *op. cit.*, pág. 77.

144. De ello dan fe no sólo actores o profesionales del espectáculo, o espectadores fortuitos de sus representaciones, sino también personas comunes y corrientes que vivieron la experiencia de los campos, y que han afirmado que debían su supervivencia a su sentido del humor. Véase, por ejemplo, Witold Pilecki, *Il volontario di Auschwitz*, Piemme, Milán, 2014.

145. «Y no ha dejado de asaltarme, a intervalos regulares, ahora más esporádicos, un sueño lleno de espanto. Es un sueño dentro de otro sueño [...] Estaba de vuelta en el *Lager*, y nada era cierto excepto el *Lager*. El resto era un breve asueto, engaño de los sentidos, sueño: la familia, la naturaleza flo-

la sueñas continuamente. Y lo peor es que cuando te despiertas sabes que no ha sido un sueño, porque era precisamente así».[146] Por otro lado, Bergson y Freud habían dicho que el sueño y el humor van por los mismos derroteros.

En la secuencia lineal del tiempo, sin embargo, la derrota de Alemania era ya una realidad. El Ángel de la Historia volvía ahora la espalda a las cenizas de sus ruinas, sacudiéndoselas de las alas, listo para alzar el vuelo hacia la cita final. En agosto lo esperaban Hiroshima y Nagasaki.

---

reciente, el hogar. Ahora este sueño externo, el sueño de paz, ha terminado, y en el sueño externo, que continúa helado, oigo resonar una voz bien conocida; una sola palabra, no imperiosa, más bien breve y apagada. Es la orden del amanecer en Auschwitz, una palabra extranjera, temida y esperada: a levantarse, "Wstawac"». Primo Levi, *La tregua*, op. cit., págs. 200-201.

146. Así se lo confiesa Jetty Cantor a Volker Kühn en *Kabarett im Angesichts des Todes*, op. cit., pág. 30.

Epílogo
Una razón válida para reír no la había en absoluto

Lo primero que hicieron fue quitarme el violín. Y entonces vi llamas gigantescas, y humo. Pensé que se trataría de las cocinas, funcionando a pleno rendimiento para todos aquellos millares de hombres. Pero se trataba de las cámaras de gas. Y entonces, de repente, me llaman para los ensayos. «Ensayos» —digo yo— «¿en Auschwitz?». «Sí, tenemos que tocar frente a las cámaras de gas». Entonces dije: «No puedo. Ni aunque me maten». Piénsalo. Mi familia y mis amigos van a las cámaras de gas y yo me pongo a tocar.[1]

¡También había que reírse!, decía Jetty Cantor; pero se refería a Westerbork, donde el espectáculo era el descanso en un *Lager* de escala. Al llegar a Auschwitz después de la breve estancia en Theresienstadt, frente a un final que hasta aquel momento resultaba inconcebible, lo único que se podía hacer era silenciarlo, y la actriz, de hecho, enmudece y deja a un lado toda prestación artística, por mucho que su actuación hubiera podido aliviar unas condiciones de existencia que eran ya extremas. Pero incluso en el corazón del abismo, el espectáculo sigue funcionando. Funciona por cuenta de los verdugos, a quienes Cantor se niega a ofrecer sus prestaciones: se sabe, sin embargo, del gran

---

1. Jetty Cantor, en Volker Kühn, *Kabarett im Angesicht des Todes*, en *Lachen im Dunkelnop, op. cit.*, págs. 22-23.

número de formaciones musicales que las SS organizaron para acompañar la «vida» de los campos, alistando en ellas a los prisioneros.[2] Y por parte de los propios prisioneros, se sabe también de los espectáculos que se organizaron como forma de resistencia.[3] Un primer informe de las actividades teatrales, concretamente, de Dachau (un campo nacido en 1933 y destinado principalmente a los opositores políticos de Hitler) y Buchenwald (construido en 1937) proviene de un antiguo interno, Curt Daniel, que lo publica en 1941 en Estados Unidos. El autor se enfrenta a una detención que, aunque durísima, no tiene todavía el carácter terminal que en breve le conferirá la instalación de cámaras de gas en el campo, mientras que los prisioneros que lo acompañan poseen probadas dotes organizativas, gracias a su pasado de militancia política: «Otra forma de entretenimiento preferido por los políticos era el pequeño cabaret político, tan frecuente en la Europa prehitleriana. Se representaban ensayos críticos con el régimen, de burla del personal del campo, monólogos humorísticos de carácter político [...]».[4] El informe

---

2. Se suman a este empeño numerosas actividades, incluso de carácter circense; uno de los ejemplos más extremos es el del doctor Mengele en Auschwitz, cuando logra reunir a toda una compañía de acróbatas enanos —el enanismo es un campo privilegiado por su investigación científica—, para cuya exhibición, antes de enviarlos a las cámaras de gas, hace construir una verdadera arena. A Mengele, según el testimonio de Miklós Nyiszli —un interno que por sus propios méritos científicos había sido ascendido a su asistente— le encantaban también otras formas de entretenimiento; por ejemplo, estaba dispuesto a actuar ante el público diseccionando cadáveres, en una especie de simulacro de teatro anatómico. Véase Miklos Nyiszli, *Medico ad Auschwitz*, Sugar, Milán, 1962.

3. Los ejemplos, también en este caso, son numerosísimos, y están presentes en muchos testimonios, escritos y orales, de los supervivientes. Entre los episodios más conocidos citamos la puesta en escena del cuento de Blancanieves por parte de los niños provenientes de Theresienstadt en el campo para familias de Birkenau, en cuya representación estaba presente el mismo doctor Mengele. Incluso para ellos el destino no es diferente, y les espera la cámara de gas. O la puesta en escena de *Coppélia*, de la que nos habla Helen Lewis en *Il tempo di parlare. Sopravvivere nel lager a passo di danza. Diario di una ballerina ebrea*, Einaudi, Turín, 1992.

4. Curt Daniel, «*The freest Theater in the Reich*». *In the German Concentration Camp*. El artículo, publicado originalmente en «Theatre Arts» Monthly 25 (noviembre de 1941), págs. 801-807, está publicado en la actuali-

nos habla de una vida teatral intensa —donde cualquiera que sea sorprendido practicándola está amenazado de muerte—, que vive un feliz resurgimiento después del *Anschluss* de Austria, cuando llegan actores y artistas de cabaret de los que el autor no proporciona apenas nombres —básicamente, los de las personas ya fallecidas—, porque su publicación podría exponer a otros a sufrir represalias:

> Hubo un cambio significativo en las formas de entretenimiento político y no político de los campos con la llegada a Dachau en mayo de 1938 de unos pocos miles de vieneses, que estaban entre las primeras víctimas de la anexión. En concreto, se produjo un incremento del número y de la calidad de las formas de cabaret. Hubo una cierta afluencia de actores de cabaret, teatro y cine, célebres y muy dotados. Uno de los más conocidos era Paul Morgan, famoso en toda Europa central como actor y autor, cuya comedia musical *Axel vor der Himmels Tor* [sic] lanzó a la actriz sueca Sarah [sic] Leander. La razón que dio la Gestapo para su arresto fue haberlo encontrado en posesión de una carta de Stresemann, una simple carta de agradecimiento por su participación, algunos años antes, en un espectáculo benéfico. A continuación, Morgan fue transferido a Buchenwald, donde murió a causa de una inflamación pulmonar contraída durante uno de los inviernos más fríos que se recuerdan en Europa.

En Buchenwald, Daniel nos dice que el comandante del campo, impredecible y a menudo borracho, ordena una semana de diversión para el Año Nuevo. Un «conferenciante» —por llamarlo de alguna forma— anónimo de Berlín reúne entonces a un grupo de profesionales y aficionados, que se dirigen a un público al que también se incorporan las SS:[5]

> Amigos, tienen suerte de estar aquí esta tarde. Aquí en Buchenwald tenemos el mejor arte y los mejores artistas de Alemania. Aquí pueden reírse abiertamente de nuestros chistes. Aquí tenemos el teatro más libre del Reich. Ahí fuera, los actores y el público están aterrori-

---

dad en AA.VV., *Theatrical Performance during the Holocaust. Text, Documents, Memoirs*, a cargo de Rebecca Hovit, Alvin Goldfarb, The Johns Hopkins University Press, Londres-Baltimore, 1999.

5. Volker Kühn atribuye el episodio a Werner Finck, a quien Goebbels ordenó detener durante seis meses como castigo por su sátira. Véase *ibíd.*, *Kabarett im Angesicht des Todes*, en *Lachen im Dunkeln, op. cit.*, pág. 19.

zados porque tienen miedo de terminar en un campo de concentración. Eso es algo de lo que no tenemos que preocuparnos.

La provocación corta el aliento de un público variopinto que, para poder participar en la risa, debe al menos estar de acuerdo en el hecho de que la violencia ejercida y la violencia sufrida es un asunto igualmente ridículo para la persona que la practica y para la persona que la recibe. El mundo concentracionario es un mundo al revés, donde lo que hemos estado contando como fugas y separaciones figura como llegadas y reunificaciones, y donde la adquisición de las cadenas se corresponde con la liberación del miedo. *The freest Theater in the Reich*, rezaba el título original del ensayo de Daniel.

Sin embargo, fuera del marco teatral, a la hora de hacer una reflexión sobre el humor que se refiere específicamente a las situaciones de los campos, debemos escuchar otro relato que viene de aquella experiencia: de vuelta a casa tras sobrevivir a los *Lager* alemanes, un intelectual francés, David Rousset, en el curso de su hospitalización, nos entrega en apenas tres semanas las descripciones de las «ciudades» —Buchenwald, Neuengamme, Sachsenhausen, Dachau, Birkenau, etc.— donde se va desenvolviendo *El universo concentracionario*, según titula el libro que escribe a partir de recuerdos dispersos y luego reunidos. Dentro de este universo, en la compleja jerarquía que estratifica sus múltiples planetas, el autor es un «prisionero político» que militaba en un grupo trotskista:[6] su condición no es, por lo tanto, la de un perseguido por razones raciales, y sus relatos de la vida cotidiana, aunque nos hablan de un ambiente de atrocidad abrasadora, no se mueven en el horizonte constante de las cámaras de gas. Rousset no reflexiona sobre la ideología nazi ni sobre las derivas del antisemitismo —los prisioneros raciales son sólo otra más de las tierras que pueblan el mundo de su cautiverio—, sino

---

6. «[...] Un espía de la Gestapo infiltrado en su grupo trotskista provocó su desarticulación. El 12 de octubre de 1943 Rousset fue arrestado, torturado y encarcelado en Fresnes, hasta finales de enero de 1944, como prisionero político. A continuación, es transferido a los campos de prisioneros hitlerianos, a Buchenwald, Porta Westfalica y Neuengamm, y luego a las minas de sal de Helmstedt» Giovanni De Luna, *Nota biografica*, en David Rousset, *L'universo concentrazionario*, Baldin & Castoldi, Milán, 1997, pág. 127.

sobre la construcción de un sistema que pertenece «por derecho propio» al siglo XX. Además, él no es ni actor ni espectador, ni siquiera fortuito: el único «arte» al que hace referencia en su relato es la música que se ve obligado a escuchar —«la orquesta marca, irónica y burlona, la lenta marcha de un pueblo conmocionado»— y la que se ve obligado a interpretar (el coro que forma con los demás reclusos mientras asiste a los ahorcamientos). Sin embargo, su testimonio habla de humor, y lo hace de forma aguda e insistente. Porque, para guiarlo en el mundo que ve realizarse ante sus ojos, para hacerlo accesible a su comprensión, recurre a las mismas concepciones del comediante y del humor que la literatura del siglo XX le había legado: la proliferación de dispositivos enloquecidos, el desollamiento de todo constructo humano y el colapso rugiente de las superestructuras que tanto lo abruma revelan la mecanicidad del mundo, y son la contraparte risible de su Gran Caída. Pero también constituyen el reino de Ubú, y son en concreto los meandros del Castillo por los que se va perdiendo el camino del agrimensor K. A la hora de darle un cuerpo al paisaje concentracionario que aflora en su mente, en ayuda de Rousset acuden desde Popeye hasta Céline, mientras va reconociendo poco a poco las imágenes que Jarry y Kafka habían visto ya, los escenarios en los que habían situado el siglo naciente, prefigurando sus narrativas con títeres ebrios o inescrutables poderes maquinales:

> Los campos son de inspiración ubuesca. Buchenwald vive bajo el signo de un humor desbordante, de una bufonería trágica. Al amanecer, las dársenas irreales bajo la luz cruda y neutra de los faroles, el SS enfundado en sus botas, la porra de goma aferrada al puño, perros que ladran tensos, con una correa larga y flácida. Los hombres, acurrucados para saltar de los vagones, cegados por los golpes que los atrapan, fluyen hacia atrás y chocan, chocan entre sí, saltan, caen, se tambalean descalzos en la nieve sucia, impedidos por el miedo, acuciados por la sed, con los gestos alucinados y rígidos propios de los mecanismos atascados. Y luego, sin solución de continuidad, los guardias de las SS y grandes salas despejadas, filas bien alineadas, detenidos-funcionarios relajados, impecables, con formularios, números y una indiferencia tranquilizadora; multitudes encerradas como en un desfile militar, trasquiladoras eléctricas que despojan los cuerpos estupefactos en cadena, precisas e implacables como una combinación

matemática; un baño obligatorio, una bañera llena de desinfectante negro y viscoso que quema los párpados, duchas exhilarantes donde los títeres se felicitan entre sí con satisfacción ingenua y magnífica; caravanas sinuosas a lo largo de pasillos estrechos que parecen no tener fin; y el descubrimiento de espacios inmensos; filas paralelas de bancos cubiertos de montones de harapos, creaciones de última hora de sastres y asesinos borrachos, que hay que ir cogiendo rápidamente, cada vez más rápido, al pasar: las Galerías Lafayette de una corte de los milagros. Y por todas partes, más y más funcionarios, prisioneros impecables y atareados de rostros grises y serios que salen de un universo kafkiano, que te piden educadamente el nombre y la dirección de la persona a la que se habrá de notificar tu muerte; y todo se escribe bien, con calma, en pequeñas tarjetas preparadas de antemano.[7]

En qué radicaba la importancia de convertirse en marioneta, en títere, cerca de los nazis, Murmelstein ya lo había explicado bien; pero la marioneta por excelencia del siglo pasado, Ubú, desde la profundidad sublime de su naturaleza títere, ha germinado paisajes de humanidad que se inspiran en él; y a su vez, el «poder de las oficinas» (la buro/cracia), produciendo cárceles, se ha reproducido en los prisioneros, en aquellos «prisioneros impecables y atareados» que pueblan con su laboriosa inteligencia el aparato de las funciones y las reglas concentracionarias: «El conocimiento de la burocracia: he aquí la metafísica de los campos. Oligarcas de un castigo despiadado, las SS, furiosos oficiantes de sacrificios dedicados a un Moloch de apetitos industriales, a una justicia grotesca y siniestra: Ubú-Dios».[8] El dispositivo no tiene otra razón de ser que funcionar, no tiene otros instrumentos que no sean sus funcionarios, su física es su metafísica: no responde a una lógica productiva, ni es el trabajo lo que determina sus ganglios individuales, hasta el punto de que, con frecuencia, un ejército ilimitado de mano de obra a muy bajo coste se queda sin actividad, pudiendo suceder que las obras terminadas se deshagan y se vuelvan a hacer, en lo que viene a ser casi una parodia del sentido y un propósito sin final. El trabajo se otorga a veces como premio y a veces como una pura invención (como la crianza de gusanos de seda en Theresienstadt, siempre publicitado y

---

7. *Ibíd.*, págs. 30-31.
8. *Ibíd.*, pág. 83.

nunca realmente productivo); otras veces, no es más que una herramienta para acelerar el proceso de extenuación de los internos. Pero el *Lager* no produce ni siquiera muerte, al menos no en primera instancia, a no ser que esté adscrito explícitamente a la Solución final; antes bien, según la lectura de Rousset, es una máquina expiatoria, para la cual todo aquello que tiene que ver con el recuento de la expiación y su organización es más valioso que la culpa y la pena:[9] incluso la condena a muerte (el origen del mito fundacional de la tragedia en Occidente, que da lugar seguidamente a la institución de un tribunal, de una justicia «civil» y de un Estado de derecho) viene de lejos: cuanto más lejano y fragmentado sea su recorrido, tanto más se pierden los desenlaces trágicos y se desvanece el choque, dialéctico y argumental, entre causa y efecto. Ésta también es una muerte humorística, más próxima a los poderes ejercidos por Ubú o a las habitaciones que operan en el Castillo que a la asamblea del Aerópago:

> Inmensos espacios de leyes y oficinas, meandros de corredores, montañas de informes entre las cuales vive y muere un mundo de funcionarios pálidos y ocupados —verdaderas máquinas de escribir humanas—, aislando el campo y no dejando que trascienda de él nada más que la imagen confusa y aterradora de un lugar inhumano. En el corazón de este imperio, inexorablemente invisible está el cerebro que unifica y ordena todas las secretarías del Reich y de Europa, que domina con voluntad absoluta todos los aspectos posibles de los campos, y que tiene el nombre de Himmler, y el de sus íntimos con él. De estas oficinas llega para los internos la orden de vida o de muerte: una firma [...] La causa es una vida muerta, a menudo olvidada desde hace meses o años, y que ya parecía cosa juzgada. La causa es una extensión desconocida de esa vida muerta, que continúa una existencia

---

9. «Un judío, un polaco, un ruso, no necesita actuar operativamente contra el nacionalsocialismo: cada uno de ellos es por predestinación, por nacimiento, un hereje no asimilable que ha sido arrojado al fuego del Apocalipsis. La muerte, por lo tanto, no es en sí misma suficiente. Sólo la expiación puede devolver el sosiego y la paz. Los campos son la máquina extraordinaria y compleja de la expiación. Aquéllos que están destinados a la muerte deben alcanzar esa meta con una lentitud estudiada, de modo que su degradación física y moral, realizada en etapas, los haga tomar conciencia de que no son ya hombres sino condenados, expresión del Mal». *Ibíd.*, pág. 83.

> distante y amenazante en oficinas inaccesibles. El proceso aquí no termina nunca, no llega nunca a juzgarse. El proceso se nutre y enriquece con personajes que él mismo ha creado, sin formular nunca las razones. Llega una orden. Una decisión descarnada y cruda, sin comentarios. La orden lleva el sello del patrón. El comandante del campo lo ignora todo. El *Blockführer* lo ignora todo. El *Lagerältester* lo ignora todo. Los ejecutores materiales lo ignoran todo. Pero la orden dice muerte, y qué tipo de muerte, y cuánto tiempo hay que emplear en dar la muerte. Y en este desierto de ignorancia eso es suficiente.[10]

Así, el comediante domina un mundo que se ha perdido dentro de su propio organismo, y va rebotando de jerarquía en jerarquía, obedeciendo a las lógicas que marcan sus respectivos territorios. Cada sublugar puede reducirse a un objeto cómico a voluntad de quien se sitúa por encima, que, a su vez, puede recibir el mismo trato, dependiendo del lugar que ocupe en toda esa pirámide de poder sacudida por la risa:

> En Helmstedt vivía con nosotros un viejo hotelero de Amberes. Estaba en el campo por haber escondido a rusos en su casa. Tenía sesenta y tres años [...] la vida cotidiana, el hambre, los golpes, lo habían vuelto físicamente repulsivo. Sabía que no era capaz de coger una pala, y sabía que eso significaba garrotazos y golpes de bota [...] así que fingía estar loco. Yup, el polaco, y el *Lagerältester* Poppenhauer lo llevaban por ahí como si fuera un oso de feria y se burlaban de él de la manera más vulgar, después de lo cual lo azotaban. Un día Antek no encontró nada mejor que hacer que escribir su obituario —especificando el envío del cuerpo al *Krematorium*—, y se lo mostró mientras se sujetaba la barriga de la risa. Unos días después el viejo murió.[11]

La risa es algo que va más allá de la agresión al más débil —ridículo en tanto que más débil—, más allá de la burla extrema a la dignidad del otro; no es sólo la señal inequívoca de la degradación de las relaciones humanas y de la imposibilidad de compartir, según la lógica solidaria, la común condición de víctima. Escuchar al espectro maloliente que tiene al lado declararse abogado causa en Rousset una risa involuntaria, inmediatamente reprimida en su aparición espontánea: «Por supuesto, la imagen

---

10. *Ibíd.*, págs. 77-78.
11. *Ibíd.*, pág. 60.

social de un abogado no tenía nada que ver con la de aquel infeliz. El contraste tenía una vis cómica irresistible».[12] La vida, una vez ha sido despojada de todo y ha quedado material y literalmente desnuda, no puede evitar resultar ridícula a ojos de aquél que conoce los ropajes que la cubrían, y la actividad forense, en relación con aquél que ha sido despojado de toda forma de dignidad humana, es una máscara del absurdo. En Auschwitz, Primo Levi, ante la masa de prisioneros cuyas condiciones de degradación le llevaron a plantearse la pregunta fundamental de «Si esto es un hombre», en la deprivación de todos los atributos de la condición humana veía surgir a su vez los signos de la maquinación cómica: «Pero ahora pienso que todo esto no es sino una gran máquina para reírse de nosotros y vilipendiarnos».[13]

Pero Rousset no se limita a distinguir los procedimientos de la comicidad en la *diminutio* operada en el cuerpo de la víctima: para él, más allá de las actancialidades en que se ejercen, de la mecánica o de la inteligencia que manifiestan, más allá del trabajo del yo y del superyó, es el humor lo que se revela: no como una relación entre los diferentes sujetos, no como una geometría de la ofensa —o de la defensa—, sino como una ontología del mundo; las visiones de Jarry y Kafka son prefiguraciones del siglo en el que aparecen y, al mismo tiempo, la vía principal para superar las realidades paradójicas y atroces en que han cristalizado. Rousset concluye el relato de su experiencia de los campos con un mandato de cara al futuro:

> Por último, está el abrumador descubrimiento del humor, no en tanto que proyección personal, sino como estructura objetiva del universo. Ubú y Kafka pierden sus rasgos originales vinculados a su propia historia para convertirse en componentes concretos del mundo. Fue precisamente este descubrimiento del humor lo que permitió a muchos sobrevivir. Y sin duda abrirá nuevos horizontes para la reconstitución de la idea de vida y para su interpretación.[14]

La risa es el desvelarse de la naturaleza más profunda del objeto-mundo, más allá de la pretensión de sus apariencias. Sin em-

---

12. *Ibíd.*, pág. 62.
13. Primo Levi, *Se questo è un uomo, op. cit.*, pág. 17.
14. David Rousset, *L'universo concentrazionario, op. cit.*, pág. 125.

bargo, si el *Lager* permite ver en el humor la estructura objetiva del universo, si la concepción de su inmensa maquinaria burocrática se corresponde con una narración humorística que había comenzado con el nuevo siglo, y si, en definitiva, las destartaladas jerarquías de los poderes constituyen en sí mismas, de manera electiva, una comedia de situación, todo esto ya no tiene necesidad ni de cómicos, ni de puesta en escena, ni de *frame* de ningún tipo que enmarque su evidencia. Es decir: todo esto no necesita ya «intérpretes», porque no necesita interpretación. El último teatro posible se había consumado en el espacio intersticial de Theresienstadt:

> Noche de estreno en el teatrillo del ático del cuartel de Dresde; en el programa, una revista escrita en Terezín. Se abre el telón, y se ve a tres tipos sentados alrededor de una mesa que se miran en silencio. El tiempo pasa; en vano, el público espera el primer movimiento, cualquier palabra; los tres continúan mirándose fijamente entre sí, inmóviles. Finalmente, el telón se cierra sobre un cuadro desolador, y en la sala el público se ríe. Así se presentaba la situación en Terezín a principios de 1943, pero una razón válida para reír no la había en absoluto.[15]

Para terminar el relato sobre las figuras del comediante en los lugares de la violencia y en la antesala del exterminio no se me ocurre mejor imagen que este triángulo sin palabras y sin relatos sobre el que el telón se abre y se vuelve a cerrar. En el ático del teatrillo del cuartel de Dresde en Theresienstadt, el silencio de los «tres tipos», su inmovilidad, que se sustrae a toda prestación que no sea la de su aparición desnuda y sin adornos, pone de manifiesto la osamenta humorística de lo real; sin decir y sin hacer, los tres afirman con su pura presencia que la risa no necesita razones, y que aquélla es tanto más poderosa a medida que éstas abandonan la «escena».

Miro ahora tu foto de joven que sonríe al futuro, vestido como quien conoce el paso con el que caminar a su encuentro. Apenas distingo en la imagen la tapicería de un interior berlinés, tan oscuro como el olor a cuero del sillón sobre el que te sientas, como

---

15. Benjamin Murmelstein, *Terezin. Il ghetto-modello di Eichmann*, op. cit., pág. 57.

la madera del escritorio sobre el que no necesitas apoyarte, tan decidida es la postura que te condensa, tan satisfecha es la expresión de tu rostro, que concluye en la estrecha sombra del bigote. Sorprende la mirada, increíblemente clara, que es la protagonista de tus historias: alrededor del iris está el asombro de la metrópoli y la alegría de su espectáculo. Las manos, abandonadas sin rubor, parecen conocer la llave para abrir todas las puertas... Berlín ha sido la novela terminada de tu experiencia del mundo —el retrato lo dice en cada detalle—, y no la ha empañado lo que vino después, el éxodo, la guerra, la derrota, el hambre, la imposibilidad de vivir en otra patria que no sea el relato.

«Había una vez...», comienzan los padres; «aquello se acabó», es la parte de la narración que compete a los hijos. A mí no me ha tocado hablar únicamente de aquello que se acabó (muchos años después del fin de la guerra, cuando el trabajo te llevó de nuevo a la antigua capital alemana, no fuiste capaz de reconocer una sola calle entre las que tuviste que recorrer), sino del final de aquello que era: precisamente de aquello que, apiadándote, omitiste en tu relato de hombre maduro. Que sobreviviste a la catástrofe, nunca quisiste saberlo; fuiste tú quien abandonó la escena, y la muerte de los héroes de tus historias nunca llegó a rubricar el final de tu juventud. Pero por anónima que fuera su muerte (especialmente en tiempos de guerra, en medio de la masacre generalizada) en aquel exterminio de masas, cuando de sus «excelencias» no quedó ya nada, alguno tuvo todavía el gesto brutal de un detalle que provenía de su gloria pasada.

Morgan, por ejemplo. Lo recordabas riéndose de Hitler en el «KadeKo». Se dice que los verdugos lo obligaron a «dejarse los pulmones» en la nieve, impidiéndole a punta de fusil que dejara de cantar hasta que las fuerzas lo abandonaron. En los informes consta que murió de una enfermedad en los pulmones, pero en último término el germen fatal, contraído catorce años atrás, fue aquella carcajada sobre Hitler. Grünbaum, «Yo, el Grünbaum», se apagó en Buchenwald pocos días después de haber actuado para los compañeros con ocasión de la Nochevieja. En aquella última actuación se presentó ante su público con el número que llevaba tatuado en el brazo, en lugar de con su propio nombre. Así, en el último acto de su existencia se apropió de un anonimato que se burlaba de lo que quedaba de su excelencia y, sobre todo, de su persona. Como si el número llamara a su parte prisionera y liberara a la otra, y las cifras le permitieran una vez más jugar con la figura del doble, con la que siempre había entretenido su identidad: el detenido de la sonrisa sin dientes que su imagen le devolvía le debía parecer la broma final de sus apariciones. A Ehrlich tú lo habías visto triunfar en todos los escenarios; su cuerpo podía entonar la voz de Marlene, y resonaba con todos los acentos imaginables. Nosotros, en cambio, lo hemos escuchado argumentar en torno a la relación entre la existencia y la opereta, lo hemos visto desesperarse porque la conquista nazi de Viena le impedía hacer la rima de un *couplet*, y lo hemos visto bromear sobre el verdugo con el verdugo; después lo fuimos perdiendo en los trenes, poco a poco, hasta Auschwitz. Pero en Auschwitz, entre toda esa multitud de personas exhaustas, no pasó inadvertido: cuentan algunas voces que entre las SS hubo quienes, reconociendo su fama, le encañonaron para que les «hiciera reír» a punta de fusil, antes de mandarlo a las cámaras de gas. *Estaban las cámaras de gas, pero también había que reírse un poco, ¿no?* Es posible que entre los que le apuntaban con sus armas hubiera habido alguno de sus antiguos espectadores, que ahora se avergonzaba de alguna pasada carcajada, que le dolía como una antigua herida. Tal vez, quién sabe, se trataba de un hijo de alguna de las tantas caseras que tuviste. Y no me sorprendería, con esas madres...

Esto dicen algunos relatos de los testigos. A mí, en cambio, me gusta pensar que el fuego con el que apuntaban a Ehrlich era el homenaje que las armas rendían al poder del cómico, o bien una agresión a mano armada para disimular el desierto de la propia impotencia. A aquél que provoca la risa, ¿se le ama o se le desprecia? Tal vez lo desprecia quien lo teme. Una nada, y la risa se abate sobre no se sabe dónde y abate a no sabes quién. Antes que adiestrar la risa propia con la inteligencia ajena, mejor destruir físicamente a la persona que ha lanzado la risa por los aires y espera el sonido de su eco: es como incurrir en el sueño de otro y matar al durmiente porque lo ha soñado. Como extinguir el sueño que no se es capaz de soñar.

Y así, si, llegados al final de mi relato, yo me preguntara si era azarosa esa sonrisa que tu mirada poseía sin tener siquiera necesidad de manifestarla, y convinieras conmigo en que, a fin de cuentas, incluso entonces, cuando todo era futuro, la risa era puro azar, ahora, al término de toda esta historia, podría confirmarte que la risa despliega todo su poder precisamente cuando «una razón válida para reír no la había en absoluto»: es entonces cuando sacude las paredes del mundo, mostrándonos a todos que no eran más que bastidores.

g